歷史文獻與傳統文化叢刊

梁書諸夷傳異文比勘

趙燦鵬◎著

齊魯書社

本成果受2013年廣東省學科建設專項資金資助

前　言

試説梁書諸夷傳的史料價值及其史源推測

隋姚察(533？～606)、唐姚思廉(557？～637)父子撰梁書五十六卷,是中國歷代正史「二十四史」中的一種,記載了南朝蕭梁將近六十年(502～557)的歷史。

梁書卷五十四諸夷傳,較爲系統地敘述了南朝蕭梁時期周邊國家和部族的歷史、地理、語言、宗教、風俗、物産,以及與梁朝政治、經濟、文化等方面的交往,是中古時期一卷重要的中外關係史文獻。

一

梁書諸夷傳的史料價值如何呢?

南朝宋書、南齊書、梁書、陳書、南史五部正史,除了陳書之外,都有蠻夷傳,其中以梁書諸夷傳最爲全面詳贍,也最爲重要,宋書夷蠻傳和南齊書蠻夷傳次之。① 唐李延壽撰南史時,其中夷貊傳沿襲梁書諸夷傳文字最多,宋書夷蠻傳次之,南齊書蠻夷傳又次之,原因恐怕就在這裏。

關於南史夷貊傳的史源,馬宗霍先生有詳細的指示。爲了助讀者明白起見,我們把馬先生的指示引録如次:

海南諸國傳

敘　按此敘全采梁書,僅易數字。

林邑國　按此傳兼采宋、齊、梁書,而以梁書爲多。

扶南國　按此傳全采梁書。

槃槃國、丹丹國、干陁利國、狼牙脩國、婆利國、中天竺國　按此下諸國皆節

① 按梁書諸夷傳記述周邊國家和部族凡三十二,遠較宋書夷蠻傳和南齊書蠻夷傳爲多(參見楊建新主編、魏長洪分册主編:中國西北少數民族通史南北朝卷,第 4 頁)。

采梁書。

師子國　按此傳節采梁書。

東夷傳

敘　按此敘全采梁書。

高句麗國、百濟國　按此下兩國兼采宋、梁二書。

新羅國　按此傳節采梁書。

倭國　按此傳兼采宋、梁二書。……按南史此段皆節采宋書，此段前後皆節采梁書。

文身國　按此傳全采梁書。

大漢國　按此傳全采梁書。

扶桑國　按此傳全采梁書。

西戎傳

河南國、宕昌國、鄧至國、武興國　按此下諸國皆采梁書。

西域諸國傳

高昌國、滑國、白題國、龜茲國、于闐國、渴盤陁國、末國、波斯國　按以下諸國皆采梁書。

北狄傳

蠕蠕國　按此傳兼采齊、梁二書。

西南夷傳

訶羅陁國、呵羅單國、婆皇國、婆達國、闍婆達國　按此下諸國皆節采宋書。

天竺迦毗黎國　按此傳節采宋書。

蠻傳

荆雍州蠻、豫州蠻　按此下兩傳皆采宋書。①

除了馬先生的指示之外，唐李延壽撰北史高麗傳、百濟傳、新羅傳、倭傳、吐谷渾傳等，亦采録梁書爲多。② 至此，我們對於梁書諸夷傳的重要性，可以得到一個相當直觀的認識。梁書諸夷傳保存了有關周邊國家和部族的許多第一手珍貴歷史資料，其史料價值的巨大是不言而喻的。如果要研究南朝時期的中外關係史，梁書諸夷傳

---

① 馬宗霍著：南史校證，卷七八，第 1204、1206、1209、1210、1212、1213 頁；卷七九，第 1215、1217、1218、1219、1221、1223、1225 頁。

② 姚大中著古代北西中國（第 206 頁）亦指出：「隋朝以前，所謂『正史』的有關西域記載……梁書滑國（嚈噠）條堪稱傑作……南史、北史所録西域國家，尤其明顯便是梁書與魏書——隋書的一字不易移刊。」

無疑是最應該重視的史料之一。[①]

二

梁書諸夷傳既具有重大的史料價值,我们应该進一步追問,梁書諸夷傳是根據什麽史料編纂而成,也就是説,它的史源如何呢?

首先,我們可以确定,梁裴子野撰方國使圖,是梁書諸夷傳的史源之一。[②]

梁書卷三〇裴子野傳載裴子野撰有方國使圖一卷,傳云:

> 是時西北徼外有白題及滑國,遣使由岷山道入貢。此二國歷代弗賓,莫知所出。子野曰:「漢潁陰侯斬胡白題將一人。服虔注云:『白題,胡名也。』又漢定遠侯擊虜,八滑從之,此其後乎。」時人服其博識。敕仍使撰方國使圖,廣述懷來之盛,自要服至於海表,凡二十國。

梁書卷五十四諸夷白題國傳云:「漢灌嬰與匈奴戰,斬白題騎一人。」滑國傳云:「漢永建元年,八滑從班勇擊北虜有功,勇上八滑爲後部親漢侯。」傳文與裴子野所云如出一轍,是裴子野方國使圖作爲梁書諸夷傳史源的顯明證據。

根據梁書卷三武帝紀下記載,滑國遣使獻方物,在普通元年、七年,大同元年、七年;白題國遣使獻方物,則在普通三年。梁書武帝紀的記載或許有脱漏,大概説來,裴子野受敕撰方國使圖的時間,應當在普通年間。方國使圖後來亡佚,二十國的内容今已難以確指,但白題國與滑國,應該是其中的兩個。

梁書諸夷傳的另一個史源,是梁元帝所作的職貢圖。[③]

梁書卷五元帝紀、南史卷八梁本紀下並云梁元帝撰貢職圖一卷,梁元帝撰金樓子卷五著書篇亦載其著作有「貢職圖一袟一卷」。在唐代以後的文獻中,多稱爲職貢圖,

---

① 陳垣中國史學名著評論(講稿,第6頁)謂:「梁書四夷傳極重要。」舉例來説,梁書諸夷傳受到佛教史學者的重視,其中大部分内容被録入藍吉富主編大藏經補編(第17册,第481～497頁),收録梁書諸夷扶南國傳、盤盤國傳、丹丹國傳、干陁利國傳、狼牙脩國傳、婆利國傳、中天竺國傳、師子國傳、高句驪傳、扶桑國傳及西北諸戎傳序。又如梁書諸夷扶桑國傳,則成爲近代以來海内外學者討論美洲發現歷史的重要史料(参見希勒格著:中國史乘中未詳諸國考證,馮承鈞譯述,上海:商務印書館,1928年;朱謙之著:扶桑國考證,上海:商務印書館,1941年;鄧少琴:北美印第安人之月相慧深所説梁書扶桑國之禮俗有似我國古風,鄧少琴西南民族史地論集,成都:巴蜀書社,2001年,上册,第562～570頁;羅榮渠著:中國人發現美洲之謎:中國與美洲歷史聯繫論集,重慶:重慶出版社,1988年;劉伯驥著:美國華僑史,臺北:黎明文化事業公司,1982年,第一章,第9～20頁)。即使是關於西北部族的歷史,梁書的史料也能彌補當時北朝史書記載的缺誤,如西北諸戎傳所載于闐之「木筆」、高昌之「白疊子」(棉花)等,都與出土文物相符(参見楊建新主編、魏長洪分册主編:中國西北少數民族通史南北朝卷,第4頁)。

② 参見余太山:梁書西北諸戎傳與梁職貢圖,傅傑編:二十世紀中國文史考據文録,下册,第1915～1932頁。

③ 参見余太山:梁書西北諸戎傳與梁職貢圖,傅傑編:二十世紀中國文史考據文録,下册,第1915～1932頁;楊建新主編、魏長洪分册主編:中國西北少數民族通史南北朝卷,第4頁。

又有稱蕃客入朝圖者。①

梁元帝職貢圖在唐代以後有多種傳本，今存世有三種摹本，其中傳爲唐閻立本摹本王會圖、傳爲南唐顧德謙摹本梁元帝番客入朝圖二种，藏臺灣故宫博物院，前者有魯國等二十四國使者著色畫像，後者有魯國等三十三國使者白描畫像②，二者均無題記。另一種北宋摹本職貢圖殘卷最爲重要，原藏南京博物院，今藏北京中國國家博物館，此本殘存滑、波斯、百濟、龜兹、倭、狼牙脩、鄧至、周古柯、呵跋檀、胡蜜丹、白題、末國十二國使者著色畫像，並有關於該國歷史地理風俗的題記十三則（其中宕昌國使闕畫像）。

筆者近年於清末民初人葛嗣浵（1867～1935）纂愛日吟廬書畫續録書中，發現著録有清張庚所作諸番職貢圖卷，爲梁元帝職貢圖的清代摹本，録有渴槃陀國等十八國題記，其中渴槃陀國、武興番、高昌國、天門蠻、高句驪國、于闐國、斯羅國七國題記，爲北宋摹本残卷所無。③ 最近又自唐宋佛教文獻中輯得魯國、白木條國二國題記殘文。④ 合北宋摹本殘卷、清張庚諸番職貢圖卷及唐宋佛教文獻題記殘文三者，共得滑國、波斯國、百濟國、龜兹國、倭國、宕昌國、狼牙脩國、鄧至國、周古柯國、呵跋檀國、胡蜜丹國、白題國、末國、渴槃陀國、武興番、高昌國、天門蠻、高句驪國、于闐國、斯羅國、魯國、白木條國二十二國題記。

此二十二國題記，除了天門蠻、魯國、白木條國三國之外，其餘十九國，梁書諸夷傳都有傳文。如果把職貢圖題記與梁書諸夷傳的文字進行比較，我們可以看出：滑國、波斯國、百濟國、宕昌國、狼牙脩國、鄧至國、周古柯國、呵跋檀國、胡蜜丹國、白題國、末國、渴槃陀國、武興番、高昌國、于闐國、斯羅國十六國題記的文字，與梁書諸夷傳大致相同，且相關内容較梁書諸夷傳爲詳，二者之間存在著極爲顯著的承襲關係，姚思廉撰寫梁書時則進行過剪裁。

三

梁書諸夷傳中也有許多未曾寫到的國家和部族。在梁書其他部分，以及其他史

① 王素梁元帝職貢圖新探（文物，1992年第2期，第72～80頁）一文提出，梁元帝所作有三個不同階段之圖，蕃客入朝圖是最早的底圖，職貢圖是稍後的增補圖，貢職圖是最後的完成圖，具體創作時間爲梁元帝即位後的承聖三年（554）春。此説值得重視，但可以商榷（參見陳繼春：蕭繹職貢圖的再研究，薛永年等主編：中國美術史論文集，第154頁）。就歷代文獻稱引的情況看來，職貢圖、貢職圖之名時相混用，二者内容似無特别顯著的差異，故此處論述仍以職貢圖作爲通行的稱謂。

② 唐閻立本王會圖，五代南唐顧德謙摹梁元帝番客入朝圖，故宫博物院編輯委員會編輯：故宫書畫圖録，第十五册，第115～118頁，第135～140頁。

③ 葛嗣浵纂：愛日吟廬書畫續録，卷五，第九葉上至第十四葉上；與（清）葛金烺著愛日吟廬書畫録合刊，收入徐娟主編：中國歷代書畫藝術論著叢編，第27册，第631～641頁。參見拙著：南朝梁元帝職貢圖題記佚文的新發現，文史，2011年第1期，第111～118頁。

④ 參見拙著：南朝梁元帝職貢圖題記佚文續拾，文史，2011年第4期，第237～242頁。

料中，我們可以看到這些國家和部族與梁朝有政治、經濟、文化等方面的交往。比如：梁書卷二武帝紀中載：天監三年九月，「北天竺國遣使獻方物」。傳爲唐閻立本摹本王會圖使者畫像中，有魯國、北天竺國、建平蜑、女蜑國等；傳爲南唐顧德謙摹本梁元帝番客入朝圖使者畫像中，有魯國、爲國、北天竺國、臨江蠻、天門蠻、建平蠻等①；清張庚摹本諸番職貢圖卷，有天門蠻題記；唐宋佛教文獻中，有魯國、白木條國等題記殘文。这些文献中出现的魯國、北天竺國、建平蜑（建平蠻）、女蜑國、爲國、臨江蠻、天門蠻、白木條國等國族，在梁書諸夷傳中没有專傳，這或許是姚思廉受到史料缺乏的限制。

據傳梁元帝職貢圖列有百國之多。宋王應麟撰玉海卷一五二梁職貢圖條引中興館閣書目：「金樓子，其自序云：乃纂百國一卷。今存二十有七。」②宋釋元照撰四分律行事鈔資持記下一亦云：「……貢職圖，梁湘東王撰，一卷，號百國貢職圖。」③百國固然不一定是實數，但職貢圖原本全貌所反映之國家，應該不止現所知三十餘國之數。

我們注意到，梁書諸夷傳中周古柯國、呵跋檀國、胡蜜丹國三國傳文僅有寥寥數語，比較簡單，而梁元帝職貢圖北宋摹本残卷中，此三國題記則録有貢使表文，篇幅較長，具有很高的史料價值。鑒於梁書諸夷傳已録有槃槃國、丹丹國、干陁利國、狼牙脩國、婆利國、中天竺國、師子國七國表文，並没有什麽特别理由要删棄此三國表文，所以似可猜測，姚思廉撰寫梁書諸夷傳時，並未看到此三國題記。④ 我們推測在梁元帝身後，有幾種完整程度不一的職貢圖版本流傳，其畫像題記内容互有異同，這也是一個證明。

四

爲了學者研究的方便，本書把傳世史籍中所見，與梁書諸夷傳内容有關係的異文，較爲全面地列出，希望能够起到「校讎」或「互證」的作用。筆者自己也覺得，在搜集資料時，每每犯有貪多務得、細大不捐的毛病，許多地方可能顯得過於繁瑣，這是要請讀者原諒的。

根據筆者粗淺的認識，這些異文的價值是：

1. 可以有助於史書文字的校勘；

---

① 唐閻立本王會圖，五代南唐顧德謙摹梁元帝番客入朝圖，故宫博物院編輯委員會編輯：故宫書畫圖録，第十五册，第 115～118 頁，第 135～140 頁。

② 宋王應麟撰：玉海，卷一五二，第 2893 頁。

③ 大藏經刊行會編輯：大正新脩大藏經，第四十卷，第 369 頁。

④ 日本學者金子修一關於宋書蠻夷傳的若干問題一文（載於張金龍主編：黎虎教授古稀紀念中國古代史論叢，第 316 頁）猜測，梁書未收録周古柯國、呵跋檀國、胡蜜丹國三國表文，或許「表示暫停采用不充分熟練的國書」，「原因是基於其表現的拙劣和内容的缺乏」，可備一説。

2. 可以有助於史事記載的比對；

3. 可以有助於考察史書的史料來源；

4. 可以有助於考察史書之間相互沿襲與增減改易的程度；

5. 就蠻夷傳的具體情況來説，對相關異文進行比較細緻的考察，還能反映出不同時代之中，對於周邊國家和部族歷史地理認識程度的差異——這對於探究中國人歷史世界與地理觀念的演進，是非常有意義的。

爲了檢核的方便，另外將經過修訂的點校本梁書諸夷傳全文，附録於書後，供讀者參考。

目　録

凡　例

1. 梁書諸夷傳引文采用通行的中華書局點校本梁書(北京中華書局 1973 年 5 月第 1 版、2008 年 2 月北京第 9 次印刷)。

2. 版本校勘以百衲本梁書(簡稱百衲本)为底本,以中華再造善本影印宋刻元明递修本(簡稱三朝本)、清武英殿刻本(簡稱殿本)爲通校本,以明南京國子監刻本(簡稱南監本)、北京國子監刻本(简称北监本)、毛晉汲古閣刻本(簡稱汲本)、清金陵书局刻本(簡稱局本)爲参校本。底本誤而據他本改正者,一律出校。有價值的本校、他校異文及疑誤,如無版本依據,出校説明,一般不改字。底本的俗别字,凡中華書局點校本已經釐定改正的,從點校本,一般不據底本回改,也不出校勘記。明顯版刻錯字,徑改不出校。梁書中的避諱字,避唐諱者,除干支外,一律不回改。人名、地名酌情出校。唐宋以後傳刻版本中的避諱字則一律回改或補全闕筆,不出校。

3. 中華書局點校本原校勘記準確無誤者,予以保留;需要進行脩訂者,則增補新的證據或不同意見,並與新增校勘記統一體例,適當調整格式及表述方式;原校勘記明顯有誤或無必要者,則予以刪除。

4. 參閱較多的古籍文獻,統一使用簡稱,如:

北堂書鈔,簡稱書鈔。

太平御覽,簡稱御覽。

册府元龜,簡稱册府。

資治通鑑,簡稱通鑑。

文獻通考,簡稱通考。

藝文類聚,簡稱類聚。

建康實録,簡稱實録。

梁元帝職貢圖北宋摹本殘卷,簡稱梁職貢圖。

葛嗣浵纂愛日吟廬書畫續録卷五著録清張庚諸番職貢圖卷題記,簡稱諸番職貢圖卷。

5. 異文比勘的内容包括原點校本出校情況,版本間異文,相關文獻論證,原點校本標點勘誤,相關史實辨疑,以及前人成果等,並附按語。

6. 本書文獻工作以中華書局點校本爲中心,所以使用曲尺形引號、書名號(波浪線)、專名號(直線)等古籍全式標點,但爲保持叢書體例一致,采用横排。異文比勘以文字比對爲主,引號内除爲突出原文獻意義外,一般不添加標點符號。

梁書諸夷傳異文比勘

梁書卷五十四　列傳第四十八

諸　夷

海南　東夷　西北諸戎

1. 梁書卷五十四

汲本、北監本、殿本、局本同，百衲本、三朝本、南監本作「梁書五十四」。

2. 海南　東夷　西北諸戎

「海南」，百衲本、三朝本、汲本、南監本同，北監本、殿本、局本、南史卷七八夷貊傳上作「海南諸國」。

3. 大抵在交州南及西南大海洲上，

「交州」，南史卷七八夷貊傳上同，太平寰宇記卷一七六作「交趾」。

「大海洲上」，南史卷七八夷貊傳上同，通典卷一八八、太平寰宇記卷一七六、通志卷一九八、通考卷三三一作「居大海中洲上」。

4. 相去近者三五千里，

「近者三五千里」，南史卷七八林邑國傳、太平寰宇記卷一七六作「或四五千里」，通典卷一八八作「或三五千里」，舊唐書卷四一地理志四、通志卷一九八、通考卷三三一作「或三五百里，三五千里」。

5. 其西與西域諸國接。

「西域諸國」，南史卷七八夷貊傳上同，通典卷一八八、太平寰宇記卷一七六、通志卷一九八、通考卷三三一作「諸胡國」。

6. 遣伏波將軍路博德開百越，

「博德」，百衲本墨丁，三朝本、汲本、南監本、北監本、殿本、局本、南史卷七八夷貊傳上同。

「百越」，南史卷七八夷貊傳上同，太平寰宇記卷一七六作「南越」，通志卷一九八作

「百粤」。

按：史記卷一一一衛將軍驃騎列傳：「衛將軍路博德……以衛尉爲伏波將軍，伐破南越。」史記卷一一三南越列傳：「元鼎五年秋，衛尉路博德爲伏波將軍，出桂陽，下匯水。」通典卷二九「雜號將軍」條注：「伏波，漢武帝征南越，始置此號，以路博德爲之。後漢馬援亦爲之。」

7. 自武帝以來皆朝貢。

「皆」，百衲本墨丁，三朝本、汲本、南監本、北監本、殿本、局本、南史卷七八夷貊傳上同。

「朝貢」，北監本、殿本、南史卷七八夷貊傳上同，百衲本、三朝本、汲本、南監本、局本、通典卷一八八、通志卷一九八、通考卷三三一作「獻見」，太平寰宇記卷一七六作「獻貢」。

殿本梁書考證：「朝貢」，南本作「獻見」。

8. 大秦、天竺皆由此道遣使貢獻。

「貢獻」，百衲本墨丁，三朝本、汲本、南監本、北監本、殿本、局本、南史卷七八夷貊傳上同。

9. 及吴孫權時，

「及」，百衲本墨丁，三朝本、汲本、南監本、北監本、殿本、局本、南史卷七八夷貊傳上同。

10. 遣宣化從事朱應、中郎康泰通焉。

「通焉」，百衲本墨丁，三朝本、汲本、南監本、北監本、殿本、局本、南史卷七八夷貊傳上同。

11. 其所經及傳聞，

「其所經」，南史卷七八夷貊傳上作「其所經過」。

12. 因立記傳。

「傳」，百衲本墨丁，三朝本、汲本、南監本、北監本、殿本、局本、南史卷七八夷貊傳上同。

13. 晉代通中國者蓋尠，

「晉代」，百衲本墨丁，三朝本、汲本、南監本、北監本、殿本、局本、南史卷七八夷貊傳上同。

「尠」，南史卷七八夷貊傳上作「鮮」。

14. 綴爲海南傳云。

南史卷七八夷貊傳上作「列爲海南云」。

林邑國

15. 林邑國者，本漢日南郡象林縣，

「國者」，南史卷七八林邑國傳、册府卷九五七、宋樓鑰撰攻媿集卷七五跋傅欽甫所藏職貢圖作「國」。

「本漢」，南史卷七八林邑國傳同，宋樓鑰撰攻媿集卷七五跋傅欽甫所藏職貢圖作「漢」。

16. 古越裳之界也。

「之界也」，册府卷九五七同，南史卷七八林邑國傳作「界也」，太平寰宇記卷一七六作「之國也」。

宋樓鑰撰攻媿集卷七五跋傅欽甫所藏職貢圖作「古之越裳」，册府卷九五九作「古越裳之地」。

17. 伏波將軍馬援開漢南境，置此縣。

「漢南境」，册府卷九五七同，南史卷七八林邑國傳作「南境」。

抱朴子序述太清金液神丹經卷下：「昔馬援爲漢開南境，立象林縣。」

馬宗霍南史校證卷七八：按「開」字下梁書有「漢」字，是。

18. 其地縱廣可六百里，

「縱」，南史卷七八林邑國傳作「從」。

按：「從」通「縱」。

19. 去日南界四百餘里，

「去日南界」，册府卷九五七同，南史卷七八林邑國傳作「去日南南界」。

抱朴子序述太清金液神丹經卷下：「過日南四五百里……」

清王懋竑撰讀書記疑卷一三南史存校：「南字當在去字上。」

馬宗霍南史校證卷七八：按「日南」下梁書不重「南」字，此似當從南史。

20. 北接九德郡。

「九德郡」，南史卷七八林邑國傳同，册府卷九五七作「九真郡」。

21. 其南界，水步道二百餘里，

「步」，南史卷七八林邑國傳同，册府卷九五七作「涉」。

「二百」，南史卷七八林邑國傳、册府卷九五七同，通考卷三三一作「二千」。

抱朴子序述太清金液神丹經卷下作「在林邑南可三百里」。

按：册府「涉」字版刻譌誤，通考「千」誤。

22. 有西國夷亦稱王，

「西國夷」，册府卷九五七同，南史卷七八林邑國傳、通志卷一九八作「西圖夷」，抱朴子序述太清金液神丹經卷下作「西圖國」，通典卷一八八、舊唐書卷四一地理志四、新唐書卷二二二下環王傳、太平寰宇記卷一七六，通考卷三二八、卷三三一作「西屠夷」，舊唐書卷四一地理志四、太平寰宇記卷一七一作「西屠夷國」，水經注卷三六引林邑記、通典卷一八八注引林邑國記、御覽卷七九〇引異物志、太平寰宇記卷一七六作「西屠國」，初學記卷六引張勃吴録作「西屬國」。

初學記卷六引張勃吴録曰:「象林海中有小洲,生柔金。自北南行三十里,有西屬國,人自稱漢子孫。有銅柱,云漢之壃埸之表。」

原校勘記[一]:「西國」南史作「西圖」。

按:疑梁書「西」下脱一「屠」字。疑南史「西圖夷」之「圖」字爲「國」字之譌。又南史原校勘記誤標御覽卷次,引文作「西屠國」,非「西屠夷」。

23.馬援植兩銅柱表漢界處也。

「植兩銅柱」,南史卷七八林邑國傳作「所植二銅柱」。

「漢界」,册府卷九五七同,南史卷七八林邑國傳、通志卷一九八作「漢家界」。

抱朴子序述太清金液神丹經卷下作「立兩銅柱,爲漢南界」。

御覽卷七九〇引交州以南外國傳作「有銅柱表爲漢之南極界」。

24.又出瑇瑁、貝齒、吉貝、沉木香。

「吉貝」,通志卷一九八、通考卷三三一同,御覽卷九八二引梁書、南史卷七八林邑國傳、册府卷九五九、通典卷一八八、太平寰宇記卷一七六作「古貝」。

「沉木香」,殿本、南史卷七八林邑國傳、册府卷九五九同,百衲本、三朝本、汲本、南監本、北監本、局本、通典卷一八八、通志卷一九八、通考卷三三一作「沈木香」,太平寰宇記卷一七六作「沈香」,御覽卷九八二引梁書作「沉香木」。

抱朴子序述太清金液神丹經卷下:「衆香雜類,各自有原。木之沈浮,出于日南……」

25.吉貝者,樹名也。

「吉貝」,通志卷一九八、通考卷三三一同,御覽卷九八二引梁書、南史卷七八林邑國傳、册府卷九五九、通典卷一八八、太平寰宇記卷一七六作「古貝」。

26.其華成時如鵝毳,

「鵝」,汲本、局本、南史卷七八林邑國傳同,百衲本、三朝本、南監本、北監本、殿本作「鵞」。

「鵝毳」,南史卷七八林邑國傳、册府卷九五九同,太平寰宇記卷一七六作「毻毛」,通考卷三三一作「鵝毛」。

按:「鵞」同「鵝」。

27.抽其緒紡之以作布,

南史卷七八林邑國傳、册府卷九五九同,通典卷一八八、太平寰宇記卷一七六、通考卷三三一作「抽以績紡作布」。

28.潔白與紵布不殊,

「潔」,汲本、南監本、北監本、殿本、局本同,百衲本、三朝本作「絜」。

「潔白」,册府卷九五九同,南史卷七八林邑國傳作「布」。

按:「絜」同「潔」,「絜」爲「潔」之俗字。

29.織爲斑布也。

「斑」,殿本、局本、南史卷七八林邑國傳、通典卷一八八、太平寰宇記卷一七六、通考卷三三一同,百衲本、三朝本、汲本、南監本、北監本、御覽卷九八二引梁書、册府卷九五九、通志卷一九八作「班」。

「斑布也」,南史卷七八林邑國傳作「斑布」。

30.沉木者,土人斫斷之,

「沉木」,殿本同,百衲本、三朝本、汲本、南監本、北監本、局本、太平寰宇記卷一七六作「沈木」,通典卷一八八、通志卷一九八作「沈木香」,通考卷三三一作「沈香」,御覽卷九八二引梁書、南史卷七八林邑國傳、册府卷九五九作「沉木香」。

「斫」,南史卷七八林邑國傳、册府卷九五九、通志卷一九八同,通典卷一八八、太平寰宇記卷一七六、通考卷三三一作「破」。

「斫斷之」,南史卷七八林邑國傳作「斫斷」。

31.積以歲年,

南史卷七八林邑國傳、册府卷九五九同,御覽卷九八二引梁書作「積年以」。

32.置水中則沉,

「置」,北監本、殿本、局本、御覽卷九八二引梁書、南史卷七八林邑國傳、册府卷九五九同,百衲本、三朝本、汲本、南監本作「歲置」。

「沉」,殿本、御覽卷九八二引梁書、南史卷七八林邑國傳、册府卷九五九同,百衲本、三朝本、汲本、南監本、北監本、局本、通典卷一八八、太平寰宇記卷一七六、通志卷一九八、通考卷三三一作「沈」。

按:「歲」字衍。

33.故名曰沉香。

「沉」,殿本、御覽卷九八二引梁書、南史卷七八林邑國傳、册府卷九五九同,百衲本、三朝本、汲本、南監本、北監本、局本、通典卷一八八、太平寰宇記卷一七六、通志卷一九八、通考卷三三一作「沈」。

34.次不沉不浮者,曰篯香也。

「不沉不浮者」,殿本、局本、册府卷九五九同,百衲本、三朝本、汲本、南監本、北監本作「不沈不浮者」,通典卷一八八、太平寰宇記卷一七六、通考卷三三一作「不沈者」,御覽卷九八二引梁書作「不沉者」,南史卷七八林邑國傳、通志卷一九八作「浮者」。

「曰」,册府卷九五九作「名曰」。

「篯」,百衲本、三朝本、汲本、南監本、北監本、殿本、局本同,御覽卷九八二引梁書、南史卷七八林邑國傳、册府卷九五九、通典卷一八八、太平寰宇記卷一七六、通志卷一九八、通考卷三三一作「棧」,清汪灝等撰廣群芳譜卷八〇作「欑」。

「曰篯香也」,御覽卷九八二引梁書作「棧和之屬」。

南史卷七八林邑國傳作「次浮者棧香」。

按:「篯」同「欑」。宋陳彭年等撰廣韻卷二:「欑,香木。」宋丁度等撰集韻卷三:「欑、䉸,香木名。或作䉸」。據此,知「篯」字不誤。御覽「棧和之屬」,「和」字版刻譌誤,疑當作「香」。

35. 漢末大亂，

「漢」，南史卷七八林邑國傳同，通典卷一八八、宋本册府卷九五六、册府卷九五六、太平寰宇記卷一七六、通志卷一九八、通考卷三三一作「後漢」。

36. 功曹區達，殺縣令自立爲王。

「功曹區達」，南史卷七八林邑國傳作「功曹區連」，通典卷一八八、宋本册府卷九五六、册府卷九五六、太平寰宇記卷一七六、通考卷三三一作「縣功曹姓區，有子曰連」，册府卷九六六作「漢末象林縣功曹姓區，有子連」，通志卷一九八作「象林縣功曹姓區，有子曰連」，舊唐書卷四一地理志四作「象林縣人區連」。

「達」，晉書卷九七林邑國傳，隋書卷八二林邑傳，南史卷七八林邑國傳，御覽卷五二引水經注，舊唐書卷四一地理志四，太平寰宇記卷一七一、卷一七六，宋本册府卷九五六，册府卷九五六、卷九六六作「連」①；後漢書卷八六南蠻傳，通鑑卷五二漢紀永和二年、三年，宋本册府卷九八九、册府卷九八九作「憐」；通典卷一八八「連」、「憐」並見；陳橋驛校證本水經注卷三六作「逵」；楊守敬、熊會貞纂水經注疏卷三六作「連」，并有按語云：「守敬按：御覽五十二引此作『連』，晉書、隋書、南史、明史同，後漢書、通典作區憐，『憐』、『連』音同，尤作『連』之證。是梁書乃誤字。」

「縣令」，南史卷七八林邑國傳同，宋本册府卷九五六，册府卷九五六、卷九六六作「令」。

原校勘記[二]：「達」，南史及晉書林邑傳並作「連」。

馬宗霍南史校證卷七八：……「連」「達」形近，未審孰是。元刊本南史作「區王」，蓋涉下「爲王」而誤。

37. 傳數世，

南史卷七八林邑國傳作「數世」。

38. 立外甥范熊。

「外甥」，南史卷七八林邑國傳、通志卷一九八同；水經注卷三六，晉書卷九七林邑國傳，通典卷一八八，宋本册府卷九五六，册府卷九五六、卷九六六，太平寰宇記卷一七六，通考卷三三一作「外孫」。

按：「外甥」義同「外孫」，詩齊風猗嗟「展我甥兮」，毛傳：「外孫曰甥。」

39. 晉成帝咸康三年，

「三年」，南史卷七八林邑國傳同，晉書卷九七林邑國傳、通典卷一八八、通鑑卷九五晉紀咸康二年、太平寰宇記卷一七六、通考卷三三一作「二年」。

原校勘記[三]：「三」，晉書林邑傳作「二」。

40. 奴文篡立。

---

① 參見羅振玉：五史斠議梁書斠議，第 1014 頁。

「文」，南史卷七八林邑國傳、宋本册府卷一〇〇〇、册府卷一〇〇〇同，御覽卷九三七引梁書作「文本」。

「立」，南史卷七八林邑國傳、太平寰宇記卷一七六同，宋本册府卷一〇〇〇、册府卷一〇〇〇、通典卷一八八、通志卷一九八、通考卷三三一作「位」。

按：疑御覽衍「本」字。

41. 文本日南西捲縣夷帥范稚家奴，

「西捲」，御覽卷九三七引梁書、太平寰宇記卷一七六同，南史卷七八林邑國傳、宋本册府卷一〇〇〇、册府卷一〇〇〇、通志卷一九八作「西卷」。

「稚」，御覽卷九三七引梁書、南史卷七八林邑國傳作「幼」，晉書卷九七林邑國傳、水經注卷三六、通志卷一九八作「椎」。

晉書斠注卷九七：「案南史作『幼』，與梁書作『稚』同義，是『椎』乃『稚』之誤。」

原校勘記[四]：「稚」，晉書、南齊書林邑傳並作「椎」。

南史原校勘記[四]：「幼」本字「稚」，此避唐諱改。

馬宗霍南史校證卷七八：「范稚」，元刊本南史作「范幼」，延壽爲唐諱嫌名，例避「稚」字，作「幼」蓋南史舊本，下同。

按：「稚」爲本字，御覽引梁書、南史避唐諱改「幼」，「椎」字誤。① 又中華書局點校本南齊書卷五八林邑國傳亦作「稚」。

42. 常牧牛於山澗，

「常」，御覽卷七八六引南史、太平寰宇記卷一七六同，晉書卷九七林邑國傳、南史卷七八林邑國傳、通志卷一九八作「嘗」。

「牛」，晉書卷九七林邑國傳、南史卷七八林邑國傳、書鈔卷一二三引林邑記、御覽卷三四五引林邑記、太平寰宇記卷一七六同，水經注卷三六作「羊」，楊守敬等纂水經注疏改作「牛」，楊氏有按語云：「晉書、梁書、南史、寰宇記並作『牧牛』，與書鈔一百二十三、御覽三百四②十五引林邑記同，則此『羊』爲『牛』之誤無疑，今訂。」

「山澗」，南史卷七八林邑國傳、太平寰宇記卷一七六同，晉書卷九七林邑國傳作「澗中」，書鈔卷一二三引林邑記、御覽卷三四五引林邑記作「洞中」。

按：疑書鈔、御覽「洞」版刻譌誤。

43. 得鱧魚二頭，

「鱧」，書鈔卷一二三引林邑記，御覽卷三四五引林邑記、卷九三七引梁書、卷九三七引林邑國記，南史卷七八林邑國傳同，晉書卷九七林邑國傳，水經注卷三六，御覽卷五二引水經注、卷七八六引南史，太平寰宇記卷一七六，通志卷一九八作「鯉」，楊守敬等纂水經注疏卷三六改作「鱧」，楊氏有按語云：「御覽五十二引此作『鯉』，晉書、寰宇記作『鯉』，

---

① 參見楊守敬、熊會貞纂水經注疏，卷三六，第五十八葉下，熊氏按語。

② 按楊守敬等纂水經注疏稿本、整理本標御覽卷次，均脱「四」字，今補正，下同。

同……據書鈔一百二十三、御覽三百四十五引林邑記作『鱧』。竊以『鱧』字是，凡作『鯉』者，皆後人改。」

「二頭」，御覽卷九三七引梁書、南史卷七八林邑國傳作「二」。

44. 鑄成，文向石而呪曰：「若斫石破者，文當王此國。」

「鑄」，晉書卷九七林邑國傳、御覽卷九三七引梁書、南史卷七八林邑國傳、太平寰宇記卷一七六、通志卷一九八作「刀」。

「而呪曰」，南史卷七八林邑國傳作「呪曰」。

「破」，南史卷七八林邑國傳同，書鈔卷一二三引林邑記，御覽卷三四五引林邑記、卷九三七引梁書作「入」。

書鈔卷一二三引林邑記載咒語曰：「魚作爲刀，若斫石入者，文當爲此國王。」

御覽卷三四五引林邑記載呪語曰：「魚爲刀，若斫石入者，文當爲此國王。」

晉書卷九七林邑國傳載呪語曰：「鯉魚變化，冶成雙刀，石嶂破者，是有神靈。」

水經注卷三六載呪語曰：「鯉魚變化，冶石成刀。斫石鄣破者，是有神靈，文當得此，爲國君王。斫不入者，是刀無神靈。」

通志卷一九八載呪語曰：「鯉魚變化，冶成雙刀，石嶂破者，當王此國。」

45. 因舉刀斫石，如斷芻藁，

「舉刀斫石」，南史卷七八林邑國傳作「斫石」。

「藁」，御覽卷九三七引梁書作「籯」，南史卷七八林邑國傳作「稾」。

晉書卷九七林邑國傳作「進斫之，石即瓦解」。

46. 文心獨異之。

「獨異」，御覽卷九三七引梁書、南史卷七八林邑國傳作「異」。

47. 范稚常使之商賈至林邑，

「稚」，御覽卷九三七引梁書、南史卷七八林邑國傳作「幼」，通志卷一九八作「椎」。

「常」，南史卷七八林邑國傳、通志卷一九八作「嘗」。

「商賈」，南史卷七八林邑國傳同，通典卷一八八、通考卷三三一作「商貨」，通志卷一九八作「商估往來」。

48. 因教林邑王作宮室及兵車器械，

「宮室及兵車器械」，南史卷七八林邑國傳同，南齊書卷五八林邑國傳作「城池樓殿」，通鑑卷九五晉紀咸康二年作「城郭宮室器械」，通志卷一九八作「宮室城邑及兵車器械」。

49. 後乃讒王諸子，

「王」，御覽卷九三七引梁書、南史卷七八林邑國傳作「言」。

50. 各奔餘國。

「各」，南史卷七八林邑國傳同，御覽卷九三七引梁書作「咎」。

按：御覽「咎」字版刻譌誤。

51. 文僞於隣國迓王子，

「僞」,南史卷七八林邑國傳同,御覽卷九三七引梁書作「爲」。

「隣」,南史卷七八林邑國傳作「鄰」,御覽卷九三七引梁書作「憐」。

按:「爲」通「僞」。御覽「憐」字版刻譌誤。

52. 置毒於漿中而殺之,

「漿」,南史卷七八林邑國傳同,通鑑卷九五晉紀咸康二年作「椰酒」。

「而殺之」,南史卷七八林邑國傳作「殺之」。

53. 時交州刺史姜莊使所親韓戢、謝稚,

「姜莊」,南史卷七八林邑國傳同,晉書卷九七林邑國傳、宋本册府卷一〇〇〇、册府卷一〇〇〇作「姜壯」。

「謝稚」,南史卷七八林邑國傳作「謝幼」,晉書卷九七林邑國傳、宋本册府卷一〇〇〇、册府卷一〇〇〇、通志卷一九八作「謝擢」。

54. 侵刻尤甚。

「甚」,南史卷七八林邑國傳作「盛」。

55. 林邑先無田土,

「先」,南史卷七八林邑國傳、通志卷一九八作「素」。

「田土」,南史卷七八林邑國傳同,通志卷一九八作「上田」。

按:晉書卷九七林邑國傳、宋本册府卷一〇〇〇、册府卷一〇〇〇、通典卷一八八、太平寰宇記卷一七六、通考卷三三一作「林邑少田」,語意畧異。

56. 貪日南地肥沃,

南史卷七八林邑國傳同,宋本册府卷一〇〇〇、册府卷一〇〇〇作「貪日南之地」。

57. 因民之怨,

「民」,南史卷七八林邑國傳、通志卷一九八作「人」。

58. 遂舉兵襲日南,殺覽,以其屍祭天。

按:晉書卷八穆帝紀:永和三年春三月,「林邑范文攻陷日南,害太守夏侯覽,以尸祭天。」

宋本册府卷九九七、册府卷九九七:「晉林邑王文……永和三年,率衆攻陷日南,太守夏侯覽,以尸祭天。」

宋本册府卷一〇〇〇、册府卷一〇〇〇:「至穆帝永和三年,文率其衆攻陷日南,害太守夏侯覽,殺五六千人,餘奔九真,以覽尸祭天。」

按:宋本册府卷九九七、册府卷九九七脱「害」字。

59. 交州刺史朱藩後遣督護劉雄戍日南,文復屠滅之。

「朱藩」,南史卷七八林邑國傳同,晉書卷九七林邑國傳、宋本册府卷一〇〇〇、册府卷一〇〇〇、通典卷一八八、太平寰宇記卷一七六、通鑑卷九七晉紀永和三年、舊唐書卷四一地理志四、通志卷一九八、通考卷三三一作「朱蕃」。

「戍」,南史卷七八林邑國傳同,宋本册府卷一〇〇〇、册府卷一〇〇〇作「戍于」。

「屠滅」，南史卷七八林邑國傳作「滅」，宋本册府卷一〇〇〇、册府卷一〇〇〇作「攻陷」。

晉書卷八穆帝紀：永和三年秋七月，「范文復陷日南，害督護劉雄」。

60. 進寇九德郡，

「九德郡」，南史卷七八林邑國傳同，晉書卷八穆帝紀作「九德」，晉書卷九七林邑國傳、宋本册府卷一〇〇〇、册府卷一〇〇〇、通典卷一八八、通鑑卷九八晉紀永和四年、太平寰宇記卷一七六、通考卷三三一作「九真」。

晉書卷八穆帝紀：永和四年夏四月，「范文寇九德，多所殺害。」晉書斠注卷八：「林邑傳作『九真』，通鑑晉紀同。」

晉書卷九七林邑國傳：永和四年，「文又襲九真，害士庶十八九。」

61. 殘害吏民。

「殘害」，南史卷七八林邑國傳作「害」。

「民」，南史卷七八林邑國傳作「人」。

62. 願以日南北境横山爲界，

「願」，南史卷七八林邑國傳同，宋本册府卷一〇〇〇、册府卷一〇〇〇作「求」。

「北境」，南史卷七八林邑國傳同，宋本册府卷一〇〇〇、册府卷一〇〇〇作「北鄙」。

63. 又遣督護陶緩、李衢討之。

原校勘記[五]：「緩」疑「綏」字之誤。晉書陶璜傳有孫綏位至交州刺史，當即此人。

按：晉書卷五七陶璜傳。

64. 五年，文死，子佛立，猶屯日南。征西將軍桓温遣督護滕畯、九真太守灌邃帥交、廣州兵討之，佛嬰城固守。邃令畯盛兵於前，邃帥勁卒七百人，自後踰壘而入，佛衆驚潰奔走，邃追至林邑，佛乃請降。

「征西將軍」，南史卷七八林邑國傳同，晉書卷八穆帝紀、卷六八桓温傳作「征西大將軍」，宋本册府卷九八四、册府卷九八四作「征南大將軍」。

「州兵」，宋本册府卷九八四、卷一〇〇〇，册府卷九八四、卷一〇〇〇作「之兵」。

宋本册府卷九八四、册府卷九八四：「穆帝永和五年四月，征南大将軍桓温遣督護滕畯率交、廣之兵，伐林邑國王范文於虜容。（爲四年文寇九真也。）」

宋本册府卷一〇〇〇、册府卷一〇〇〇：「明年，征西督護滕畯率交、廣之兵，伐文於盧容，爲文所敗。」

水經注卷三六載「永和五年，征西桓温遣督護滕畯率交、廣兵伐范文于舊日南之盧容縣，爲文所敗……退次九真，更治兵。文被創死，子佛代立」，晉書卷八穆帝紀載「征西大將軍桓温遣督護滕畯討范文，爲文所敗」，晉書卷九七林邑國傳亦云「征西督護滕畯率交、廣之兵伐文於盧容，爲文所敗，退次九真。其年，文死，子佛嗣」，以范文死在滕畯攻伐之後，記載不同。晉書斠注卷九七引晉書校文四曰：「以水經温水篇注考之，則永和五年滕畯自盧容敗後，退次九真，更治兵，文被創死，子佛立。畯與刺史楊平復進兵破之，與盟而還。然則晉討林邑,前敗後勝,本有二役。此傳僅記畯討文事,而不及後一役,梁書又僅載佛事,而不及前一役,遂致互相乖異,實則各有漏略,當合觀之,事之首尾乃具。」

按:水經注卷三六載滕畯與交州刺史楊平復破范佛事,在永和七年;又梁書云滕畯、灌邃討破范佛,未提及有交州刺史楊平復其人,此仍有乖異處。又晉書卷八穆帝紀:永和九年三月,「交州刺史阮敷討林邑范佛于日南,破其五十餘壘。」梁書失載。又隋書卷八二林邑傳:「其後范佛爲晉揚威將軍戴桓所破。」此事不見載於晉書。宋本册府卷九八四、册府卷九八四「征南」版刻譌誤。

65. 哀帝昇平初,復爲寇暴,刺史温放之討破之。

晉書卷八穆帝紀:升平三年十二月,「交州刺史温放之帥兵討林邑參黎、耽潦,並降之。」

原校勘記[六]:晉哀帝無「昇平」年號。「昇」當作「升」,升平是晉穆帝年號,「哀帝」當作「穆帝」。晉書穆帝紀:升平三年,交州刺史温放之帥兵討林邑。

按:「昇」字誤。此事晉書卷八穆帝紀、宋本册府卷九八四、册府卷九八四皆繫於穆帝升平三年十二月。

66. 佛孫須達復寇日南,

「須達」,南史卷七八林邑國傳同,各本晉書卷一〇安帝紀、通鑑卷一一一晉紀隆安三年作「范達」,中華書局點校本晉書卷一〇安帝紀作「范胡達」,水經注卷三六亦作「范胡達」,晉書卷九七林邑國傳作「胡達」。

晉書卷九七林邑國傳:「佛死,子胡達立。」

通志卷一九八:「佛死,子胡達立……胡達死,子須達立。」

原校勘記[七]:「須達」,晉書安帝紀作「范達」。

晉書卷一〇安帝紀原校勘記[七]:范胡達:原作「范達」,無「胡」字。周校:據四夷傳當作「范胡達」。斠注:宋書良吏傳亦有「胡」字。按:宋書天文志三、水經温水注並有「范胡達」。今據補「胡」字。

67. 又進寇九德,

「九德」,南史卷七八林邑國傳同,晉書卷一〇安帝紀、通鑑卷一一一晉紀隆安三年作「九真」。

68. 殺長史,

原校勘記[八]:「史」疑是「吏」之誤。

按:此校未必是,可删。

69. 九年,須達復寇九真,行郡事杜慧期與戰,斬其息交龍王甄知及其將范健等,

「須達」,晉書卷一〇安帝紀、通鑑卷一一六晉紀義熙九年作「范胡達」。

「健」,三朝本、南監本、北監本、殿本、局本同,汲本作「徤」。

原校勘記[九]:「須達」晉書安帝紀作「范湖達」。「杜慧期」晉書安帝紀作「杜慧度」。

按:「徤」同「健」,「徤」爲「健」之俗字。通鑑卷一一六晉紀義熙九年:「林邑范胡達寇

九真，杜慧度擊斬之。」水經注卷三六引林邑記：「義熙九年，交趾太守杜慧度造九真水口，與林邑王范胡達戰，擒斬胡達二子，虜獲百餘人，胡達遁。」楊守敬、熊會貞纂水經注疏卷三六改作「杜慧期」，并有按語云：「會貞按：宋書杜慧度傳：義熙七年，除交州刺史，其弟慧期則交趾太守也。故梁書以義熙九年與林邑戰爲杜慧期事。至通鑑稱是年『林邑范胡達寇九真，杜慧度擊斬之』，是本晉書安帝紀指交州刺史杜慧度，非謂交趾太守，太守自慧期也。今訂。」宋書卷二五天文志三亦云：「（義熙）九年……林邑王范胡達將萬餘人寇九真，九真太守杜慧期距破之。」故此處以不出校爲宜，原校勘記可删。

70. 生俘須達息郿能，

「郿」，殿本同，百衲本、三朝本、南監本、北監本作「郍」，汲本、局本作「那」。

按：「郍」、「那」、「郿」同。

71. 林邑無歲不寇日南、九德諸郡，殺蕩甚多，

「日南」下，晉書卷九七林邑國傳、通志卷一九八有「九真」二字。

「蕩」，百衲本、三朝本、汲本、北監本、殿本、局本同，南監本、南史卷七八林邑國傳、晉書卷九七林邑國傳、通典卷一八八、太平寰宇記卷一七六、通志卷一九八、通考卷三三一作「傷」。

原校勘記[一〇]：「蕩」，南史作「傷」。

72. 其甥既立而殺藏驎，

「既立」，南史卷七八林邑國傳作「立」。

73. 藏驎子又攻殺之，而立敵鎧同母異父之弟曰文敵。

「藏驎子」，北監本、殿本、局本、南史卷七八林邑國傳、通志卷一九八同，百衲本、三朝本、汲本、南監本作「驎子」。

「之弟」，南史卷七八林邑國傳作「弟」。

74. 文敵後爲扶南王子當根純所殺，大臣范諸農平其亂，而自立爲王。諸農死，子陽邁立。

「後」，南史卷七八林邑國傳作「復」。

「當根純」，南史卷七八林邑國傳同，册府卷九六六作「當根」。

「而自立」，南史卷七八林邑國傳作「自立」。

「陽邁」，宋書卷九七林邑國傳、南史卷七八林邑國傳、宋本册府卷九六八、册府卷九六八同，南齊書卷五八林邑國傳作「楊邁」。

南齊書卷五八林邑國傳：「楊邁子孫相傳爲王，未有位號。夷人范當根純攻奪其國，篡立爲王。永明九年，遣使貢獻金簟等物……范楊邁子孫范諸農率種人攻當根純，復得本國。十年，以諸農爲持節、都督緣海諸軍事、安南將軍、林邑王。建武二年，進號鎮南將軍。永泰元年，諸農入朝，海中遭風溺死，以其子文款爲假節、都督緣海軍事、安南將軍、林邑王。」

通鑑卷一二四宋紀元嘉二十三年：「初，林邑王范陽邁，雖遣使入貢，而寇盜不絶，使

貢亦薄陋……林邑王陽邁傾國來戰……」

通鑑卷一三七齊紀永明九年:「初林邑王范陽邁世相承襲,夷人范當根純攻奪其國,遣使獻金簟等物。詔以當根純爲都督緣海諸軍事、林邑王。」

通鑑卷一三七齊紀永明十年:「是歲,林邑王范陽邁之孫諸農,帥種人攻范當根純,復得其國。詔以諸農爲都督緣海諸軍事、林邑王。」

通鑑卷一四一齊紀永泰元年:「林邑王諸農入朝,海中值風溺死,以其子文欵爲林邑王。」

南齊書卷五八林邑國傳原校勘記[一七]引張森楷校勘記云:「梁書、南史並云扶南王子當根純,事在晉末,與此敘於永明元年者不同。」

按:册府脱「純」字。范陽邁、范當根純、范諸農時代、世系,南齊書、梁書記載歧異,疑有譌誤。

75. 宋永初二年,遣使貢獻,以陽邁爲林邑王。

「二年」,百衲本、三朝本、汲本、北監本、殿本、局本、宋書卷九七林邑國傳、南史卷七八林邑國傳、宋本册府卷九六八,册府卷九六三、卷九六八同,南監本作「三年」。

「陽邁」,南史卷七八林邑國傳、册府卷九六三同,南齊書卷五八林邑國傳作「楊邁」,且云「宋永初元年,林邑王范楊邁初産」。

按:南監本「三」字版刻譌誤。

76. 慕其父,

「慕」,南齊書卷五八林邑國傳、御覽卷七八六引南史同,百衲本、三朝本、汲本、南監本、北監本、殿本、局本、南史卷七八林邑國傳作「篡」,通志卷一九八作「纂」。

通考卷三三一注:「至咄,纂父業,又名焉。」

殿本梁書考證:「篡」疑作「纂」,然考南史亦同此。

清王懋竑撰讀書記疑卷一三南史存校:「篡,當作慕。」

原校勘記[一一]:「慕」各本及南史譌「篡」,據南齊書林邑國傳改正。按:既云「立」,不應又云「篡」,致文相複,當依南齊書作「慕」爲是。

南史原校勘記[六]:「慕」各本作「篡」,據南齊書、太平御覽七八六引改。

馬宗霍南史校證卷七八:按「篡」當作「纂」,梁書亦作「篡」,疑並誤。南齊書作「慕」,依文義「慕」字爲長。

按:百衲本、三朝本、汲本、南監本、北監本、殿本、局本、南史「篡」字誤。中華書局點校本南史已改作「慕」。

77. 名曰于闐,

「于闐」,百衲本、三朝本、汲本、北監本、殿本、局本同,南監本、南史卷七八林邑國傳、北史卷九五獠傳、通典卷一八八、太平寰宇記卷一七六作「干闐」,通志卷一九八作「干藺」,通考卷三三一作「于藺」。

馬宗霍南史校證卷七八:……疑「干」字是。

按:百衲本、三朝本、汲本、北監本、殿本、局本「于」字版刻譌誤,當改作「干」。

78. 男女皆以横幅吉貝繞腰以下，

「吉貝」，通志卷一九八、通考卷三三一同，南史卷七八林邑國傳、通典卷一八八、太平寰宇記卷一七六作「古貝」。

79. 謂之干漫，

「干」，北監本、殿本、局本、南史卷七八林邑國傳、通典卷一八八、太平寰宇記卷一七六、通考卷三三一同，百衲本、三朝本、汲本、南監本、通志卷一九八作「千」。

「漫」，南史卷七八林邑國傳同，太平寰宇記卷一七六作「縵」。

按：百衲本、三朝本、汲本、南監本、通志「千」字版刻譌誤。「干漫」亦作「干縵」，即紗籠，用棉布製成圍在腰部以下的一種服飾。

80. 亦曰都縵；

「縵」，三朝本、南監本、北監本、汲本、殿本、局本同，百衲本、南史卷七八林邑國傳、通典卷一八八、太平寰宇記卷一七六、通志卷一九八作「漫」。

81. 穿耳貫小鐶；

「鐶」，南史卷七八林邑國傳、太平寰宇記卷一七六、通考卷三三一作「環」。

太平寰宇記卷一七六：「穿耳以小環爲飾。」

82. 貴者著革屣，

「屣」，南史卷七八林邑國傳同，通典卷一八八、太平寰宇記卷一七六、通志卷一九八、通考卷三三一作「履」。

83. 自林邑、扶南以南諸國皆然也。

「扶南以南諸國」，南史卷七八林邑國傳、太平寰宇記卷一七六同，通典卷一八八、通志卷一九八、通考卷三三一作「扶南諸國」。

84. 其王著法服，加瓔珞，如佛像之飾。

「王」，南史卷七八林邑國傳、册府卷九五九作「王者」。

「瓔珞」，南史卷七八林邑國傳同，册府卷九五九、通志卷一九八、通考卷三三一作「纓絡」。

「像」，三朝本、南監本、北監本、汲本、殿本、局本、南史卷七八林邑國傳、册府卷九五九同，百衲本作「象」。

按：「象」通「像」。

85. 罩吉貝傘，

「吉貝」，通志卷一九八、通考卷三三一同，南史卷七八林邑國傳、通典卷一八八、太平寰宇記卷一七六作「古貝」，册府卷九五九作「右具」。

「傘」，百衲本、三朝本、汲本、南監本、北監本、殿本、局本、南史卷七八林邑國傳、册府卷九五九、通典卷一八八、太平寰宇記卷一七六、通志卷一九八、通考卷三三一作「繖」。

按：册府「右具」版刻譌誤。「繖」同「傘」。

86. 以吉貝爲幡旗。

「吉貝」，通志卷一九八、通考卷三三一同，南史卷七八林邑國傳、册府卷九五九、通典卷一八八、太平寰宇記卷一七六作「古貝」。

「爲」,南史卷七八林邑國傳同,册府卷九五九作「於」。

按:册府「於」字版刻譌誤。

87. 有罪者使象踏殺之。

「踏」,南史卷七八林邑國傳作「蹋」。

按:「蹋」同「踏」。

88. 其大姓號婆羅門。

「大姓」,南史卷七八林邑國傳同,南齊書卷五八林邑國傳作「師君」。

89. 由賤男而貴女也。

「賤男而貴女」,晉書卷九七林邑國傳、南齊書卷五八林邑國傳、南史卷七八林邑國傳、册府卷九五九、實録卷一六同,通典卷一八八、太平寰宇記卷一七六、通志卷一九八作「貴男而賤女」,通考卷三三一作「貴男而賤力」,册府卷九五九又作「貴女賤男」。

「女也」,南史卷七八林邑國傳作「女」。

按:通考「力」字版刻譌誤。

90. 同姓還相婚姻,

南史卷七八林邑國傳、册府卷九五九同,册府又作「同姓爲婚姻」。

91. 呪曰「吉利吉利」,以爲成禮。

「呪」,百衲本、三朝本、汲本、南監本、北監本、局本、南史卷七八林邑國傳同,殿本作「咒」。

「以爲」,南史卷七八林邑國傳、册府卷九五九作「爲」。

馬宗霍南史校證卷七八:……「吉利吉利」四字似當連讀之,蓋咒詞如是也。

按:「呪」同「咒」。

92. 國王事尼乾道,

「尼乾道」,南史卷七八林邑國傳、册府卷九五九同,御覽卷七八六引南史、通志卷一九八作「竺乾道」。

93. 交州刺史杜弘文建牙欲討之,

「建」,百衲本墨丁,三朝本、汲本、南監本、北監本、殿本、局本、南史卷七八林邑國傳同。

「建牙」,南史卷七八林邑國傳同,宋書卷九七林邑國傳作「建牙聚衆」。

94. 八年,又寇九德郡,

「又」,百衲本墨丁,三朝本、汲本、南監本、北監本、殿本、局本、南史卷七八林邑國傳同。

「九德」,百衲本墨丁,三朝本、汲本、南監本、北監本、殿本、局本、南史卷七八林邑國傳同。

95. 交州刺史阮彌之遣隊主相道生帥兵赴討,

「隊主」，百衲本墨丁，三朝本、汲本、南監本、北監本、殿本、局本、南史卷七八林邑國傳同。

「相道生」，宋書卷九七林邑國傳、南史卷七八林邑國傳同，通志卷一九八作「桓道生」。

「道生帥」，百衲本墨丁，汲本、南監本、北監本、殿本、局本、南史卷七八林邑國傳同，三朝本作「道生師」。

按：通志「桓」、三朝本「師」字版刻譌誤。

96. 攻區栗城不剋，

「區栗」，南齊書卷五八林邑國傳、南史卷七八林邑國傳、北史卷七三劉方傳、宋本册府卷九四一同；宋書卷九七林邑國傳、卷七六宗慤傳，水經注卷三六，南史卷三七宗慤傳，隋書卷五三劉方傳，通典卷一六一，册府卷九四一，通鑑卷一二四宋紀元嘉二十三年，通志卷一九八作「區粟」，下文同。

楊守敬、熊會貞纂水經注疏卷三六有按語云：「……梁書敘宋時事言區粟（原誤栗）……」

岑仲勉云：「『區粟』讀爲『歐粟』，與『烏里』或『烏麗』聲甚相類，而尤近於碑文之 Ulik。『區粟』之與『烏里』，或許是同名而轉訛。」①

陳佳榮等著古代南海地名匯釋：「……或謂『區栗』爲『區粟』之誤。也有的認爲『區』讀若『歐』，區粟即後來的烏里。」②

97. 爾後頻年遣使貢獻，

「頻年」，百衲本墨丁，三朝本、汲本、南監本、北監本、殿本、局本同。

98. 二十三年，使交州刺史檀和之、振武將軍宗慤伐之。

「二十三年」，宋書卷五文帝紀、卷九七林邑國傳，水經注卷三六，南史卷二宋本紀中、卷七八林邑國傳，宋本册府卷九八四、册府卷九八四，實録卷一二，通鑑卷一二四宋紀元嘉二十三年同；宋書卷七六宗慤傳③、南齊書卷五八林邑國傳、南史卷三七宗慤傳作「二十二年」。

「檀和之」，南史卷七八林邑國傳、宋本册府卷九四一、册府卷九四一同，宋本册府卷九九九、册府卷九九九作「檀和」，册府「檀」譌作「擅」。

「振武將軍」，南史卷三七宗慤傳、卷七八林邑國傳，宋本册府卷九八四，册府卷九八四，通鑑卷一二四宋紀元嘉二十三年同；宋本册府卷三六三、册府卷三六三作「震武將軍」；宋書卷九七林邑國傳作「太尉府振武將軍」；實録卷一二作「憲副將」。

按：疑宋書卷七六宗慤傳、南齊書卷五八林邑國傳、南史卷三七宗慤傳「二十二年」誤。

---

① 轉引自陳連慶：大德南海志所見西域南海諸國考實，文史，第二十七輯，第 147 頁。

② 陳佳榮等著：古代南海地名匯釋，第 173 頁。

③ 參見清洪頤煊撰：諸史考異，卷七，第十葉下。

99. 和之遣司馬蕭景憲爲前鋒，

「司馬」，南史卷七八林邑國傳、宋本册府卷九八四、册府卷九八四同，宋書卷九七林邑國傳作「府司馬」、「龍驤司馬」，宋書卷五文帝紀作「龍驤司馬」，宋書卷七六宗慤傳、南史卷三七宗慤傳作「安西參軍」，實録卷一二、卷一四作「安西將軍」。

「景憲」，南史卷七八林邑國傳同，宋本册府卷九八四、册府卷九八四作「景獻」。下同。

通鑑卷一二四宋紀元嘉二十三年作「和之遣慤爲前鋒」。

按：稱「龍驤」者，以檀和之時爲龍驤將軍、交州刺史故也。又唐諱「憲」字（唐玄宗兄名），以「獻」代「憲」。册府宋本、明本沿舊史避唐諱。

100. 銀十萬斤，

「銀十萬斤」下，南齊書卷五八林邑國傳、南史卷七八林邑國傳、通志卷一九八有「銅三十萬斤」五字，通鑑卷一二四宋紀元嘉二十三年無。

101. 還所略日南民户，

宋書卷九七林邑國傳作「求還所略日南民户」，南史卷七八林邑國傳作「還所略日南户」，南齊書卷五八林邑國傳作「還日南地」，通鑑卷一二四宋紀元嘉二十三年作「還所掠日南民」，通志卷一九八作「還所略日南户口」。

馬宗霍南史校證卷七八：按「户」字上宋書、梁書並有「民」字，南史避唐諱删。

102. 其大臣𡸫僧達諫止之，

「止之」，南史卷七八林邑國傳同，南齊書卷五八林邑國傳作「止之不聽」。

103. 乃遣大帥范扶龍戍其北界區粟城。

「大帥」，宋書卷九七林邑國傳、南史卷七八林邑國傳、宋本册府卷九八四、册府卷九八四同，水經注卷三六作「區粟王」，通志卷一九八作「太師」。

「范扶龍」，南史卷七八林邑國傳、宋本册府卷九八四、册府卷九八四同，宋書卷九七林邑國傳作「范扶龍大」，下同。

「北界」，南史卷七八林邑國傳同，南齊書卷五八林邑國傳、宋本册府卷九四一、册府卷九四一作「北界犬戎」。

「區粟」，南史卷七八林邑國傳，宋本册府卷九四一、卷九八四，册府卷九八四同；南史卷三七宗慤傳，宋本册府卷三六三，册府卷三六三、卷九四一作「區粟」。

按：通志「太師」版刻譌誤。南齊書、册府「犬戎」爲「大戍」之譌。①

104. 斬扶龍首，

「扶龍首」，宋本册府卷九八四、册府卷九八四作「扶龍」。

105. 陽邁父子並挺身逃奔。

「逃奔」，南史卷七八林邑國傳同，宋本册府卷九八四、册府卷九八四作「奔逃」。

---

① 參見陳佳榮等著：古代南海地名匯釋，第 172 頁。

106. 獲其珍異，

「獲其」，南史卷七八林邑國傳同，南史卷三七宗慤傳作「收其」，宋本册府卷九八四、册府卷九八四作「凡所獲」。

107. 又銷其金人，得黄金數十萬斤。

「又銷」，宋本册府卷九四一、册府卷九四一作「毁」。

「黄金數十萬斤」，南史卷七八林邑國傳、通典卷一八八、册府卷九四一、太平寰宇記卷一七六、通志卷一九八、通考卷三三一同，南齊書卷五八林邑國傳、宋本册府卷九四一作「黄金數萬斤」，御覽卷七八六引南史作「黄金數萬斤」，實録卷一二作「金五萬斤」，卷一四作「金銀各六萬兩」。

108. 孝武孝建、大明中，

「孝建」，宋書卷九七林邑國傳、南史卷七八林邑國傳同，百衲本、三朝本、汲本、南監本、北監本、殿本、局本作「建元」。

原校勘記[一二]：「孝建」，各本譌「建元」。按：宋孝武帝無「建元」年號，而孝建與大明相接，今改正。

按：百衲本、三朝本、汲本、南監本、北監本、殿本、局本「建元」誤。

109. 范文贊累遣使貢獻。

南史卷七八林邑國傳同，御覽卷七八六引南史作「林邑王范文贊遣使貢獻」。

按：疑梁書、南史「范文贊」前脱「林邑王」三字。

110. 天監九年，文贊子天凱奉獻白猴，

「天凱」，南史卷七八林邑國傳同，册府卷九六六作「元凱」。

「白猴」，南史卷七八林邑國傳同，通志卷一九八作「白獼猴」。

按：册府「元」字版刻譌誤。又梁書卷二武帝紀中：天監元年八月，「林邑……遣使獻方物」。南史卷六梁本紀上：天監元年八月，「林邑……遣使朝貢。」實録卷一七：天監元年，「林邑國……遣使貢方物。」此事傳文失載。

111. 林邑王范天凱介在海表，

「林邑王」，册府卷九六三作「林邑國王」。

112. 「……可持節、督緣海諸軍事、威南將軍、林邑王。」

「督」，南史卷七八林邑國傳同，册府卷九六三、通志卷一九八作「都督」。

「諸軍事」，南史卷七八林邑國傳同，册府卷九六三作「諸軍」。

按：册府脱「事」字。

113. 十年，十三年，天凱累遣使獻方物。

「凱」，百衲本、三朝本、汲本、北監本、殿本、局本同，南監本作「覬」。

按：南監本「覬」字版刻譌誤。梁書卷二武帝紀中：天監十一年四月，「林邑國……遣使獻方物。」傳文繫於十年，疑誤。又梁書卷二武帝紀中：天監十三年夏四月，「林邑國遣使獻方物。」

114. 王高式勝鎧遣使獻方物，

「高式勝鎧」，册府卷九六三同，南史卷七八林邑國傳作「高戍勝鎧」，通志卷一九八作「高戍勝凱」。

梁書卷三武帝紀下：「（普通七年）六月己卯，林邑國遣使獻方物。」

清王懋竑撰讀書記疑卷一三南史存校：「戍，宋作式。」

按：此梁武帝時事，讀書記疑「宋」字疑誤，疑當作「梁」。

115. 詔以爲持節、督緣海諸軍事、綏南將軍、林邑王。

「督」，南史卷七八林邑國傳同，册府卷九六三、通志卷一九八作「都督」。

116. 中大通二年，行林邑王高式律陁羅跋摩遣使貢獻，

「中大通二年」，實録卷一七同，南史卷七八林邑國傳作「大通二年」。

「式」，册府卷九六三同，南史卷七八林邑國傳、通志卷一九八作「戍」。

「遣使貢獻」，南史卷七八林邑國傳同，册府卷九六三作「貢獻」。

清王懋竑撰讀書記疑卷一三南史存校：「戍，宋作式。」

馬宗霍南史校證卷七八：按「大通」上梁書有「中」字，下文云「六年又遣使獻方物」，大通紀號止於三年，無六年，則此當從梁書作「中大通」爲是，元刊本南史誤同。

按：上文有「大通元年」云云，依文例記大通二年事書「二年」即可，不必重出「大通」二字，又下有「六年」云云，大通無六年，南史誤。又此梁武帝時事，讀書記疑「宋」字疑誤，疑當作「梁」。

117. 詔以爲持節、督緣海諸軍事、綏南將軍、林邑王。

「督」，南史卷七八林邑國傳同，册府卷九六三、通志卷一九八作「都督」。

118. 六年，又遣使獻方物。

梁書卷三武帝紀下：「（中大通六年）秋七月甲辰，林邑國遣使獻方物。」

宋本册府卷九六八、册府卷九六八：「（中大通）六年……七月，林邑國並遣使獻方物。……是年（大同六年），林邑國遣使獻方物。」

按：本傳承上亦爲中大通六年，宋本册府、册府大同六年下重出。又梁書卷三武帝紀下：大同九年，「夏四月，林邑王破德州，攻李賁，賁將范脩又破林邑王於九德，林邑王敗走。」傳文失載。

扶南國

119. 在日南郡之南，

「日南郡」，南史卷七八扶南國傳同，册府卷九五七作「日南」。

120. 海西大灣中，

「海西大灣」，南史卷七八扶南國傳同，晉書卷九七扶南國傳、册府卷九五七作「海大灣」，南齊書卷五八扶南國傳、實録卷一六作「大海西灣」。

「大灣」，南史卷七八扶南國傳、册府卷九五七同，通典卷一八八、舊唐書卷四一地理志四、太平寰宇記卷一七六、通考卷三三一作「大島」。

册府卷九五七作「在海大灣中」。

121. 在林邑西南三千餘里。

「西南」，南史卷七八扶南國傳、抱朴子序述太清金液神丹經卷下同，御覽卷七八六引南州異物志、舊唐書卷四一地理志四作「西」。

「三千餘里」，南史卷七八扶南國傳、抱朴子序述太清金液神丹經卷下同。

册府卷九五七作「西去林邑三千餘里」，册府卷九五九作「西南去林邑三千餘里」。

抱朴子序述太清金液神丹經卷下又云：「從扶南北至林邑三千里……扶南去林邑似不過三千七八百里也。」

122. 有大江廣十里，西北流，東入於海。

「西北流」，册府卷九五七同，南史卷七八扶南國傳作「從西流」。

「於海」，册府卷九五七同，南史卷七八扶南國傳作「海」。

南齊書卷五八扶南國傳作「有大江水西流入海」，南史卷七八扶南國傳、通志卷一九八作「有大江廣十里，從西流東入海」，實録卷一六作「有江向西流入海」。

按：册府「有大江廣十里，西北流，東入於海」之文在毗騫國下，疑爲錯簡。扶南即今柬埔寨，湄公河自北向南穿越國境，爲境内第一大河，復向東經過越南境内流入南中國海，南齊書、實録皆誤。

123. 其國輪廣三千餘里，

「輪廣」，南史卷七八扶南國傳、通志卷一九八作「廣輪」。

册府卷九五七作「其境廣袤三千里」。

抱朴子序述太清金液神丹經卷下：「扶南者，地方千餘里……」

馬宗霍南史校證卷七八：廣輪連文見周禮地官大司徒，東西爲廣，南北爲輪。

124. 土地洿下而平博，

「洿」，南史卷七八扶南國傳同，通典卷一八八、通考卷三三一作「坳」，太平寰宇記卷一七六作「坳」。

按：「坳」同「坳」。

125. 氣候風俗大較與林邑同。

「風俗」，南史卷七八扶南國傳同，通典卷一八八、太平寰宇記卷一七六、通考卷三三一作「風俗物産」。

126. 出金、銀、銅、錫、沉木香、象牙、孔翠、五色鸚鵡。

「沉」，殿本、册府卷九五九同，百衲本、三朝本、汲本、南監本、北監本、局本、南史卷七八扶南國傳、通志卷一九八作「沈」。

「象牙」，南史卷七八扶南國傳、通志卷一九八、册府卷九五九作「象犀」。

127. 其南界三千餘里有頓遜國，

「三千餘里」，南史卷七八扶南國傳、御覽卷七八八引南州異物志同，抱朴子序述太清金液神丹經卷下作「五千里」。

「頓遜國」，南史卷七八扶南國傳、御覽卷七八八引竺芝扶南記同，册府卷九五九作「頊遜國」，御覽卷七八八引南州異物志作「典遜」，抱朴子序述太清金液神丹經卷下「頓遜」、「典遜」並見。

抱朴子序述太清金液神丹經卷下：「典遜在扶南南去五千里。」

太平廣記卷四八二引窮神秘苑作「屬扶南北三千里」。

按：册府「頊」字版刻譌誤。梁書卷五四扶南國傳下文云「范蔓……自號扶南大王……攻屈都昆、九稚、典孫等十餘國」，典孫亦即頓遜。

128. 在海崎上，

「海崎」，南史卷七八扶南國傳、册府卷九五七同，通志卷一九八、通考卷三三一、天下郡國利病書第二八一二册作「海崎山」，太平廣記卷四八二引窮神秘苑作「海島」。

册府卷九五七作「在林邑西南海崎上」，册府卷九五九作「在林邑西南海奇上」。

按：梁書本卷本傳上文云「其南界三千餘里有頓遜國」，此承扶南國而言，疑册府「林邑」誤。

129. 城去海十里。

「十里」，南史卷七八扶南國傳、册府卷九五九同，册府卷九五七作「千餘里」。

按：册府「千」字版刻譌誤。

130. 頓遜之東界通交州，其西界接天竺、安息徼外諸國，往還交市。

「通交州」下，南史卷七八扶南國傳、册府卷九五九有「諸賈人」三字。

「往還交市」，南史卷七八扶南國傳、册府卷九五九作「往還交易」，通典卷一八八、通考卷三三一作「賈人多至其國市焉」，通志卷一九八作「賈人多至其國交易焉」。

明史卷三二五滿剌加傳：「滿剌加，在占城南……或云即古頓遜……」

按：南史「諸賈人」三字疑爲錯簡，應移至「往還交市」上，疑梁書當據補。

131. 頓遜迴入海中千餘里，漲海無崖岸，

「迴」，通考卷三三一作「迴」。

舊唐書卷四一地理志四：「南海在海豐縣南五十里，即漲海，渺漫無際。」

132. 船舶未曾得逕過也。

「船舶」，通志卷一九八作「賈舶」。

133. 珍物寶貨，無所不有。

「無所不有」，册府卷九五九同，南史卷七八扶南國傳作「無不有」，通典卷一八八、太平寰宇記卷一七六、通志卷一九八、通考卷三三一作「無種不有」。

按：疑南史脱「所」字。

134. 又有酒樹，似安石榴，

「酒樹」，南史卷七八扶南國傳、御覽卷七八八引竺芝扶南記同，册府卷九五九作「樹

酒」。

「似」，南史卷七八扶南國傳同，御覽卷七八八引竺芝扶南記作「有似」，册府卷九五九作「以」。

按：册府「樹酒」誤倒，册府「以」字版刻譌誤。

135. 采其花汁停甕中，數日成酒。

「采其花汁」，南史卷七八扶南國傳同，御覽卷七八八引竺芝扶南記作「取花與汁」。

「甕」，南史卷七八扶南國傳、御覽卷七八八引竺芝扶南記、通志卷一九八同，百衲本、三朝本、汲本、南監本、北監本、殿本、局本、册府卷九五九作「瓮」，通典卷一八八、太平寰宇記卷一七六、通考卷三三一作「酒甕」，御覽卷九六一引梁書作「盃」。

「成」，南史卷七八扶南國傳同，御覽卷七八八引竺芝扶南記作「乃成」。

「數日成酒」下，御覽卷九六一引梁書、卷七八八引竺芝扶南記有「美而醉人」四字，册府卷九五九有「可飲」二字。

136. 傳其王身長丈二，頸長三尺，

「丈二」，南史卷七八扶南國傳、宋本册府卷九九七、册府卷九九七同，御覽卷三六九引扶南傳作「一丈二尺」，御覽卷七八八引竺芝扶南紀、天下郡國利病書第二八一二册作「三丈」，通典卷一八八、通志卷一九八、通考卷三三一作「丈二尺」。

「頸」，御覽卷三六九引扶南傳、卷七八八引竺芝扶南紀，宋本册府卷九九七、册府卷九九七同，百衲本、三朝本、汲本、南監本、北監本、殿本、局本、南史卷七八扶南國傳、通典卷一八八、太平寰宇記卷一七六、通志卷一九八、通考卷三三一作「頭」。

梁書卷五〇劉杳傳、南史卷四九劉杳傳亦云「長頸是毗騫王」。

原校勘記[一三]：「頸」各本作「頭」，南史同。按：下云「南方號曰長頸王」，是「頭」當爲「頸」字之譌，册府元龜九九七正作「頸」，今據改。

南史原校勘記[一〇]：「頸」各本作「頭」，據册府元龜九九七改。

按：中華書局點校本南史、太平寰宇記已改作「頸」。

137. 自古來不死，

「自古來」，宋本册府卷九九七、册府卷九九七作「自古以來」，南史卷七八扶南國傳作「自古」。

梁書卷五〇劉杳傳、南史卷四九劉杳傳：「何承天纂文奇博，其書載張仲師及長頸王事……長頸是毗騫王，朱建安扶南以南記云：古來至今不死。」

138. 南方號曰長頸王。

「頸」，百衲本、三朝本、汲本、南監本、北監本、殿本、局本、南史卷七八扶南國傳、宋本册府卷九九七、册府卷九九七，御覽卷三六九引扶南傳、卷七八八引竺芝扶南紀，太平寰宇記卷一七六同，通典卷一八八、通志卷一九八、通考卷三三一作「頭」。

按：疑通典、通志、通考「頭」字版刻譌誤。

139. 有山出金，金露生石上，無所限也。

「無所限也」，南史卷七八扶南國傳、御覽卷七八八引竺芝扶南紀作「無央限也」，御覽卷八一一引扶南傳作「無有限」。

御覽卷八一一引扶南傳：「毗騫國食器皆以金爲之。金如此間之石，露出山邊，無有限。」

140. 國法刑罪人，

「罪人」，南史卷七八扶南國傳、册府卷九五九作「人」。

141. 國内不受估客，

「估客」，南史卷七八扶南國傳、册府卷九五九同，御覽卷七八八引南史作「賈客」。

142. 其子孫生死如常人，

「生死」，南史卷七八扶南國傳、册府卷九五九同，通典卷一八八作「死」。

143. 扶南王數遣使與書相報答，

「遣使」，南史卷七八扶南國傳、册府卷九五九作「使」。

144. 又如瓦塸，

「瓦」，百衲本、南監本、北監本、殿本、南史卷七八扶南國傳、册府卷九五九、通志卷一九八同，三朝本、汲本、局本作「尾」。

按：三朝本、汲本、局本「尾」字版刻譌誤，疑以形譌致誤。

145. 説其宿命所由，

「説」，南史卷七八扶南國傳同，册府卷九五九作「語」。

146. 又傳扶南東界即大漲海，

「大漲海」，南史卷七八扶南國傳、册府卷九五九同，通典卷一八八、通考卷三三一作「漲海」。

147. 國東有馬五洲。

「東」，南史卷七八扶南國傳同，册府卷九五九作「中」。

「馬五洲」，南史卷七八扶南國傳同，御覽卷七八六引南州異物志作「五洲」，册府卷九五九作「馬洲」。

按：疑册府「中」字版刻譌誤。疑御覽脱「馬」字，册府脱「五」字。

148. 至自然大洲。

「自然大洲」，南史卷七八扶南國傳、册府卷九五九同，通典卷一八八、通考卷三三一作「燃火洲」，太平寰宇記卷一七六作「然火洲」，御覽卷七八六引外國傳作「大火洲」，通志卷一九八作「自然火洲」。

149. 其上有樹生火中，

「樹」，南史卷七八扶南國傳同，册府卷九五九作「草」。

按：疑册府「草」字版刻譌誤。御覽卷七八六引外國傳云「洲上有樹，得春雨時，皮正黑，得火燃樹，皮正白」，可爲此處注解。

150. 極得數尺以爲手巾，

「極」,通志卷一九八作「極細」。

南史卷七八扶南國傳、册府卷九五九作「以爲手巾」。

151. 與焦麻無異而色微青黑;

「焦麻」,南史卷七八扶南國傳、通典卷一八八、册府卷九五九、太平寰宇記卷一七六、通志卷一九八、通考卷三三一作「蕉麻」。

152. 復更精潔。

「精潔」下,太平寰宇記卷一七六有「即火浣布」四字。

153. 或作燈炷,用之不知盡。

「炷」,南史卷七八扶南國傳同,御覽卷七八六引外國傳作「注」。

「用之」,南史卷七八扶南國傳同,御覽卷七八六引外國傳作「用」。

按:疑御覽「注」字版刻譌誤。

154. 扶南國俗本躶體,文身被髮,

「躶體文身被髮」,局本同,百衲本、三朝本、汲本、南監本作「躶體身被髮」,北監本、殿本、通典卷一八八、册府卷九五九、通考卷三三一作「躶文身被髮」,南史卷七八扶南國傳作「裸文身被髮」,通志卷一九八作「文身裸體」,太平寰宇記卷一七六作「倮文身被髮」。

按:「躶」、「裸」、「倮」通。

155. 以女人爲王,

「女人」,南史卷七八扶南國傳、册府卷九五九同,宋本册府卷九五六、册府卷九五六作「女子」。

156. 號曰柳葉。

「柳葉」,南史卷七八扶南國傳同,晉書卷九七扶南國傳、宋本册府卷九五六、册府卷九五六作「葉柳」。下同。

宋本册府卷九五六、册府卷九五六作「字葉柳」。

157. 其南有徼國,

「徼國」,南齊書卷五八扶南國傳、南史卷七八扶南國傳、實録卷一六、通典卷一八八、太平寰宇記卷一七六、通志卷一九八、通考卷三三一作「激國」。

丁謙梁書夷貊傳地理考證:「南之徼國,當是吉蘭丹。」

原校勘記[一四]:「徼」南史及南齊書扶南國傳作「激」。

按:「激」字疑爲「徼」之譌誤,「徼國」即外國之義①,晉書卷九七扶南國傳正作「外國」。御覽卷三四七引吴時外國傳作「摸趺國」。「徼國」下可不標專名線。

158. 有事鬼神者字混填,

「混填」,南齊書卷五八扶南國傳、南史卷七八扶南國傳、太平寰宇記卷一七六同,晉書卷九七扶南國傳、通典卷一八八、通志卷一九八、通考卷三三一、宋本册府卷九五六、册

① 參見陳顯泗著:讓湮没的歷史重現扶南古史雜考,第113頁。

府卷九五六作「混潰」，實録卷一六作「混瑱」，御覽卷三四七引吴時外國傳作「混鎮」，同書卷七八七引康泰扶南土俗作「混湞」。下同。

按：「混填」諸名皆爲 kaundinya（憍陳如）的對音。①

159. 乘賈人舶入海，

南史卷七八扶南國傳同，宋本册府卷九五六、册府卷九五六作「又教載舶入海」。

160. 混填晨起即詣廟，

南史卷七八扶南國傳同，宋本册府卷九五六、册府卷九五六作「混潰旦詣神祠」。

161. 便依夢乘船入海，

「船」，南史卷七八扶南國傳作「舶」。

162. 遂入扶南外邑。

「遂入」，南史卷七八扶南國傳作「遂至」，宋本册府卷九五六、册府卷九五六作「至」。

163. 柳葉人衆見舶至，欲取之，

「取」，南史卷七八扶南國傳作「劫取」。

164. 混填乃教柳葉穿布貫頭，

「混填」，南史卷七八扶南國傳作「填」。

「布」，南史卷七八扶南國傳同，通典卷一八八、太平寰宇記卷一七六、通志卷一九八、通考卷三三一作「疊布」。

165. 遂治其國，

「治」，南史卷七八扶南國傳作「君」。

166. 生子分王七邑。

「生子」，南史卷七八扶南國傳同，通志卷一九八作「生七子」。

167. 乃遣子孫中分治諸邑，

「遣」，南史卷七八扶南國傳作「選」。

「治」，南史卷七八扶南國傳作「居」。

168. 盤況年九十餘乃死，立中子盤盤，

「盤況」，南史卷七八扶南國傳同，南齊書五八扶南國傳、宋本册府卷一〇〇〇、册府卷一〇〇〇作「槃況」。

169. 以國事委其大將范蔓。

「范蔓」，百衲本、汲本、南監本、北監本、殿本、局本、南史卷七八扶南國傳、御覽卷七八八引南州異物志同，三朝本漫漶不清，南齊書五八扶南國傳、宋本册府卷一〇〇〇、册府卷一〇〇〇、通典卷一八八、太平寰宇記卷一七六、通考卷三三一作「范師蔓」，抱朴子序述太清金液神丹經卷下作「范旉」。

原校勘記[一五]：「范蔓」，南齊書扶南國傳作「范師蔓」。

① 參見陳顯泗著：讓湮没的歷史重現扶南古史雜考，第 113 頁。

170. 咸服屬之，

「服」，三朝本、汲本、南監本、北監本、殿本、局本、南史卷七八扶南國傳、通典卷一八八、太平寰宇記卷一七六、通志卷一九八、通考卷三三一同，百衲本作「復」。

按：百衲本「復」字版刻譌誤。

171. 乃治作大船，

「治作」，南史卷七八扶南國傳作「作」。

172. 開地五六千里。

「開」，南史卷七八扶南國傳作「闢」。

173. 次當伐金隣國，

按：漢書卷八七上揚雄傳上：「武義動於南鄰」，唐顏師古注：「南方有金鄰之國，極遠也，故云南鄰。」

174. 蔓姊子旃，

「旃」，南史卷七八扶南國傳同，南齊書卷五八扶南國傳、宋本册府卷一〇〇〇、册府卷一〇〇〇作「旃慕」。

原校勘記[一六]：「旃」，南齊書扶南國傳作「旃慕」。

南齊書原校勘記[二四]：據南史改。按旃名下屢見，不作「旃慕」，明「慕」乃「篡」字之形譌。

按：中華書局點校本南齊書已改作「姊子旃篡立」。又三國志吴書卷四七吴主權傳：赤烏六年十二月，「扶南王范旃遣使獻樂人及方物」。梁書卷五四中天竺國傳：「唯吴時扶南王范旃……」

175. 有乳下兒名長，在民間，

「民」，南史卷七八扶南國傳作「人」。

176. 旃大將范尋又殺長而自立。

「殺」，南史卷七八扶南國傳作「攻殺」。

「自立」，南史卷七八扶南國傳作「代立」。

177. 更繕治國内，

「繕治」，南史卷七八扶南國傳作「繕」。

馬宗霍南史校證卷七八：按「繕」下梁書有「治」字，南史避唐諱删。

178. 起觀閣遊戲之，

「閣」，百衲本、三朝本、汲本、南監本、局本同，北監本、殿本、南史卷七八扶南國傳作「閤」。

按：「閣」同「閤」。

179. 民人以焦蔗龜鳥爲禮。

「民人」，南史卷七八扶南國傳、册府卷九五九作「百姓」。

「焦」，南史卷七八扶南國傳、册府卷九五九作「蕉」。

「烏」,南史卷七八扶南國傳同,册府卷九五九作「烏」。

按:册府「烏」字版刻譌誤。

180. 有罪者,先齋戒三日,

「罪」,南史卷七八扶南國傳、册府卷九五九、通志卷一九八作「訟」。

「齋戒」,南史卷七八扶南國傳、册府卷九五九、通志卷一九八作「齋」。

181. 乃燒斧極赤,令訟者捧行七步。

「斧」,南史卷七八扶南國傳、册府卷九五九同,南齊書卷五八扶南國傳作「鎖」。

182. 又以金鐶、雞卵投沸湯中,

「金鐶」,南史卷七八扶南國傳同,册府卷九五九作「金環」,南齊書卷五八扶南國傳、實録卷一六作「金指鐶」。

183. 手即焦爛,

「焦爛」,南史卷七八扶南國傳、册府卷九五九、太平寰宇記卷一七六、通志卷一九八作「爛」。

184. 有理者則不。

「則不」,南史卷七八扶南國傳、册府卷九五九同,太平寰宇記卷一七六作「不損」,通志卷一九八作「則否」。

185. 又於城溝中養鰐魚,

南史卷七八扶南國傳、册府卷九五九同。

御覽卷九三八引梁書云:「林邑國於城溝中養鰐魚……」

按:此扶南國事,御覽「林邑」誤。

186. 門外圈猛獸,

「圈」,南史卷七八扶南國傳同,册府卷九五九作「圜」。

187. 輒以餵猛獸及鰐魚,

「餵」,百衲本、三朝本、汲本、南監本、殿本、局本同,北監本作「喂」,御覽卷九三八引梁書、南史卷七八扶南國傳、册府卷九五九、通志卷一九八作「餧」,太平寰宇記卷一七六作「飫」。

按:「餵」、「喂」、「餧」同。

188. 魚獸不食爲無罪,

「魚獸」,南史卷七八扶南國傳同,册府卷九五九作「獸」。

按:册府脱「魚」字。

189. 三日乃放之。

「乃放」,南史卷七八扶南國傳同,册府卷九五九作「赦」。

190. 鰐大者長二丈餘,狀如鼉,

「二丈」,南史卷七八扶南國傳、册府卷九五九、通志卷一九八作「三丈」。

「如」,南史卷七八扶南國傳作「似」。

191. 利如刀劍，

「利如」，南史卷七八扶南國傳、册府卷九五九同，御覽卷九三八引梁書作「如」。

192. 遇得麞鹿及人亦噉之，蒼梧以南及外國皆有之。

「麞」，南史卷七八扶南國傳同，册府卷九五九作「獐」。

「噉之」，北監本、殿本、局本、御覽卷九三八引梁書、南史卷七八扶南國傳、册府卷九五九、通志卷一九八同，百衲本、三朝本、汲本、南監本作「噉」。

「蒼梧」，北監本、殿本、御覽卷九三八引梁書、南史卷七八扶南國傳、册府卷九五九、通志卷一九八同，百衲本、三朝本、汲本、南監本、局本作「自蒼梧」。

「皆有之」，南史卷七八扶南國傳、册府卷九五九同，御覽卷九三八引梁書作「皆有」。

193. 宣化從事朱應使於尋國，

「尋」，南史卷七八扶南國傳同，册府卷九五九作「其」。

按：疑册府「其」字版刻譌誤。梁書本卷本傳下文「尋始令國内男子著横幅」，册府亦作「尋」。

194. 唯婦人著貫頭。

「婦」，三朝本、汲本、南監本、北監本、殿本、局本、南史卷七八扶南國傳、册府卷九五九同，百衲本作「歸」。

「貫頭」，南史卷七八扶南國傳同，册府卷九五九作「員頭」，通志卷一九八作「貫頭衫」。

按：百衲本「歸」字版刻譌誤。册府「員」字版刻譌誤。

195. 尋始令國内男子著横幅。

「著」，三朝本、汲本、北監本、殿本、局本同，百衲本作「箸」，南監本、南史卷七八扶南國傳、册府卷九五九作「着」。

按：「箸」、「著」、「着」同。

196. 今干漫也。

「漫」，百衲本、南史卷七八扶南國傳、册府卷九五九同，三朝本、汲本、南監本、北監本、殿本、局本、太平寰宇記卷一七六作「縵」。

197. 晉武帝太康中，尋始遣使貢獻。」

晉書卷三武帝紀：泰始四年十二月，「扶南……遣使來獻。」

晉書卷九七扶南國傳：「武帝泰始初，遣使貢獻。太康中，又頻來。」

通典卷一八八、太平寰宇記卷一七六：「晉泰始、太康中，皆遣使貢獻。」

通考卷三三一：「西晉太始、太康中，皆遣使貢獻。」

按：梁書本卷本傳記載有闕。

198. 王竺旃檀奉表獻馴象。

「王」，南史卷七八扶南國傳同。

殿本南史考證：「王，各本訛天，今從梁書。」

馬宗霍南史校證卷七八：……檢元刊本南史正作「天」。

199. 詔曰：「此物勞費不少，駐令勿送。」

晉書卷八穆帝紀：「升平元年春正月……扶南竺旃檀獻馴象，詔曰：『昔先帝以殊方異獸或爲人患，禁之。今及其未至，可令還本土。』」

晉書卷九七扶南國傳：「帝以殊方異獸，恐爲人患，詔還之。」

按：晉書所記與梁書畧異。

200. 其後王憍陳如，

「憍陳如」，南史卷七八扶南國傳、太平寰宇記卷一七六同，南齊書卷五八扶南國傳作「姓僑陳如」，通典卷一八八作「姓嬌陳如」，通考卷三三一作「姓憍陳如」。下同。

201. 後王持梨陁跋摩，

南史卷七八扶南國傳同，宋書卷九七扶南國傳作「持黎跋摩」。

202. 宋文帝世奉表獻方物。

「宋文帝世」，宋書卷九七扶南國傳作「太祖元嘉十一、十二、十五年」，南史卷七八扶南國傳作「宋文帝元嘉十一年、十二年、十五年」。

馬宗霍南史校證卷七八：按此之年數從宋書。

203. 齊永明中，王闍邪跋摩遣使貢獻。

「闍邪跋摩」，南齊書卷五八扶南國傳作「闍耶跋摩」，表文作「僑陳如闍耶跋摩」；宋本册府卷九八〇、册府卷九八〇作「僑陳如者耶跋摩」，南史卷七八扶南國傳、通志卷一九八作「憍陳如闍邪跋摩」，宋本册府卷九六八、册府卷九六八作「僑陳如闍邪跋摩」。

南齊書卷五八扶南國傳：「宋末，扶南王姓僑陳如，名闍耶跋摩……」

宋本册府卷九九五、册府卷九九五：「宋末，扶南王姓僑陳如，名闍邪跋摩……」册府「僑」作「憍」。

實録卷一六：「姓憍陳如，名闍耶趺摩」。

馬宗霍南史校證卷七八：按梁書「王」字下無「憍陳如」三字，上文云「憍陳如死」，則此似不當有，但南齊書稱「宋末扶南王姓憍陳如名闍耶跋摩」，延壽蓋又有取於彼，既以爲姓，自可冠於名上。然則上文之憍陳如疑本扶南國王之名，後王自有名，又以前王之名冠於上，有若姓然，猶鮮卑慕容氏吐谷渾自立爲部，死後其子孫即以吐谷渾爲氏也。歐洲羅馬帝國每代皇帝均自承爲愷撒之繼嗣者，名上皆以愷撒二字冠之，亦其例也。梁書下文天監二年詔書亦稱「扶南王憍陳如闍邪跋摩」，三字不省，又其本證（下文西南夷婆利國亦言，王姓憍陳如），要之四裔人名地名多由轉譯，詳略異同，初未畫一，故傳記所載互有出入耳。

204. 天監二年，跋摩復遣使送珊瑚佛像，并獻方物。

「天監二年」，南史卷七八扶南國傳、宋本册府卷九六八、册府卷九六八、宋志磐撰佛祖統紀卷三七同，册府卷九六三作「天監三年五月」。

宋志磐撰佛祖統紀卷三七：天監二年，「扶南國沙門曼陀羅來進珊瑚佛像。」

唐智昇撰開元釋教録卷六:「沙門曼陀羅仙……扶南國人……大齎梵經,遠來貢獻。以武帝天監二年癸未,届于梁都。勅僧伽婆羅令共翻譯。」

唐釋靖邁撰古今譯經圖紀卷四:「沙門曼陀羅……扶南國人……大齎梵本,以梁武帝天監二年歲次癸未,用以奉獻。帝令譯之。」

梁書卷二武帝紀中:「(天監三年)五月丁巳,以扶南國王憍陳如闍耶跋摩爲安南將軍。」

205. 扶南王憍陳如闍邪跋摩,

「憍」,册府卷九六三作「橋」。

「闍邪跋摩」,册府卷九六三同,梁書卷二武帝紀中、南齊書卷五八扶南國傳作「闍耶跋摩」,實録卷一六作「闍耶趺摩」,

按:册府「橋」字版刻譌誤。「邪」、「耶」同。疑實録「趺」字版刻譌誤。

206. 今其國人皆醜黑,拳髮。

「今其」,南史卷七八扶南國傳作「其」。

「拳」,南史卷七八扶南國傳、册府卷九五九同,新唐書卷二二二下扶南傳、太平寰宇記卷一七六作「鬈」,通考卷三三一作「卷」。

册府卷九五九作「人皆醜黑拳髮」。

207. 數十家共一池引汲之。

「引汲」,南史卷七八扶南國傳同,通志卷一九八作「汲引」。

208. 以白疊敷前,

「疊」,百衲本、南監本、北監本、殿本、南史卷七八扶南國傳同,三朝本、汲本、局本作「疉」。

按:「疊」、「疉」同。

209. 居喪則剃除鬚髮。

「鬚」,南史卷七八扶南國傳同,通典卷一八八、通考卷三三一作「鬢」。

210. 鳥葬則棄之中野。

「中野」,南史卷七八扶南國傳同,通志卷一九八作「山野」。

211. 人性貪吝,

「吝」,南史卷七八扶南國傳同,百衲本、三朝本、汲本、南監本、北監本、殿本、局本作「恡」。

按:「恡」同「吝」。

212. 十年,十三年,跋摩累遣使貢獻。

「十年」,南史卷七八扶南國傳、宋本册府卷九六八、册府卷九六八同,梁書卷二武帝紀中作十一年。

「十三年」,南史卷七八扶南國傳同,通志卷一九八作「十二年」。

梁書卷二武帝紀中:天監十一年四月,「扶南……遣使獻方物。」天監十三年八月,「扶南……遣使獻方物。」

按:傳文繫於十年,疑誤。又通志「二」字版刻譌誤。

213.大同元年,累遣使獻方物。

「元年」,南史卷七八扶南國傳同,通志卷一九八作「九年」。

按:通志「九」字版刻譌誤。

214.五年,復遣使獻生犀。

「五年」,南史卷七八扶南國傳同,通志卷一九八作「三年」。

「生犀」,南史卷七八扶南國傳同,梁書卷三作「生犀及方物」。

按:通志「三」字版刻譌誤。

215.長一丈二尺,

「二尺」,南史卷七八扶南國傳、册府卷一九四同,御覽卷六五八引梁書作「七尺」,宋本册府卷一九四作「二赤」。

按:疑御覽「七」、宋本册府「赤」字版刻譌誤。

216.詔遣沙門釋雲寶隨使往迎之。

「雲寶」,南史卷七八扶南國傳、宋本册府卷一九四、册府卷一九四、佛祖統紀卷三七、宋睦庵善卿編祖庭事苑卷四同,通志卷一九八作「曇寶」。

按:疑通志「曇」字版刻譌誤。

217.三年八月,

「三年」,南史卷七八扶南國傳、宋本册府卷一九四、册府卷一九四、通鑑卷一五七梁紀大同三年同,實録卷一七引梁書作「二年」,廣弘明集卷一五出古育王塔下佛舍利詔作「大同四年」。出古育王塔下佛舍利詔云「大同四年八月,月犯五車,老人星見」,宋釋本覺編集釋氏通鑑卷五亦繫於大同四年。

按:梁書卷三武帝紀下:大同三年八月甲申,「老人星見。辛卯,輿駕幸阿育王寺,赦天下。」二年八月、四年八月皆無此天象,亦不載梁武帝赴阿育王寺事,故知作「三年」爲是,實録、廣弘明集、釋氏通鑑並誤。又二十世紀初出土梁長干寺如來舍利塔磚文曰:「大同三年,歲在丁巳,十月十五日,勅建長干寺如來舍利塔磚。陳慶之造。」[①]亦可爲證。

218.高祖改造阿育王寺塔,

「阿育王寺塔」,宋本册府卷一九四、册府卷一九四同,南史卷七八扶南國傳作「阿育王佛塔」,廣弘明集卷一五出古育王塔下佛舍利詔、唐釋道宣撰集神州三寶感通録卷上、通鑑卷一五七梁紀大同三年作「長干寺阿育王塔」。

219.放之則旋屈爲蠡形。

「爲蠡形」,南史卷七八扶南國傳、宋本册府卷一九四、册府卷一九四同,太平寰宇記

---

① 王靖憲編著:中國書法藝術,第三卷,第 325 頁;張惠衣撰:金陵大報恩寺塔志,杜潔祥主編:中國佛寺史志彙刊,第二輯,第 13 册,第 19 頁。

卷一七六作「如螺蠡形」,祖庭事苑卷四作「如螺形」。

220. 佛髪青而細,猶如藕莖絲。

前秦僧伽跋澄等譯僧伽羅刹所集經卷中:「爾時世尊有是微妙之髪……各各軟細而生……極軟細……猶如藕莖絲,極軟細……軟細無長短,髪如紺青色……」

221. 佛三昧經云:

「昧」,南史卷七八扶南國傳同,宋本册府卷一九四、册府卷一九四作「時」。

按:宋本册府、册府「時」字版刻譌誤。

222. 我昔在宮沐頭,

東晉佛陀跋陀羅譯佛説觀佛三昧海經卷一、法苑珠林卷一〇作「昔我在宮,乳母爲我沐頭」,祖庭事苑卷四作「昔我在宮,乳母爲我沐頭時」。

223. 以尺量髪,

「以尺量髪」,南史卷七八扶南國傳、宋本册府卷一九四、册府卷一九四同,佛説觀佛三昧海經卷一、法苑珠林卷一〇、祖庭事苑卷四作「母以尺量」。

「量髪」,御覽卷六五八引梁書作「自量髪」。

按:疑御覽有譌誤。

224. 長一丈二尺,

「一丈二尺」,南史卷七八扶南國傳、册府卷一九四同,宋本册府卷一九四作「一丈二赤」,佛説觀佛三昧海經卷一、祖庭事苑卷四作「一丈二尺五寸」,法苑珠林卷一〇作「一丈三尺五寸」。

按:宋本册府「赤」字版刻譌誤。

225. 放已右旋,

「放已」,南史卷七八扶南國傳、佛説觀佛三昧海經卷一、法苑珠林卷一〇同,宋本册府卷一九四、册府卷一九四作「故能」。

按:疑宋本册府、册府「故能」版刻譌誤。

226. 還成蠡文。

「蠡」,南史卷七八扶南國傳、佛説觀佛三昧海經卷一同,法苑珠林卷一〇、祖庭事苑卷四作「螺」。

227. 阿育王即鐵輪王,

「阿育王」上,御覽卷六五八引梁書有「阿育王寺塔」五字。

按:宋本御覽卷六五八誤注出處爲宋書;文淵閣四庫全書本御覽卷六五八注出梁書,疑是,又或出南史。

228. 王閻浮提,

「閻浮提」,南史卷七八扶南國傳同,廣弘明集卷一五出古育王塔下佛舍利詔作「閻浮」。

229. 此即其一也。

「一也」，南史卷七八扶南國傳作「一」。

230. 爲小精舍，

「爲小精舍」，南史卷七八扶南國傳、宋本册府卷一九四、册府卷一九四同，御覽卷六五八引梁書作「以爲精舍」，無「小」字。

231. 孫綝尋毁除之，

「毁除」，南史卷七八扶南國傳、宋本册府卷一九四、册府卷一九四同，御覽卷六五八引梁書作「除毁」。

232. 塔亦同泯。

「泯」，宋本册府卷一九四、册府卷一九四同，御覽卷六五八引梁書，南史卷七八扶南國傳作「滅」。

233. 晉中宗初渡江，

「晉中宗」，宋本册府卷一九四、册府卷一九四同，御覽卷六五八引梁書、南史卷七八扶南國傳作「晉元帝」。

「渡」，南史卷七八扶南國傳作「度」。

按：「度」通「渡」。

234. 使沙門安法師程造小塔，

「安法師程」，南史卷七八扶南國傳作「安法程」，實録卷一七引梁書作「程安」。

235. 弟子僧顯繼而修立。

「僧顯」，南史卷七八扶南國傳同，實録卷一七引梁書作「僧明」。

236. 上金相輪及承露。

「承露」，南史卷七八扶南國傳同，實録卷一七引梁書作「承露盤」，集神州三寶感通録卷上作「露盤」。

237. 其後西河離石縣有胡人劉薩何遇疾暴亡，

「西河離石縣有胡人」，宋本册府卷一九四、册府卷一九四同，御覽卷六五八引梁書、南史卷七八扶南國傳作「有西河離石縣胡人」。

「劉薩何」，南史卷七八扶南國傳、宋本册府卷一九四、册府卷一九四、隋費長房撰歷代三寶記卷三、唐道宣撰释迦方志卷下同，實録卷一七引梁書、御覽卷六五八引梁書作「劉薩阿」，高僧傳卷一三竺慧達傳云「姓劉，本名薩河」（一本作「薩阿」），續高僧傳卷二作「劉窣和」，法苑珠林卷五一、唐釋道宣撰律相感通傳卷一，佛祖統紀卷三三、三四、三六作「劉薩訶」，集神州三寶感通録卷上云「劉慧達本名屑荷」。

按：清弘贊輯六道集卷四注：「『薩訶』是梵語，即『娑訶』字，故餘處或作『荷』、『何』字。」

238. 而心下猶暖，

「心下」，南史卷七八扶南國傳作「心」。

239. 經十日更蘇。

「十日」，御覽卷六五八引梁書、南史卷七八扶南國傳、宋本册府卷一九四、册府卷一九四作「七日」。

240. 至十八地獄，

「十八」，南史卷七八扶南國傳同，宋本册府卷一九四、册府卷一九四作「十八重」。

241. 見觀世音語云：

「見觀世音」，南史卷七八扶南國傳作「觀世音」。

「觀世音」，法苑珠林卷三八作「一胡僧」，卷五一作「一梵僧」，佛祖統紀卷五三作「觀音大士」。

清王懋竑撰讀書記疑卷一三南史存校：「上當有見字。」

242. 若得活，可作沙門。

「若」，南史卷七八扶南國傳同，宋本册府卷一九四、册府卷一九四作「第」，御覽卷六五八引梁書作「當」。

243. 洛下、齊城、丹陽、會稽並有阿育王塔，

「洛下齊城丹陽會稽」，南史卷七八扶南國傳，法苑珠林卷三一、卷三八同；法苑珠林卷三一「洛」作「雒」；佛祖統紀卷三三作「洛陽白馬寺東聖冢、建康長干寺塔、四明阿育王塔、臨淄、成都」，卷三四作「洛陽(聖冢)、建鄴(長干)、鄮陰(玉几)、臨淄、成都五處」，卷三六、卷五三畧同。

「齊城」，南史卷七八扶南國傳、法苑珠林卷五一同，御覽卷六五八引梁書作「齋」。

「阿育王塔」，南史卷七八扶南國傳同，法苑珠林卷三八、卷五一作「古塔及浮江石像，悉阿育王所造」，佛祖統紀卷三六除阿育王塔外，亦言及「吴中二石像，阿育王使鬼神所造」。

按：御覽「齋」有譌脱。

244. 如墮高巖，

「墮」，南史卷七八扶南國傳作「墜」。

「巖」，南史卷七八扶南國傳同，宋本册府卷一九四、册府卷一九四作「嵒」。

按：「嵒」同「巖」。

245. 忽然醒寤。

「寤」，百衲本、三朝本、南監本、北監本、殿本、南史卷七八扶南國傳同，汲本、局本作「悟」。

按：「悟」通「寤」。

246. 次至丹陽，

「陽」，汲本、南監本、北監本、殿本、局本、南史卷七八扶南國傳同，百衲本、三朝本、宋本册府卷一九四、實録卷一七引梁書作「楊」。

按：梁書本卷本傳上文「洛下、齊城、丹陽、會稽並有阿育王塔」，下文「丹陽尹高悝行至張侯橋」，百衲本、三朝本皆作「丹陽」。

247. 乃登越城四望，

「乃」，宋本册府卷一九四、册府卷一九四同，御覽卷六五八引梁書、南史卷七八扶南國傳作「及」。

「越城」，三朝本、汲本、南監本、北監本、殿本、局本、南史卷七八扶南國傳、高僧傳卷一三竺慧達傳同，百衲本作「越成」，實録卷一七引梁書作「城」。

按：百衲本「成」字版刻譌誤。

248. 見長干里有異氣色，

「干」，百衲本、三朝本、汲本、南監本、北監本、局本、南史卷七八扶南國傳同，殿本作「于」。

「異氣色」，南史卷七八扶南國傳作「異氣」。

按：殿本「于」字版刻譌誤。

249. 果是阿育王塔所，

「果是」下，御覽卷六五八引梁書、南史卷七八扶南國傳有一「先」字，宋本册府卷一九四、册府卷一九四無「先」字。

「阿育王」，御覽卷六五八引梁書、南史卷七八扶南國傳同，百衲本、三朝本、汲本、南監本、北監本、殿本、局本、宋本册府卷一九四、册府卷一九四作「育王」。

實録卷一七引梁書作「果見先置塔所」。

原校勘記[一七]：「阿」字，各本脱，據南史補。

250. 乃集衆就掘之，入一丈，

「掘之」，南史卷七八扶南國傳作「掘」。

251. 中一碑有鐵函，

「中」，南史卷七八扶南國傳同，宋本册府卷一九四、册府卷一九四作「中有」。

集神州三寶感通録卷上：「中央一碑鑿開方孔，内有鐵、銀、金三函相重。」

按：疑宋本册府、册府衍一「有」字。

252. 函中有銀函，

「函中有」，北監本、殿本、御覽卷六五八引梁書、南史卷七八扶南國傳同，百衲本、三朝本、汲本、南監本、局本、宋本册府卷一九四、册府卷一九四、高僧傳卷一三竺慧達傳作「函中又有」，實録卷一七引梁書作「函内有」。

253. 函中又有金函，

「又有」，南史卷七八扶南國傳同，宋本册府卷一九四、册府卷一九四作「有」。

按：疑宋本册府、册府脱「又」字。

254. 盛三舍利及爪髮各一枚，

「爪」，集神州三寶感通録卷上作「爪甲」。

「爪髮」，南史卷七八扶南國傳作「髮爪」。

「枚」，南史卷七八扶南國傳同，宋本册府卷一九四漫漶不清，册府卷一九四作「枚」。

按:梁書本卷本傳下文云「内得四舍利及髮爪」。疑册府「枝」字版刻譌誤。

255. 十六年,又使沙門僧尚伽爲三層,

「伽」,百衲本、三朝本、汲本、南監本、北監本、殿本、局本、宋本册府卷一九四、册府卷一九四同,實録卷一七引梁書、南史卷七八扶南國傳作「加」。

殿本梁書考證:「伽」,南史作「加」。

原校勘記[一八]:「伽」南史作「加」。

馬宗霍南史校證卷七八:……疑「加」字是。

按:百衲本、三朝本、汲本、南監本、北監本、殿本、局本、宋本册府、册府「伽」字誤,此處作「加」爲是。高僧傳卷一三竺慧達傳云「晉太元十六年,孝武更加爲三層」,集神州三寶感通録卷上亦云「孝武加爲三層」,知「伽」字誤。本卷下文云「寺主僧尚慮虧損金色」,可爲旁證。

256. 即高祖所開者也。

「即」,南史卷七八扶南國傳作「即是」。

257. 得龍窟及昔人所捨金銀鐶釧釵鑷等諸雜寶物。

「龍窟」,南史卷七八扶南國傳同,宋本册府卷一九四、册府卷一九四作「龍骨」,實録卷一七引梁書作「龍甲」。

「鐶」,南史卷七八扶南國傳作「環」。

「釵」,百衲本作「釵」,汲本、殿本、局本、南史卷七八扶南國傳作「釵」,三朝本、南監本、北監本漫漶不清。

按:「釵」、「釵」同「釵」。

258. 方至石磉,

「方至」,南史卷七八扶南國傳作「至」。

「磉」,南史卷七八扶南國傳同,宋本册府卷一九四、册府卷一九四作「碑」。

259. 磉下有石函,

「磉」,南史卷七八扶南國傳同,宋本册府卷一九四、册府卷一九四作「碑」。

260. 坩内有金鏤罌,

「罌」,南史卷七八扶南國傳作「甖」。

261. 函内又有琉璃椀,

「又有」,南史卷七八扶南國傳作「有」。

「琉」,南史卷七八扶南國傳作「瑠」。

262. 内得四舍利及髮爪,

「内」,南史卷七八扶南國傳作「椀内」。

263. 爪有四枚,

「四枚」,南史卷七八扶南國傳同,實録卷一七引梁書作「一枚」。

264. 並爲沉香色。

「沉」,殿本、宋本册府卷一九四、册府卷一九四同,百衲本、三朝本、汲本、南監本、北監本、局本、南史卷七八扶南國傳作「沈」。

265.至其月二十七日,

南史卷七八扶南國傳同,通鑑卷一五七梁紀大同三年作八月辛卯。

按:大同三年八月二十七日庚寅,辛卯爲二十八日,通鑑不知何據。

266.高祖又到寺禮拜,

「又到」,南史卷七八扶南國傳同,宋本册府卷一九四、册府卷一九四作「到」。

267.設無㝵大會,大赦天下。

「㝵」,百衲本、三朝本、汲本、南監本、北監本、殿本、局本同,南史卷七八扶南國傳作「碍」,宋本册府卷一九四、册府卷一九四作「遮」。下同。

「無㝵大會」,南史卷七八扶南國傳作「無碍大會」,廣弘明集卷一五出古育王塔下佛舍利詔作「無碍法喜食」,集神州三寶感通録卷上作「大無碍法會」,通鑑卷一五七梁紀大同三年作「無礙食」。

「大赦天下」,南史卷七八扶南國傳作「大赦」。

268.其最小者隱鉢不出,

「隱鉢」,南史卷七八扶南國傳作「隱」。

269.乃當鉢中而止。

「鉢中」,南史卷七八扶南國傳作「中」。

「而止」,南史卷七八扶南國傳同,宋本册府卷一九四、册府卷一九四作「止」。

270.高祖問大僧正慧念:

「慧」,南史卷七八扶南國傳同,宋本册府卷一九四、册府卷一九四作「惠」。

「念」,南史卷七八扶南國傳同,宋本册府卷一九四、册府卷一九四作「令」。

按:疑舊史因避南朝宋後廢帝小字偏諱「慧」而改,宋本册府、册府沿之。廣弘明集卷一九載大同六年蕭綱撰重謝上降爲開講啓、大同七年陸雲撰御講波若經序並稱「大僧正慧令」,陸雲御講波若經序亦稱「僧正慧令」。考梁高祖時京師大僧正有慧超、法雲、慧令三人。天監元年至普通六年僧正爲慧超,普通六年至大通三年間大僧正爲法雲,中大通至大同年間大僧正爲慧令,知梁書「慧念」爲形譌之誤寫。續高僧傳卷六釋慧超傳記「齊曆告終,梁祚伊始……尋有别勑,乃授僧正……在位二十餘年。晚以陵谷互遷,世相難恃,因自解免,閉房養素。」卒於普通七年五月。(續高僧傳卷五釋僧旻傳記天監五年僧正慧超,續高僧傳卷五釋法寵傳記天監七年僧正慧超,出三藏記集卷下記天監九年僧正慧超,歷代三寶記卷一一記天監十一年僧正慧超,續高僧傳卷一釋寶唱傳記天監十三年僧正慧超。)續高僧傳卷一釋法雲傳記「普通六年勑爲大僧正」,卒於大通三年三月。佛祖統紀卷三七:普通六年,「勑光宅寺法雲爲大僧正」。原注:「僧正始於姚秦,今加大字。」廣弘明集卷一九載蕭子顯撰御講摩訶般若經序記中大通五年有僧正慧令。又出三藏記集卷下記天監九年四月二十一日,「勑僧正慧超,令唤京師能講大法師宿德如僧祐、曇准等二十人，共至建康，前辯妙光事。超即奉旨，與曇准、僧祐、法寵、慧令、慧集、智藏、僧旻、法雲等二十人，於縣辯問。」此「京師能講大法師宿德」中有慧令，並無名「慧念」者。又高僧傳卷一三，經師附見釋法隣、釋慧念、釋慧超等八人，並云「凡此諸人，並齊代知名……乃無高譽，故不足而傳也」，此「齊代知名……乃無高譽」之慧念、慧超，當與梁世「京師能講大法師宿德」、擔任僧正之慧超、慧令不同。

271. 今日見不可思議事不？

「今日」，三朝本、汲本、南監本、北監本、殿本、局本同，南史卷七八扶南國傳作「曰」。

272. 慧念答曰：

「念」，南史卷七八扶南國傳同，宋本册府卷一九四、册府卷一九四作「令」。

273. 法身常住，

「常」，南史卷七八扶南國傳、宋本册府卷一九四同，册府卷一九四作「甞」。

按：「甞」同「嘗」。明諱「常」字（明光宗名），以「嘗」代「常」。

274. 弟子欲請一舍利還臺供養。

「還」，南史卷七八扶南國傳同，宋本册府卷一九四、册府卷一九四作「歸」。

275. 又於寺設無㝵大會，

「㝵」，南史卷七八扶南國傳作「碍」，宋本册府卷一九四、册府卷一九四作「遮」。

276. 是日，風景明和，

「和」，南史卷七八扶南國傳作「净」。

277. 京師傾屬，觀者百數十萬人。

「屬」，宋本册府卷一九四、册府卷一九四作「矚」。

南史卷七八扶南國傳作「傾都觀屬」。

按：「屬」通「矚」。

278. 高祖又至寺設無㝵大會，

「㝵」，南史卷七八扶南國傳作「碍」，宋本册府卷一九四、册府卷一九四作「遮」。

279. 竪二刹，各以金罌，

「竪」，百衲本、三朝本、汲本、南監本、北監本、殿本、局本、南史卷七八扶南國傳、宋本册府卷一九四、册府卷一九四同。

「二刹」，南史卷七八扶南國傳同，宋本册府卷一九四、册府卷一九四作「二舍利塔」。

「罌」，册府卷一九四同，南史卷七八扶南國傳、宋本册府卷一九四作「甖」。

按：「竪」爲「豎」之俗字。「罌」、「甖」同。

280. 次玉罌，

「罌」，册府卷一九四同，南史卷七八扶南國傳、宋本册府卷一九四作「甖」。

「玉罌」，實録卷一七引梁書作「瓷罌」。

宋本册府卷一九四作「次玉甖次玉甖」。

按：疑宋本册府衍「次玉甖」三字。

281. 内七寶塔中。

「塔中」,南史卷七八扶南國傳作「塔内」。

282. 又以石函盛寶塔,分入兩剎下,

「分入兩剎下」,實録卷一七引梁書作「分入剎下二塔」,南史卷七八扶南國傳作「分入兩剎剎下」,宋本册府一九四漫漶不清,册府卷一九四作「分下兩塔下」。

按:册府有譌脱。

283. 及王侯妃主百姓富室所捨金、銀、鐶、釧等珍寶充積。

「鐶釧」,南史卷七八扶南國傳作「環釧」,宋本册府卷一九四、册府卷一九四作「釧」。

按:疑宋本册府、册府脱「鐶」字。

284. 十一年十一月二日,寺僧又請高祖於寺發般若經題,爾夕二塔俱放光明,敕鎮東將軍邵陵王綸製寺大功德碑文。

「鎮東將軍」,南史卷七八扶南國傳作「鎮東」。

「碑」,三朝本、汲本、南監本、北監本、殿本、局本、南史卷七八扶南國傳同,百衲本作「砪」。

按:梁書卷三武帝紀下:中大同元年八月,「以……丹陽尹邵陵王綸爲鎮東將軍、南徐州刺史。」梁書卷二九邵陵攜王綸傳:「中大同元年,出爲鎮東將軍、南徐州刺史。」大同十一年十一月二日,合西元 545 年 12 月 20 日。中大同元年八月,在西元 546 年 9～10 月間。知高祖發般若經題與敕鎮東將軍邵陵王綸製寺大功德碑文非同時事,「爾夕二塔俱放光明」下應句斷。

285. 改造會稽鄮縣塔,

「鄮縣」,南史卷七八扶南國傳同,宋本册府卷一九四、文淵閣四庫全書本册府卷一九四作「鄞縣」,册府卷一九四作「鄭縣」。

梁書卷五一陶弘景傳有「鄮縣阿育王塔」,法苑珠林卷五一亦作「會稽鄮縣塔」。

按:五代梁開平二年(908),吴越王錢鏐避梁太祖曾祖茂琳諱,改鄮縣爲鄞縣,南朝梁時稱鄮縣,册府誤。

286. 開舊塔出舍利,

「塔」,南史卷七八扶南國傳作「塔中」。

287. 遣光宅寺釋敬脱等四僧及舍人孫照暫迎還臺,

「孫照」,南史卷七八扶南國傳同,宋本册府卷一九四、册府卷一九四作「孫賑」。

「暫」,南史卷七八扶南國傳同,百衲本、三朝本、汲本、南監本、北監本、殿本、局本、宋本册府卷一九四、册府卷一九四作「蹔」。

按:疑宋本册府、册府「賑」字版刻譌誤。「蹔」同「暫」。

288. 晉咸和中,

南史卷七八扶南國傳同。

按:高悝獲金像事,歷代三寶記卷三繫於東晉成帝咸和四年。

289. 丹陽尹高悝行至張侯橋,

「丹陽尹」，南史卷七八扶南國傳同，佛祖統紀卷三六作「丹楊尹」，宋釋元照撰四分律行事鈔資持記卷下三引冥祥記作「秣陵尹」。

「行」，南史卷七八扶南國傳同，歷代三寶記卷三、佛祖統紀卷三六作「旦行」。

290.見浦中五色光長數尺，

「浦中」，南史卷七八扶南國傳同，實録卷一七引梁書作「地中」，廣弘明集卷一五列塔像神瑞迹并序作「張侯浦」。

291.於光處掊視之，得金像，未有光趺。

「掊」，宋本册府卷一九四同，册府卷一九四作「棓」，實録卷一七引梁書作「剖」。

南史卷七八扶南國傳無「掊視之」三字。

「未有」，南史卷七八扶南國傳作「無有」。

按：疑册府「棓」、實録「剖」字版刻譌誤。

292.牛徑牽車至寺，

「徑」，南史卷七八扶南國傳、宋本册府卷一九四同，册府卷一九四作「竟」。

「牽車」，宋本册府卷一九四、册府卷一九四同，南史卷七八扶南國傳作「牽」。

按：疑册府「竟」字版刻譌誤。

293.悝因留像付寺僧。

「留像」，南史卷七八扶南國傳、宋本册府卷一九四同，册府卷一九四作「留像至寺」。

按：疑册府有譌誤。

294.每至中夜，常放光明，

「中夜」，南史卷七八扶南國傳作「夜中」。

「常」，南史卷七八扶南國傳、宋本册府卷一九四同，册府卷一九四、實録卷一七引梁書作「甞」。

按：「甞」同「嘗」。

295.經一歲，

南史卷七八扶南國傳同，高僧傳卷一三竺慧達傳作「爾後年許」，廣弘明集卷一五列塔像神瑞迹并序、釋迦方誌卷二作「後數年」，法苑珠林卷一三作「歲餘」。

按：高悝獲金像事、張係世獲銅花趺事，歷代三寶記卷三並繫於東晉成帝咸和四年。

296.捕魚人張係世，

「捕魚人」，南史卷七八扶南國傳、宋本册府卷一九四、册府卷一九四、高僧傳卷一三竺慧達傳、御覽卷六五七引晉書、釋迦方誌卷二作「臨海漁人」，法苑珠林卷一三作「臨海縣漁人」，歷代三寶記卷三作「臨海人」，佛祖統紀卷三六作「臨海郡人」；廣弘明集卷一五列塔像神瑞迹并序作「東海人」，無「張係世」三字。

「張係世」，南史卷七八扶南國傳同，唐釋法琳撰辯正論卷三作「張繼世」，釋氏通鑑卷三、元熙仲撰歷朝釋氏資鑑卷二作「張系」。

按：御覽卷六五七引晉書與姚思廉撰梁書文字幾乎全同，疑御覽誤標出處。

297. 於海口忽見有銅花趺浮出水上，

「銅花趺」，南史卷七八扶南國傳、宋本册府卷一九四、册府卷一九四同，高僧傳卷一三竺慧達傳、法苑珠林卷一三作「銅蓮花趺」，歷代三寶記卷三、釋迦方誌卷二作「銅蓮華趺」，廣弘明集卷一五列塔像神瑞迹并序作「銅趺」，佛祖統紀卷三六、卷五三作「銅華趺」，四分律行事鈔資持記卷下三引冥祥記作「蓮華趺」。

「浮出水上」，南史卷七八扶南國傳作「浮出」。

298. 縣以送臺，

「縣」，南史卷七八扶南國傳作「縣人」。

299. 宛然合。會簡文咸安元年，

「合會」，南史卷七八扶南國傳、宋本册府卷一九四同，册府卷一九四作「會合」。

「咸安元年」，南史卷七八扶南國傳、高僧傳卷一三竺慧達傳、歷代三寶記卷三、法苑珠林卷一三、釋迦方誌卷二同，釋氏通鑑卷三繫於咸安二年。

按：原點校本標點有誤，「會」字當從上讀。又疑釋氏通鑑咸安二年誤。

300. 交州合浦人董宗之採珠没水，於底得佛光豔，

「於底」，南史卷七八扶南國傳作「底」。

「佛光豔」，南史卷七八扶南國傳作「佛光燄」，歷代三寶記卷三、釋迦方誌卷二、集神州三寶感通録卷中作「佛光」，廣弘明集卷一五列塔像神瑞迹并序作「銅光」，四分律行事鈔資持記卷下三引冥祥記作「圓光」。

301. 交州押送臺，以施像，

「押送」，南史卷七八扶南國傳作「送」。

「施」，南史卷七八扶南國傳作「施於」。

302. 至咸安初，

「咸安初」，南史卷七八扶南國傳同，宋本册府卷一九四、册府卷一九四作「咸安」。

303. 歷三十餘年，

「三十餘年」，南史卷七八扶南國傳、宋本册府卷一九四、册府卷一九四、御覽卷六五七引晉書同，高僧傳卷一三竺慧達傳、歷代三寶記卷三、法苑珠林卷一三、釋迦方誌卷二、集神州三寶感通録卷中作「四十餘年」，廣弘明集卷一五列塔像神瑞迹并序作「四十年」。

按：歷代三寶記卷三，高悝獲金像事、張係世獲銅花趺事，並繫於東晉成帝咸和四年(329)；董宗之獲佛光事，繫於简文帝咸安元年(371)：前後計經四十二年。又釋氏通鑑卷三，成帝咸和四年(329)，「丹陽尹高悝獲金佛像」；咸和五年(330)，「臨海人張系於海獲金銅蓮華趺」；简文帝咸安二年(372)，「合浦人董宗之漁海中護佛圓光」：前後計經四十三年。

304. 西域胡僧五人來詣悝，

「西域胡僧五人」，南史卷七八扶南國傳作「有西域胡僧五人」，四分律行事鈔資持記卷下三引冥祥記作「五梵僧」，釋迦方誌卷二作「天竺五僧」，法苑珠林卷一三作「西域五僧」。

305. 值胡亂，埋像於河邊，

「值」，南史卷七八扶南國傳作「逢」。

「埋像」，南史卷七八扶南國傳作「埋」。

306. 今尋覓失所。

「所」，南史卷七八扶南國傳、宋本册府卷一九四同，册府卷一九四作「所在」。

清王懋竑撰讀書記疑卷一三南史存校：「下當有在字。」

307. 五人嘗一夜俱夢見像曰：「己出江東，爲高悝所得。」

「嘗一夜」，南史卷七八扶南國傳同，宋本册府卷一九四、册府卷一九四作「當其夜」。

「己」，三朝本、局本同，汲本、南監本、北監本、殿本、册府卷一九四作「巳」，南史卷七八扶南國傳、高僧傳卷一三竺慧達傳、御覽卷六五七引晉書作「已」。

「高悝」，南史卷七八扶南國傳同，宋本册府卷一九四、册府卷一九四作「悝」。

按：高僧傳卷一三竺慧達傳：「近得夢云，像已出江東……」法苑珠林卷一三：「近感夢云：吾出江東……」四分律行事鈔資持記卷下三引冥祥記亦作「吾流浪江南」，釋迦方誌卷二作「近感夢云：吾已出江南」，「己」、「吾」義同，知「己」、「已」兩通。

308. 又瓦官寺慧邃欲模寫像形，

「官」，百衲本、三朝本、汲本、南監本、局本、南史卷七八扶南國傳同，北監本漫漶不清，殿本作「宫」。

「慧」，南史卷七八扶南國傳同，宋本册府卷一九四、册府卷一九四作「惠」。

「模」，百衲本、三朝本、殿本、南監本、北監本、殿本、局本同，汲本、南史卷七八扶南國傳作「摸」。

按：殿本「宫」字版刻譌誤。梁書本卷師子國傳「此像歷晉、宋世在瓦官寺」，殿本亦作「官」。又「模」、「摸」通，下文「明旦便許模之」，汲本亦作「模」。

309. 寺主僧尚慮虧損金色，謂邃曰：

「虧損」，南史卷七八扶南國傳作「損」。

「邃」，南史卷七八扶南國傳同，宋本册府卷一九四、册府卷一九四作「惠邃」。

310. 慧邃便懇到拜請，

「慧邃」，南史卷七八扶南國傳同，宋本册府卷一九四、册府卷一九四作「惠邃」。

「懇到」，宋本册府卷一九四、册府卷一九四作「懇禱」，南史卷七八扶南國傳作「懇」。

「便懇到拜請」，法苑珠林卷一三、集神州三寶感通録卷中作「至誠祈請」。

311. 其夜像即轉坐放光，

「坐」，南史卷七八扶南國傳同，宋本册府卷一九四、册府卷一九四作「座」。

按：「坐」、「座」通。

312. 明旦便許模之。

「模」，百衲本、三朝本、汲本、南監本、北監本、殿本、局本同，南史卷七八扶南國傳作「摸」。

313. 像趺先有外國書，

「像趺」，南史卷七八扶南國傳同，法苑珠林卷一三作「像華臺」，集神州三寶感通録卷中作「像花臺」。

「像趺先」，南史卷七八扶南國傳、御覽卷六五七引晉書同，宋本册府卷一九四作「□趺光」(首字漫漶不清)，册府卷一九四作「邊趺光」，誤。

「外國書」，南史卷七八扶南國傳同，歷代三寶記卷三、四分律行事鈔資持記卷下三引冥祥記作「梵書」，法苑珠林卷一三、集神州三寶感通録卷中作「西域書」。

按：疑宋本册府、册府有譌誤。

314. 莫有識者，

「莫」，汲本、北監本、殿本、局本、南史卷七八扶南國傳、宋本册府卷一九四、册府卷一九四、御覽卷六五七引晉書同，百衲本、三朝本、南監本作「模」。

按：百衲本、三朝本、南監本「模」字版刻譌誤。

315. 後有三藏郙求跋摩識之，

「郙」，殿本同，三朝本、南監本、北監本作「郍」，汲本、局本、南史卷七八扶南國傳作「那」。

「郙求跋摩」，宋本册府卷一九四同，法苑珠林卷一三、集神州三寶感通録卷中作「求那跋摩」，册府卷一九四作「郍永跋摩」，御覽卷六五七引晉書、南史卷七八扶南國傳作「那跋摩」，歷代三寶記卷三作「外國僧」，四分律行事鈔資持記卷下三引冥祥記作「求那」。

按：「郍」、「那」、「郙」同。求那跋摩爲晉、宋名僧，傳見高僧傳卷一三、出三藏記集卷一四，梁書「郍求」誤倒。册府「永」字版刻譌誤。

316. 云是阿育王爲第四女所造也。

「爲第四女」，南史卷七八扶南國傳、宋本册府卷一九四、册府卷一九四同；高僧傳卷一三竺慧達傳，歷代三寶記卷三，法苑珠林卷一三、卷一四，釋迦方誌卷二，集神州三寶感通録卷中，佛祖統紀卷三六、卷五三，元曇噩撰新脩科分六學僧傳卷二四作「第四女」。

唐釋道宣撰述四分律删繁補闕行事鈔卷下注：「如長干瑞像，是阿育王第四女作，脚趺銘云。今在京師，大發靈相。」

御覽卷六五七引西京記：「崇敬寺有石像一軀，高五尺，製作麁惡，甚有靈驗，傳云是阿育王第四女所造。其女皃醜，常自慨恨，多作佛像，及成皆類，如此千數，乃至誠祈禱，忽感佛見形，更造諸像，相好方具。其父使鬼神遍散諸像於天下，此其一也。」

按：梁書此處「爲」字衍，當删。

317. 造諸堂殿并瑞像周回閤等，窮於輪奂焉。

「閤」，百衲本、三朝本、汲本、南監本、局本同，北監本、殿本、南史卷七八扶南國傳、册府卷八六九作「閣」。

「輪奂焉」，册府卷八六九作「輪奂」。

册府卷八六九：「高祖於光宅寺造諸堂殿并瑞像周廻閣等……」

按：「閤」同「閣」。

318. 並吴人張繇運手。繇丹青之工，一時冠絶。

「張繇」，南史卷七八扶南國傳、册府卷八六九同，宋本册府卷一九四、册府卷一九四、實録卷一七作「張僧繇」。

「工」，册府卷八六九作「巧」。

「一时冠絶」，册府卷八六九作「冠絶一時」。

盤盤國

319. 盤盤國，

「盤盤國」，册府卷九五七、宋寇宗奭編撰圖經衍義本草卷二一引梁書同，南史卷七八槃槃國傳、御覽卷七八七引宋起居注作「槃槃國」，宋本册府卷九六八、册府卷九六八「槃槃國」、「盤盤國」並見。

御覽卷七八七引梁書曰：「槃國，南海大洲中，北與林邑隔小海。自交州船行四十日，至其國。王曰楊栗翨，栗翨父曰楊德武連，以上無得而紀。百姓多緣水而居，國無城，皆竪木爲栅。王坐金龍床。每坐，諸大人皆兩手交抱肩而跪。及其國多有婆羅門，自天竺來，就王乞財物，王甚重之。其大臣曰勃郎索濫，次曰崑崙帝也，次曰崑崙勃和，次曰崑崙勃帝索甘且。其言崑崙、古龍，聲相近，故或有謂爲古龍者。其在外城者曰那延，猶中夏刺史、縣令。其矢多以石爲鏃，稍則以鐵爲刃。有僧尼寺十所，僧尼讀佛經，皆食肉而飲酒。亦有道士寺一所，道士不飲食酒肉，讀阿脩羅王經，其國不甚重之。俗皆呼僧爲比丘，呼道士爲貪。」通典卷一八八、太平寰宇記卷一七六、通志卷一九八、通考卷三三一畧同：通典、通考「槃國」作「槃槃國」，通志「槃國」作「槃槃」，「皆食肉而飲酒」作「皆肉食而不飲酒」；太平寰宇記「槃國」作「盤盤國」，「楊」作「揚」，「皆食肉而飲酒」作「皆食肉而不飲酒」。

按：王仲犖謂此爲梁書佚文①，恐非，疑爲别本梁書。

320. 明耀滿目，

「目」，宋本册府卷九六八、册府卷九六八作「月」。

按：疑宋本册府、册府「月」字版刻譌誤。

321. 並蒙聖王光化，

「光」，宋本册府卷九六八、册府卷九六八作「先」。

按：疑宋本册府、册府「先」字版刻譌誤。

322. 臣聞之慶善。

「臣」，宋本册府卷九六八、册府卷九六八作「要」。

按：疑宋本册府、册府「要」字版刻譌誤。

---

① 参見王仲犖：從梁書佚文考盤盤的方位，䗶華山館叢稿續編，第 396 頁。

323. 我等至誠敬禮常勝天子足下，

「常勝」，宋本册府卷九六八同，册府卷九六八作「聖」。

324. 中大通元年五月，累遣使貢牙像及塔，

「五月」，南史卷七八槃槃國傳、通考卷三三一作「四年」，梁書卷三武帝紀下作「十二月丁巳」，實録卷一七作「十一月」，宋本册府卷九六八、册府卷九六八作「十二月」。

「貢」，宋本册府卷九六八、册府卷九六八作「獻」。

「牙像」，宋本册府卷九六八、册府卷九六八同，南史卷七八槃槃國傳、通志卷一九八、通考卷三三一作「佛牙」。

「塔」，宋本册府卷九六八同，册府卷九六八作「墖」，南史卷七八槃槃國傳、通志卷一九八、通考卷三三一作「畫塔」。

梁書卷三武帝紀下：中大通元年十二月丁巳，「盤盤國遣使獻方物」。

南史卷七梁本紀中：中大通元年，「是歲，盤盤……遣使朝貢。」

實録卷一七：中大通元年十一月，「盤盤……遣使朝貢。」

馬宗霍南史校證卷七八：按「四年」梁書作「五月」，但南史下文云「其王使使奉表累送佛牙及畫塔」，謂之累送，則不止一次，疑元年與四年皆遣使送之。

按：梁書傳文繫於五月，疑誤。又梁書卷三武帝紀下云中大通四年夏四月，「盤盤國遣使獻方物」；南史卷七梁本紀中：「（中大通四年）夏四月，盤盤國遣使朝貢。」梁書本卷本傳下文云「累遣使貢牙像及塔」，疑有脱誤。又梁書卷三武帝紀下：中大通五年九月，「盤盤國遣使獻方物」；南史卷七梁本紀中：中大通五年，「是歲……盤盤等國並遣使朝貢。」實録卷一七：中大通五年，「……盤盤遣使朝貢。」此梁書傳文失載。又「墖」同「塔」。

325. 并獻沉檀等香數十種。

「沉」，汲本、殿本、局本、南史卷七八槃槃國傳、宋本册府卷九六八、册府卷九六八同，百衲本、三朝本、南監本、北監本作「沈」。

326. 六年八月，

「六年」，南史卷七八槃槃國傳同，宋本册府卷九六八、册府卷九六八作「（中大通六年）八月」。

按：梁書卷三武帝紀下：大同六年八月，「盤盤國遣使獻方物」。南史卷七梁本紀中：大同六年八月辛未，「盤盤國遣使朝貢。」知傳文「六年」上脱「大同」二字。太平廣記卷八一引梁四公記：「大同中，盤盤國……遣使獻方物。」可爲佐證。

327. 復使送菩提國真舍利及畫塔，

「使」，宋本册府卷九六八、册府卷九六八同，南史卷七八槃槃國傳、通志卷一九八、通考卷三三一作「遣使」。

「真舍利」，宋本册府卷九六八、册府卷九六八同，南史卷七八槃槃國傳、通志卷一九八、通考卷三三一作「舍利」。

「畫塔」，宋本册府卷九六八、册府卷九六八同，南史卷七八槃槃國傳、通考卷三三一

作「畫塔圖」,御覽卷七八七引南史作「畫塔國圖」。

按:梁書卷五元帝紀:大寶二年九月,「盤盤國獻馴象」。傳文失載。

328. 并獻菩提樹葉、詹糖等香。

「并獻」,南史卷七八槃槃國傳作「并」。

丹丹國

329. 丹丹國,中大通二年,其王遣使奉表曰:

「丹丹」,南史卷七八丹丹國傳、宋本册府卷九六八,册府卷九五七、卷九六八同,新唐書卷二二二下單單傳作「單單」。

「二年」,南史卷七八丹丹國傳作「三年」,梁書卷三武帝紀下、南史卷七梁本紀中、實録卷一七、宋本册府卷九六八、册府卷九六八作「三年六月」。

梁書卷三武帝紀下:中大通三年六月,「丹丹國遣使獻方物。」

南史卷七梁本紀中:中大通三年六月,「是月,丹丹國遣使朝貢。」

原校勘記[一九]:按本書武帝紀,丹丹國遣使在中大通三年六月。

按:疑當以中大通三年爲是。

330. 伏承聖主至德仁治,

「治」,百衲本、北監本、殿本、宋本册府卷九六八、册府卷九六八同,三朝本、汲本、南監本、局本作「洽」。

331. 威嚴整肅。

宋本册府卷九六八、册府卷九六八作「威容嚴整」。

332. 謹奉送牙像及塔各二軀,

「牙像」,南史卷七八丹丹國傳、宋本册府卷九六八、册府卷九六八同,御覽卷七八八引梁書、通考卷三三二作「象牙」。

「塔各」,宋本册府卷九六八同,册府卷九六八作「墖各」,御覽卷七八八引梁書、南史卷七八丹丹國傳、通考卷三三二作「畫塔」。

按:疑御覽、通考「象牙」版刻譌誤。又「墖」同「塔」。

333. 古貝、雜香藥等。

「古」,百衲本、南史卷七八丹丹國傳、宋本册府卷九六八、册府卷九六八同,三朝本、汲本、南監本、北監本、殿本、局本、通考卷三三二作「吉」。

「雜香藥等」,御覽卷七八八引梁書、南史卷七八丹丹國傳作「雜香藥」。

原校勘記[二〇]:「古貝」,殿本作「吉貝」。按:「吉貝」,南史皆作「古貝」,梁書則惟百衲本「古貝」「吉貝」雜出,實皆一物,即木棉。

按:「古貝」、「吉貝」語源不同,實指一物,即錦葵科的樹棉,佛經多作「劫貝」。

334. 大同元年,復遣使獻金、銀、瑠璃、雜寶、香藥等物。

「瑠」,百衲本、三朝本、汲本、北監本、殿本、局本、南史卷七八丹丹國傳、宋本册府卷九六八、册府卷九六八同,南監本、御覽卷七八八引梁書、通考卷三三二作「琉」。

太平廣記卷八一引梁四公記:「大同中……丹丹國……遣使獻方物。」

干陁利國

335. 干陁利國,

「干陁利國」,南史卷七八干陁利國傳同;宋本册府卷九六八「干陁利國」、「于陁利國」並見;册府卷九五七作「于陁利國」;册府卷九六八「于陀利國」、「于陁利國」並見;宋書卷六孝武帝紀、南史卷二宋本紀中作「斤陀利國」;宋書卷九七斤陁利國傳、天竺迦毗黎國傳,御覽卷七八七引宋起居注,南史卷七八天竺迦毗黎國傳,宋本册府卷九六八,册府卷九六八、通志卷一九六作「斤陁利國」;册府卷九六〇作「千陀利國」。

南史卷二宋本紀中校勘記[二七]:「干」各本作「斤」。據夷貊傳改。按此「干陀利」宋書作「斤陀利」,實即一國。南史誤分爲二。

日知録卷二九「干陀利」條:「惟宋書孝武帝紀孝建二年,『斤陀利國遣使獻方物』(南史同),以『干』爲『斤』,疑悮。」

按:册府「于」、「千」字版刻譌誤。御覽卷七八七四夷部八南蛮三有干陁利國、斤陁利國,亦分爲二。中華書局點校本南史卷二宋本紀中已改作「干」。干陁利國(Kandāri),位於今馬來西亞馬來亞地區的吉打一帶,或說在今印度尼西亞蘇門答臘島,「干」、「斤」疑爲同音之異寫。

336. 在南海洲上。

「南海」,御覽卷七八七引南史同,南史卷七八干陁利國傳作「海南」。

南史原校勘記[二〇]:「南海」各本作「海南」,據梁書、太平御覽七八七引乙。

「上」,南史卷七八干陁利國傳,唐張彦遠撰歷代名畫記卷七注引梁書外國傳,册府卷九五七、卷九六〇同;通志卷一九八作「土」。

按:中華書局點校本南史已改作「南海」。疑通志「土」字版刻譌誤。

337. 出班布、古貝、檳榔。

「班」,百衲本、三朝本、汲本、南監本、北監本、册府卷九六〇同,殿本、局本、南史卷七八干陁利國傳、通典卷一八八、通考卷三三一作「斑」。

「古」,百衲本、御覽卷九七一引梁書、南史卷七八干陁利國傳、通典卷一八八、太平寰宇記卷一七六、册府卷九六〇同,三朝本、汲本、南監本、北監本、殿本、局本、通志卷一九八、通考卷三三一作「吉」。

日知録卷二九「干陀利」條:「梁王僧孺有謝賜干陀利所獻檳榔啓。」

按:梁王僧孺謝賜于陁利所獻檳榔啓見藝文類聚卷八七。

338. 檳榔特精好,

「精好」,南史卷七八干陁利國傳同,御覽卷九七一引梁書、册府卷九六〇作「精」。

339. 宋孝武世,王釋婆羅邮憐陁遣長史竺留陁獻金銀寶器。

「宋孝武世」,南史卷七八干陁利國傳同,宋書卷六孝武帝紀、卷九七斤陁利國傳,御覽卷七八七引宋起居注,南史卷七八天竺迦毗黎國傳繫於孝建二年。

「邮」,殿本同,百衲本、三朝本、南監本、北監本作「郍」,汲本、局本,南史卷七八干陁利國傳、天竺迦毗黎國傳作「那」。

「釋婆羅邮憐陁」,宋書卷九七斤陁利國傳,南史卷七八干陁利國傳、天竺迦毗黎國傳,通志卷一九八作「釋婆羅那隣陁」;南史干陁利國傳「隣」作「鄰」;御覽卷七八七引宋起居注作「釋陁羅降陁」;册府卷九六八作「釋婆羅那」;通志卷一九六作「釋婆羅那鄰陁」;通考卷三三一作「釋婆羅郡隣陀」。

殿本南史考證:「鄰,一本作憐。」

册府卷九六八:宋文帝元嘉十八年,「是歲,斤陁利國王釋婆羅那遣長史竺留陀及多獻金銀寶器」;「孝武帝孝建二年……斤陀利國……遣使獻方物。」

「竺留陁」,南史卷七八干陁利國傳同,宋書卷九七斤陁利國傳、南史卷七八天竺迦毗黎國傳、册府卷九六八作「竺留陁及多」,御覽卷七八七引宋起居注作「竹留陁及多」,通志卷一九六作「留陀及多」,通考卷三三一作「竺留弛」。

按:「郍」、「那」、「邮」同。通考「郡」字版刻譌誤。「弛」同「弛」,疑通考「弛」字版刻譌誤。又册府所云與諸書畧異,疑有譌誤。

340. 其王瞿曇脩跋陁羅以四月八日夢見一僧,謂之曰:

「其王」,南史卷七八干陁利國傳同,宋本册府卷九六八、册府卷九六八作「天王」。

「瞿曇脩跋陁羅」,南史卷七八干陁利國傳、宋本册府卷九六八同,册府卷九六八作「瞿曇脩跋陀羅」,歷代名畫記卷七注引梁書外國傳作「瞿曇備跋陁羅」,通志卷一九八作「瞿曇跋陁羅」。

「夢見」,南史卷七八干陁利國傳作「夢」。

「謂之」,南史卷七八干陁利國傳作「謂」。

341. 汝若遣使貢奉敬禮,

「敬禮」,宋本册府卷九六八、册府卷九六八同,南史卷七八干陁利國傳、通考卷三三一作「禮敬」。

342. 脩跋陁羅初未能信,

「脩跋陁羅初」,宋本册府卷九六八作「脩陁羅王」,册府卷九六八作「修陀羅王」,南史卷七八干陁利國傳作「初」。

「未能」,南史卷七八干陁利國傳作「未之」。

343. 既而又夢此僧曰:

「又夢」,南史卷七八干陁利國傳同,宋本册府卷九六八、册府卷九六八作「夢」。

344. 當與汝往觀之。

「觀之」,南史卷七八干陁利國傳作「觀」。

345. 乃於夢中來至中國,

「來至」,宋本册府卷九六八、册府卷九六八同,南史卷七八干陁利國傳作「至」。

346. 飾以丹青,

「飾以」,南史卷七八干陁利國傳同,宋本册府卷九六八、册府卷九六八作「飾」。

347. 仍遣使并畫工奉表獻玉盤等物。

「仍」,南史卷七八干陁利國傳、宋本册府卷九六八、册府卷九六八同,通考卷三三一作「乃」。

348. 模寫高祖形以還其國,

「模」,南史卷七八干陁利國傳作「摸」。

349. 日加禮敬。

「日」,汲本、南監本、北監本、殿本、局本、南史卷七八干陁利國傳、歷代名畫記卷七注引梁書外國傳同,百衲本墨丁,三朝本作「曰」。

「禮敬」,南史卷七八干陁利國傳作「敬禮」。

按:三朝本「曰」字版刻譌誤。

350. 後跋陁死,

「跋陁」,南史卷七八干陁利國傳同,通志卷一九八作「陁羅」。

351. 子毗邪跋摩立。

「毗」,南史卷七八干陁利國傳同,宋本册府卷九六八、册府卷九六八作「鉢」。

「毗邪跋摩」,南史卷七八干陁利國傳、通志卷一九八、通考卷三三一作「毗針邪跋摩」。

352. 遣長史毗員跋摩奉表曰:

「員」,三朝本、汲本、南監本、北監本、殿本、局本、南史卷七八干陁利國傳、宋本册府卷九六八、册府卷九六八、通志卷一九八、通考卷三三一同,百衲本墨丁。

353. 常樂安樂,

「安樂」,宋本册府卷九六八、册府卷九六八同,宋書卷九七呵羅單國傳、南史卷七八呵羅單國傳作「安隱」。

按:此表文與宋書卷九七呵羅單國傳、南史卷七八呵羅單國傳載表文幾乎全同,此種表文有較固定套式,故可據以讎校文字。

354. 爲世間尊,

「尊」,宋本册府卷九六八、册府卷九六八同,宋書卷九七呵羅單國傳作「道」,南史卷七八呵羅單國傳作「導」。

355. 如忉利天宫。

宋本册府卷九六八、册府卷九六八同。

「天宫」下,宋書卷九七呵羅單國傳有「宫殿高廣樓閣莊嚴」八字。

356. 人民和善，受化正法，慶無不通。

「人民和善受化正法慶無不通」，宋本册府卷九六八、册府卷九六八同，宋書卷九七呵羅單國傳作「奉承先王正法治化人民良善慶無不利」。

357. 猶處雪山，流注雪水，

「猶處雪山」，三朝本、汲本、南監本、北監本、殿本、局本同，百衲本作「猶處雷山」，宋本册府卷九六八、册府卷九六八作「猶雷處山」。

按：百衲本、宋本册府、册府「雷」字版刻譌誤，宋書卷九七呵羅單國傳載表文作「處雪山陰」，可證。

358. 大梁揚都天子，

「都」，宋本册府卷九六八、册府卷九六八、宋書卷九七呵羅單國傳同，百衲本、三朝本、汲本、南監本、北監本、殿本、局本作「郡」。

王鳴盛十七史商榷卷五一：「孫吴始都秣陵，即今江南江寧府也。東晉、宋、齊、梁、陳並因之……然此本禹貢揚州之域，故亦稱揚都。揚都者，京都也。」同書卷六四：「晉始以建康爲揚都……宋書第九十七卷，訶羅施國王、呵羅單國王奉表於宋，皆稱『大宋揚都』，則揚都之名箸矣。」

原校勘記[二一]：「都」，各本作「郡」，據册府元龜九六八改。按下婆利國王遣使奉表亦稱「大梁揚都聖王」。

按：百衲本、三朝本、汲本、南監本、北監本、殿本、局本「郡」字誤。

359. 仁廕四海，德合天心，

宋本册府卷九六八、册府卷九六八同，宋書卷九七呵羅單國傳載表文作「德合天心仁廕四海」，下有「聖智周備化無不順」八字。

360. 爲我尊生，

「生」，百衲本、三朝本、汲本、南監本、北監本、殿本、局本同，宋本册府卷九六八、册府卷九六八、宋書卷九七呵羅單國傳載表文作「主」。

按：百衲本、三朝本、汲本、南監本、北監本、殿本、局本「生」字誤，當以「主」字爲是。

361. 威儀具足。

「具」，册府卷九六八同，宋本册府卷九六八作「俱」。

狼牙脩國

362. 狼牙脩國，

「脩」，南史卷七八狼牙脩國傳同；册府卷九五七、卷九六〇，梁職貢圖作「修」。

363. 其界東西三十日行，

「其界」，南史卷七八狼牙脩國傳同，梁職貢圖作「國界」。

364. 去廣州二萬四千里。

「去」，册府卷九五七、卷九六〇，梁職貢圖，宋樓鑰撰攻媿集卷七五跋傳欽甫所藏職貢圖同；南史卷七八狼牙脩國傳、通典卷一八八、太平寰宇記卷一七六、通志卷一九八、通考卷三三一作「北去」。

「四千」，南史卷七八狼牙脩國傳，册府卷九五七、卷九六〇，宋樓鑰撰攻媿集卷七五跋傳欽甫所藏職貢圖同；梁職貢圖作「一千」。

按：疑梁職貢圖「一」誤。

365. 與扶南略同，

「扶南」，北監本、殿本、局本、南史卷七八狼牙脩國傳、册府卷九五七、通典卷一八八、太平寰宇記卷一七六、通志卷一九八、通考卷三三一同，百衲本、三朝本、汲本、南監本作「南」。

按：百衲本、三朝本、汲本、南監本脱「扶」字。

366. 偏多篯沉婆律香等。

「篯」，太平寰宇記卷一七六同，南史卷七八狼牙脩國傳、册府卷九六〇、通典卷一八八、通志卷一九八、通考卷三三一作「棧」。

「沉」，殿本、南史卷七八狼牙脩國傳、梁職貢圖同，百衲本、三朝本、汲本、南監本、北監本、局本、通典卷一八八、册府卷九六〇、太平寰宇記卷一七六、通志卷一九八、通考卷三三一作「沈」。

「沉婆律香」，梁職貢圖作「婆律沉香」。

「香等」，南史卷七八狼牙脩國傳、册府卷九六〇同，太平寰宇記卷一七六、通志卷一九八作「等香」。

按：舊唐書卷一九七陀洹國傳有「婆律膏」。

367. 其俗男女皆袒而被髮，

「皆」，南史卷七八狼牙脩國傳同，梁職貢圖作「悉」。

368. 以古貝爲干縵

「古」，百衲本、南史卷七八狼牙脩國傳、册府卷九六〇、梁職貢圖、通典卷一八八、太平寰宇記卷一七六同，三朝本、汲本、南監本、北監本、殿本、局本、通志卷一九八、通考卷三三一作「吉」。

「古貝」，南史卷七八狼牙脩國傳同，通典卷一八八、太平寰宇記卷一七六作「古貝布」。

「縵」，南史卷七八狼牙脩國傳、通典卷一八八、通志卷一九八、通考卷三三一作「漫」，册府卷九六〇作「鏝」。

梁職貢圖作「古貝繞身」。

369. 其王及貴臣乃加雲霞布覆胛，以金繩爲絡帶，金鐶貫耳。

「胛」，南史卷七八狼牙脩國傳同，通典卷一八八、通志卷一九八、太平寰宇記卷一七六作「髀」，册府卷九六〇作「脾」。

「金鐶」，梁職貢圖同，南史卷七八狼牙脩國傳、册府卷九六〇、太平寰宇記卷一七六、通志卷一九八、通考卷三三一作「金環」。

梁職貢圖作：「國王以雲霞布覆□，貴臣着草屐，腰帶金繩，耳着金鐶。」

370. 女子則被布，

「被布」，南史卷七八狼牙脩國傳作「布」，册府卷九六〇、梁職貢圖作「披布」。

南史原校勘記[二二]：「被」字各本並脱，據梁書補。

梁職貢圖作「女子披布」。

按：中華書局點校本南史已補「被」字。

371. 以瓔珞繞身。

「瓔珞」，南史卷七八狼牙脩國傳、册府卷九六〇同，梁職貢圖、太平寰宇記卷一七六、通志卷一九八、通考卷三三一作「纓絡」。

梁職貢圖作「加以纓絡」。

372. 其國累塼爲城，

「累」，南史卷七八狼牙脩國傳同，梁職貢圖作「壘」，册府卷九六〇作「以黑」。

「塼」，北監本、殿本、局本、南史卷七八狼牙脩國傳、梁職貢圖、通典卷一八八、通考卷三三一同，百衲本、三朝本、汲本、南監本作「樓」，太平寰宇記卷一七六、通志卷一九八、册府卷九六〇作「磚」。

按：「累」、「壘」通。册府「黑」字版刻譌誤。百衲本、三朝本、汲本、南監本「樓」誤。「塼」同「磚」。

373. 王出乘象，

「出乘」，南史卷七八狼牙脩國傳同，梁職貢圖作「行駕」。

374. 有幡毦旗鼓，

「幡」，南史卷七八狼牙脩國傳、册府卷九六〇、梁職貢圖同，通典卷一八八作「旛」。

「毦」，汲本、局本、梁職貢圖同，百衲本、三朝本、南監本、北監本、殿本、册府卷九六〇作「旄」，南史卷七八狼牙脩國傳作「旄」。

按：百衲本、三朝本、南監本、北監本、殿本、册府「旄」字版刻譌誤。

375. 罩白蓋，

「白」，北監本、殿本、梁職貢圖、南史卷七八狼牙脩國傳、册府卷九六〇、通典卷一八八、太平寰宇記卷一七六、通志卷一九八、通考卷三三一同，百衲本、三朝本、汲本、南監本、局本作「台」。

按：百衲本、三朝本、汲本、南監本、局本「台」誤。

376. 兵衛甚設。

「設」，梁職貢圖同，南史卷七八狼牙脩國傳、册府卷九六〇、通考卷三三一作「嚴」。

377. 國人說，立國以來四百餘年，後嗣衰弱，

「立國以來四百餘年」，南史卷七八狼牙脩國傳同，梁職貢圖作「自初立國四百餘年」。

「嗣」，南史卷七八狼牙脩國傳同，梁職貢圖作「胤」。

「衰」，三朝本、汲本、南監本、北監本、殿本、局本、南史卷七八狼牙脩國傳同，百衲本作「襄」。

按：百衲本「襄」字版刻譌誤。

378. 國人歸之。

「國人」，南史卷七八狼牙脩國傳同，梁職貢圖作「百姓」。

「歸」，南史卷七八狼牙脩國傳、通志卷一九八、通考卷三三一作「歸向」。

379. 王聞知，乃加囚執，

「聞知」，南史卷七八狼牙脩國傳作「聞」。

「加」，南史卷七八狼牙脩國傳同，通考卷三三一作「枷」。

梁職貢圖作「王收縶之」。

按：通考「枷」字版刻譌誤。

380. 其鏁無故自斷，

「鏁」，南史卷七八狼牙脩國傳作「鎖」。

按：「鏁」同「鎖」。

381. 乃斥逐出境，

「斥逐」，南史卷七八狼牙脩國傳作「逐」。

382. 俄而狼牙王死，

「狼牙王」，南史卷七八狼牙脩國傳同，梁職貢圖作「狼牙修王」，通志卷一九八作「狼牙脩王」。

383. 子婆伽達多立。

「伽」，南史卷七八狼牙脩國傳、宋本册府卷九六八、册府卷九六八、梁職貢圖同，通志卷一九八作「迦」，通考卷三三一作「加」。

384. 遣使阿撒多奉表曰：

「阿撒多」，南史卷七八狼牙脩國傳、宋本册府卷九六八、宋樓鑰攻媿集卷七五跋傳欽甫所藏職貢圖、通志卷一九八同，梁職貢圖、册府卷九六八、通考卷三三一作「阿撒多」。

385. 哀愍衆生，

「衆」，宋本册府卷九六八、册府卷九六八同，宋書卷九七呵羅單國傳載表文作「羣」。

386. 身光明朗，

「朗」，宋本册府卷九六八、册府卷九六八同，宋書卷九七呵羅單國傳載表文作「照」。

387. 如水中月，普照十方。眉間白毫，其白如雪，

宋本册府卷九六八、册府卷九六八同，册府「照」作「炤」，宋本册府、册府「毫」作「豪」；宋書卷九七呵羅單國傳載表文作「如水中月如日初間自蒙普照十方其白如雪」。

宋書原校勘記[二]：「出眉」二字各本並脱，「白豪」二字各本並作「自蒙」。孫虨宋書考論云：「天竺表有云『如日初出』，此闕處疑亦是『出』字。又按梁書狼牙脩國奉表有云，

『眉間白豪，其白如雪』。『自蒙』即『白豪』之誤，闕處更當有一『眉』字。」按孫説是，今改正。

按：中華書局點校本宋書已補「出眉」二字，已改作「白豪」。又明諱「照」字（明武宗名），以「炤」代「照」。

388. 其色照曜，

「其色」，宋本册府卷九六八、册府卷九六八同，宋書卷九七呵羅單國傳載表文作「顔色」。

389. 亦如月光。

「亦」，三朝本、汲本、南監本、北監本、殿本、局本、宋本册府卷九六八、册府卷九六八、宋書卷九七呵羅單國傳載表文同，百衲本作「赤」。

按：百衲本「赤」字版刻譌誤。

390. 諸天善神之所供養，

「善神」，册府卷九六八同，宋本册府卷九六八作「□神」（前一字漫漶不清，似作「善」），宋書卷九七呵羅單國傳載表文作「龍神」。

「供養」，宋本册府卷九六八、册府卷九六八同，宋書卷九七呵羅單國傳載表文作「恭敬」。

391. 以垂正法寶，

「垂正」，宋本册府卷九六八、册府卷九六八同，宋書卷九七呵羅單國傳載表文作「正」。

392. 梵行衆增，

「梵」，宋書卷九七呵羅單國傳載表文同，宋本册府卷九六八、册府卷九六八作「焚」。

「增」，宋本册府卷九六八、宋書卷九七呵羅單國傳載表文作「僧」，册府卷九六八作「生」。

按：疑宋本册府、册府「焚」字版刻譌誤。疑宋本册府、宋書「僧」字是。

393. 莊嚴都邑。

「都邑」，宋本册府卷九六八、册府卷九六八同，宋書卷九七呵羅單國傳載表文作「國土」。

394. 城閣高峻，如乾陁山。

「乾陁山」，宋本册府卷九六八、册府卷九六八同，宋書卷九七呵羅單國傳載表文作「乾他山」。

395. 樓觀羅列，

宋本册府卷九六八、册府卷九六八同，宋書卷九七呵羅單國傳載表文作「樓閣莊嚴」。

396. 道途平正。

「途」，宋本册府卷九六八、册府卷九六八同，宋書卷九七呵羅單國傳載表文作「巷」。

397. 快樂安穩。

「穩」,册府卷九六八同,宋本册府卷九六八、宋書卷九七呵羅單國傳載表文作「隱」。

宋書卷九七呵羅單國傳載表文作「安隱快樂」。

398. 爲極尊勝。

「極尊」,宋本册府卷九六八、册府卷九六八同,宋書卷九七呵羅單國傳載表文作「最殊」。

399. 天王愍念羣生,

「王」,南監本、宋本册府卷九六八、册府卷九六八、宋書卷九七呵羅單國傳載表文作「主」。

400. 民人安樂,

「民人」,宋本册府卷九六八、宋書卷九七呵羅單國傳載表文同,册府卷九六八作「人民」。

宋書卷九七呵羅單國傳載表文作「安樂民人」。

401. 慈心深廣,律儀清浄,

「儀」,百衲本、三朝本、汲本、北監本、殿本、局本、册府卷九六八、宋書卷九七呵羅單國傳載表文同,宋本册府卷九六八漫漶不清,南監本作「議」。

宋書卷九七呵羅單國傳載表文作「律儀清浄,慈心深廣」。

按:南監本「議」字版刻譌誤。

402. 正法化治,供養三寶,

「化治」,宋本册府卷九六八、册府卷九六八同,宋書卷九七呵羅單國傳載表文作「治化」。

「供」,宋本册府卷九六八、册府卷九六八同,宋書卷九七呵羅單國傳載表文作「共」。

403. 百姓樂見,

「百姓」,宋本册府卷九六八、册府卷九六八同,宋書卷九七呵羅單國傳載表文作「民人」。

404. 人天一切,

「天」,百衲本、南監本、北監本、殿本、宋本册府卷九六八、册府卷九六八、宋書卷九七呵羅單國傳載表文同,三朝本、汲本、局本作「王」。

宋書卷九七呵羅單國傳載表文作「一切人天」。

405. 今遣使問訊大意。欲自往,

「大」,百衲本、三朝本、汲本、南監本、北監本、殿本、局本、宋本册府卷九六八、册府卷九六八同,宋書卷九七呵羅單國傳載表文作「大家」。

按:百衲本、三朝本、汲本、南監本、北監本、殿本、局本、宋本册府、册府脱一「家」字,下文云「願大家曲垂領納」,可證。此處當據宋書補一「家」字,「意」字從下讀。

406. 願大家曲垂領納。

「領納」,宋書卷九七呵羅單國傳載表文作「納受」,宋本册府卷九六八、册府卷九六八作「納領」。

宋書卷九七呵羅單國傳載表文作「願垂納受」。

按：梁書卷三武帝紀下：普通四年十二月，「狼牙脩國遣使獻方物」；中大通三年九月，「狼牙脩國奉表獻方物」。實録卷一七：普通四年十二月，「狼牙脩國遣使貢獻」；中大通三年九月，「狼牙脩國遣使貢獻」。凡此傳文失載。

婆利國

407. 婆利國，在廣州東南海中洲上。

「廣州」，南史卷七八婆利國傳、册府卷九五七同；册府卷九五七(「或曰」)、卷九六〇，舊唐書卷一九七婆利國傳，太平寰宇記卷一七六作「林邑」。

408. 國界東西五十日行，南北二十日行。

南史卷七八婆利國傳，册府卷九五七、卷九六〇同，隋書卷八二婆利國傳、北史卷九五婆利國傳作「國界東西四月行，南北四十五日行」。

「南北」，册府卷九五七又作「東北」。

按：册府「東」字版刻譌誤。

409. 有一百三十六聚。

「一百三十六」，南史卷七八婆利國傳，册府卷九五七、卷九六〇同；通志卷一九八作「百二十六」。

按：疑通志「二」字版刻譌誤。

410. 土氣暑熱，

「土氣」，南史卷七八婆利國傳、册府卷九六〇同，舊唐書卷一九七婆利國傳作「風氣」。

「暑熱」，南史卷七八婆利國傳、册府卷九六〇同，通考卷三三一作「熱」。

411. 草木常榮。

「常」，汲本、南監本、局本、南史卷七八婆利國傳、册府卷九六〇同，百衲本、三朝本作「甞」，北監本、殿本作「嘗」。

按：「甞」同「嘗」，「常」、「嘗」通。

412. 海出文螺、紫貝。

「海」，南史卷七八婆利國傳、册府卷九六〇同，太平寰宇記卷一七六作「海中」。

「文螺」，南史卷七八婆利國傳同，册府卷九六〇作「螺」。

按：疑册府脱「文」字。

413. 有石名蚶貝羅，

「蚶」，册府卷九六〇同，南史卷七八婆利國傳、通考卷三三一作「坩」。

414. 及刻削爲物乾之，

「乾」,册府卷九六〇同,南史卷七八婆利國傳、通典卷一八八、通志卷一九八、通考卷三三一作「暴乾」,太平寰宇記卷一七六作「曝乾」。

415. 遂大堅强。

「强」,册府卷九六〇同,百衲本、三朝本、汲本、南監本、北監本、殿本、局本作「彊」。

「遂大堅强」,册府卷九六〇同,通典卷一八八、太平寰宇記卷一七六作「遂堅硬」,南史卷七八婆利國傳、通志卷一九八、通考卷三三一作「遂大硬」。

按:梁書本卷下文「勝負强弱」,百衲本、三朝本、汲本、南監本、北監本、殿本、局本俱作「强」。

416. 其國人披古貝如帊,

「古」,百衲本、南史卷七八婆利國傳、通典卷一八八、舊唐書卷一九七婆利國傳、新唐書卷二二二下婆利傳、太平寰宇記卷一七六、册府卷九六〇同,三朝本、汲本、南監本、北監本、殿本、局本、通志卷一九八、通考卷三三一作「吉」。

417. 及爲都縵。

「縵」,南史卷七八婆利國傳、册府卷九六〇同,通典卷一八八、通志卷一九八作「漫」。

418. 王乃用班絲布,

「班」,百衲本、三朝本、汲本、南監本、北監本、册府卷九六〇同,殿本、局本、南史卷七八婆利國傳作「斑」。

「班絲布」,册府卷九六〇同,南史卷七八婆利國傳、通典卷一八八、通考卷三三一作「斑絲者」,太平寰宇記卷一七六、通志卷一九八作「班絲者」,新唐書卷二二二下婆利傳作「班絲貝」。

清王懋竑撰讀書記疑卷一三南史存校:「者當作布。」

419. 以瓔珞繞身,

「瓔珞」,南史卷七八婆利國傳同,御覽卷六八四引梁書作「瓔絡」,册府卷九六〇、太平寰宇記卷一七六、通志卷一九八作「纓絡」。

按:「瓔絡」、「纓絡」通。

420. 頭著金冠高尺餘,

「金冠」,南史卷七八婆利國傳、册府卷九六〇同,御覽卷六八四引梁書、通典卷一八八、通志卷一九八作「金長冠」。

421. 偏坐金高坐,以銀蹬支足。

「偏坐」,南史卷七八婆利國傳同,册府卷九六〇作「偏」。

「銀蹬」,南史卷七八婆利國傳、册府卷九六〇同,御覽卷七八七引南史作「金鐙」。

按:册府脱「坐」字。

422. 或持白毦拂及孔雀扇。

「白毦拂」,南史卷七八婆利國傳同,册府卷九六〇作「白毦紱」,舊唐書卷一九七婆利國傳、新唐書卷二二二下婆利傳作「白拂」。

「毦」，百衲本、三朝本、汲本、北監本、局本、南史卷七八婆利國傳同，南監本、殿本作「旺」。

「孔雀扇」，南史卷七八婆利國傳、册府卷九六〇同，新唐書卷二二二下婆利傳作「孔雀翣」。

按：册府「紋」字版刻譌誤。南監本、殿本「旺」字版刻譌誤。又淮南子俶真訓高誘注：「翣，扇也。」

423. 上施羽蓋珠簾，

「珠簾」，南史卷七八婆利國傳、册府卷九六〇同，新唐書卷二二二下婆利傳作「珠箔」。

424. 王姓憍陳如，

「憍」，南史卷七八婆利國傳同，通典卷一八八作「嬌」。

按：疑通典「嬌」字版刻譌誤。

425. 自古未通中國。

「中國」，南史卷七八婆利國傳同，太平寰宇記卷一七六作「中夏」。

宋書卷九後廢帝紀：元徽元年三月，「婆利國遣使獻方物。」

按：宋世婆利國朝貢事，梁書失載。

426. 問其先及年數不能記焉，而言白净王夫人即其國女也。

「記焉」，南史卷七八婆利國傳作「記」。

「而言」，南史卷七八婆利國傳作「自言」。

「白」，百衲本、汲本、南監本、北監本、殿本、局本、南史卷七八婆利國傳、册府卷九六〇同，三朝本作「曰」。

「女也」，南史卷七八婆利國傳作「女」。

按：三朝本「曰」字版刻譌誤。

427. 天監十六年，遣使奉表曰：

「十六年」，南史卷七八婆利國傳、宋本册府卷九六八、册府卷九六八同，宋樓鑰撰攻媿集卷七五跋傳欽甫所藏職貢圖作「十年」。

攻媿集注：「案：梁書及南史竝作天監十六年。」

南史卷六梁本紀上：天監十年，「婆利國貢金席」；天監十六年，「……婆利等國各遣使朝貢。」

按：婆利國獻金席事，南史卷七八婆利國傳亦繫於天監十六年，梁書本卷本傳且載有表文，當可信據。疑南史梁本紀有誤。

428. 伏承聖王信重三寶，

「王」，宋本册府卷九六八、册府卷九六八同，宋書卷九七訶羅陁國傳載表文、南史卷七八訶羅陁國傳載表文作「主」。

「信」，三朝本、汲本、北監本、殿本、局本、宋本册府卷九六八、册府卷九六八、宋書卷九七訶羅陁國傳載表文、南史卷七八訶羅陁國傳載表文同，南監本作「敬」。

按：疑南監本「敬」字版刻譌誤。

429. 校飾莊嚴，周徧國土。四衢平坦，清浄無穢。

宋本册府卷九六八、册府卷九六八同，宋本册府、册府「徧」作「遍」；宋書卷九七訶羅陁國傳載表文作「周滿國界。城郭莊嚴，清浄無穢，四衢交通，廣博平坦」，南史卷七八訶羅陁國傳載表文作「周滿世界」。

430. 臺殿羅列，狀若天宫，壯麗微妙，世無與等。

「天宫」，宋本册府卷九六八、册府卷九六八同，宋書卷九七訶羅陁國傳載表文作「衆山」。

「壯麗」，宋本册府卷九六八、册府卷九六八同，宋書卷九七訶羅陁國傳載表文作「莊嚴」。

「世無與等」，宋本册府卷九六八、册府卷九六八同，宋書卷九七訶羅陁國傳載表文作「猶如天宫」。

431. 聖主出時，

「主」，宋本册府卷九六八、册府卷九六八同，宋書卷九七訶羅陁國傳載表文作「王」。

432. 羽儀導從，布滿左右。

宋本册府卷九六八、册府卷九六八同，宋書卷九七訶羅陁國傳載表文作「導從無數，以爲守衛」。

433. 市廛豐富，充積珍寶。

「充積珍寶」，宋本册府卷九六八同，册府卷九六八作「充積寶珍」，宋書卷九七訶羅陁國傳載表文作「珍賄無量」。

按：疑册府「寶珍」誤倒。

434. 學徒皆至，三乘競集，敷説正法，

「皆至」，宋本册府卷九六八、册府卷九六八同，宋書卷九七訶羅陁國傳載表文作「遊集」。

「集」，宋本册府卷九六八、册府卷九六八同，宋書卷九七訶羅陁國傳載表文作「進」。

「説」，宋本册府卷九六八、册府卷九六八同，宋書卷九七訶羅陁國傳載表文作「演」。

435. 四海流通，交會萬國。

「交會萬國」，宋本册府卷九六八、册府卷九六八同，宋書卷九七訶羅陁國傳載表文作「萬國交會」。

436. 清泠深廣，

「泠」，三朝本、北監本、殿本、宋本册府卷九六八同，汲本、南監本、局本、册府卷九六八作「冷」，宋書卷九七訶羅陁國傳載表文作「浄」。

按：疑汲本、南監本、局本、册府「冷」字版刻譌誤。

437. 陰陽和暢，災厲不作。

「和暢」，宋本册府卷九六八、册府卷九六八同，宋書卷九七訶羅陁國傳載表文作「調

和」。

「作」，宋本册府卷九六八、册府卷九六八同，宋書卷九七訶羅陁國傳載表文作「行」。

438. 大梁揚都聖王無等，

「無等」，册府卷九六八同，宋本册府卷九六八作「無□」（下一字闕），宋書卷九七訶羅陁國傳載表文作「無倫」。

439. 有大慈悲，子育萬民。

「萬民」，宋本册府卷九六八、册府卷九六八同，宋書卷九七訶羅陁國傳載表文作「萬物」。

440. 加以周窮，無所藏積。

「加以」，宋本册府卷九六八、册府卷九六八同，宋書卷九七訶羅陁國傳載表文作「濟乏」。

441. 靡不照燭，如日之明；

「燭」，宋本册府卷九六八、册府卷九六八同，宋書卷九七訶羅陁國傳載表文作「達」。

442. 宰輔賢良，羣臣貞信，

「信」，宋本册府卷九六八、册府卷九六八同，宋書卷九七訶羅陁國傳載表文作「潔」。

443. 盡忠奉上，心無異想。

「上」，宋本册府卷九六八、册府卷九六八同，宋書卷九七訶羅陁國傳載表文作「主」。

444. 伏惟皇帝是我真佛，

「真佛」，宋本册府卷九六八作「真」，册府卷九六八作「貞」，宋書卷九七訶羅陁國傳載表文作「真主」。

按：宋本册府、册府脱「佛」字，疑册府「貞」字版刻譌誤。

445. 臣是婆利國主，

「主」，宋本册府卷九六八、册府卷九六八同，宋書卷九七訶羅陁國傳載表文作「王」。

446. 今敬稽首禮聖王足下，

「稽首禮」，宋本册府卷九六八、册府卷九六八同，宋書卷九七訶羅陁國傳載表文作「稽首」。

447. 惟願大王知我此心。此心久矣，

「此心此心」，宋本册府卷九六八、册府卷九六八同，宋書卷九七訶羅陁國傳載表文作「此心」。

448. 今故遣使獻金席等，

「今故」，宋書卷九七訶羅陁國傳載表文同，宋本册府卷九六八、册府卷九六八作「故」。

「獻」，南史卷七八婆利國傳、宋本册府卷九六八同，册府卷九六八作「奉」。

「金席等」，南史卷七八婆利國傳、宋本册府卷九六八、册府卷九六八同，宋樓鑰撰攻媿集卷七五跋傳欽甫所藏職貢圖作「金席」。

449. 其王頻伽復遣使珠貝智貢白鸚鵡、青蟲、兜鍪、瑠璃器、古貝、螺杯、雜香、藥等數十種。

「珠貝智」,宋本册府卷九六八、册府卷九六八作「珠具智」,南史卷七八婆利國傳、通志卷一九八、通考卷三三一作「珠智」。

「貢」,南史卷七八婆利國傳、宋本册府卷九六八、册府卷九六八作「獻」。

「古」,百衲本、南史卷七八婆利國傳、宋本册府卷九六八同,三朝本、汲本、南監本、北監本、殿本、局本、册府卷九六八、通志卷一九八、通考卷三三一作「吉」。

「杯」,北監本、殿本、局本、南史卷七八婆利國傳、宋本册府卷九六八、册府卷九六八、通志卷一九八、通考卷三三一同,百衲本、三朝本、汲本、南監本作「林」。

張元濟梁書校勘記:「殿(本)是。」

按:疑宋本册府、册府「具」字版刻譌誤。百衲本、三朝本、汲本、南監本「林」字版刻譌誤。

中天竺國

450. 地方三萬里,

「地方」,南史卷七八中天竺國傳同,御覽卷七九二引異物志作「方」。

451. 從月支、高附以西,

「以西」,南史卷七八中天竺國傳作「西」。

452. 東至槃越,

「槃越」,後漢書卷八八天竺國傳作「磐起」,唐鈔本翰苑卷三〇引後漢書作「般起」,三國志魏書卷三〇烏丸鮮卑東夷傳裴松之注引魏略西戎傳、御覽卷七九七引魏書、南史卷七八中天竺國傳、宋本册府卷九五六、册府卷九五六作「盤越」,通典卷一九三、太平寰宇記卷一八三、通考卷三三八作「盤起」,通志卷一九六作「磐越」。

御覽卷七九七引魏書:「盤越國,一名漢越王……」

453. 列國數十,

「列國」,南史卷七八中天竺國傳、宋本册府卷九五六、册府卷九五六同,後漢書卷八八天竺國傳、通典卷一九三、太平寰宇記卷一八三、新唐書卷二二一上天竺國傳、通志卷一九六、通考卷三三八作「别國」。

「數十」,南史卷七八中天竺國傳同,宋本册府卷九五六、册府卷九五六作「數千里」。

按:疑宋本册府、册府「千里」版刻譌誤。

454. 其名雖異,皆身毒也。

南史卷七八中天竺國傳、宋本册府卷九五六、册府卷九五六同,通典卷一九三、太平寰宇記卷一八三、通考卷三三八作「雖各小異,而俱名身毒」,通志卷一九六作「雖各小異,而俱名天竺」。

455. 其俗土著與月支同,

「俗」,南史卷七八中天竺國傳、册府卷九六一同,通典卷一九三作「國人」。

456. 而卑濕暑熱，民弱畏戰，

「而」，南史卷七八中天竺國傳同，册府卷九六一作「而地」。

「民弱」，南史卷七八中天竺國傳作「人」。

457. 國臨大江，名新陶，源出崐崘，分爲五江，總名曰恒水。

「新陶」，南史卷七八中天竺國傳同，通志卷一九六作「新淘」。

「崐崘」，三朝本同，南監本作「崐崙」，汲本、北監本、殿本、局本、南史卷七八中天竺國傳作「崑崙」。

「名曰」，南史卷七八中天竺國傳作「名」。

丁謙梁書夷貊傳地理考證：「……新陶河即印度河，一作新頭河，與恒河各自爲派，絶不相通。中天竺並不臨新陶河，此混合爲一，其誤與水經注同。」

按：「崑」同「崐」，「崙」同「崘」。

458. 下有真鹽，

「真鹽」，南史卷七八中天竺國傳、御覽卷五九引萬震南州異物志同，水經注卷一引郭義恭廣志、御覽卷八六五引吴時外國傳作「石鹽」。

459. 土俗出犀、象、貂、鼲、瑇瑁、火齊、金、銀、鐵、金縷織成、金皮罽、細摩白疊、好裘、毾㲪。

「土俗」，南史卷七八中天竺國傳作「土」。

「鼲」，南史卷七八中天竺國傳作「鼠」，通典卷一九三、太平寰宇記卷一八三、通志卷一九六、通考卷三三八作「貚」。

「金銀鐵」，後漢書卷八八天竺國傳、册府卷九六一作「金銀銅鐵鉛錫」，南史卷七八中天竺國傳作「金銀銅鐵」，通典卷一九三、太平寰宇記卷一八三、通志卷一九六、通考卷三三八作「金銅鐵鉛錫」。

「金皮罽」，南史卷七八中天竺國傳、通典卷一九三、太平寰宇記卷一八三、通志卷一九六、通考卷三三八作「金罽」。

「摩」，百衲本、三朝本、汲本、南監本、北監本、殿本、局本同，南史卷七八中天竺國傳作「靡」。

馬宗霍南史校證卷七八：疑「靡」字是。

「好裘毾㲪」，南史卷七八中天竺國傳同，後漢書卷八八天竺國傳、册府卷九六一作「好毾㲪」，通典卷一九三、太平寰宇記卷一八三、通志卷一九六、通考卷三三八作「毾㲪」。

「裘」，汲本、南監本、北監本、殿本、局本、南史卷七八中天竺國傳同，百衲本、三朝本作「裘」。

按：百衲本、三朝本「裘」字版刻譌誤。織成爲古代一種名貴的絲織物，以彩絲或金縷織出紋樣。南朝梁蕭綱撰烏棲曲云「織成屏風金屈膝」。

460. 火齊狀如雲母，色如紫金，有光耀，别之則薄如蟬翼，

「耀」，南史卷七八中天竺國傳作「曜」。

「别」,南史卷七八中天竺國傳同,通典卷一九三、通考卷三三八作「裂」,御覽卷七九二引通典作「列」。

「薄如蟬翼」,册府卷九六一同,南史卷七八林邑國傳作「蟬翼」。

南史原校勘記[二五]:「薄如」二字各本並脱,據梁書補。

馬宗霍南史校證卷七八:按「蟬翼」上梁書有「薄如」二字,似不當省。

册府卷九六一作「有火齊如雲母而色紫,精者薄如蟬翼焉」。

按:中華書局點校本南史已補「薄如」二字。

461. 其西與大秦、安息交市海中,

「其西」,南史卷七八中天竺國傳作「西」。

462. 蘇合是合諸香汁煎之,

「是合」,南史卷七八中天竺國傳、宋寇宗奭編撰圖經衍義本草卷二一引梁書作「是」,御覽卷七九二引後漢書作「合會」。

南史原校勘記[二六]:下「合」字據梁書補。

馬宗霍南史校證卷七八:按「是」字下梁書有「合」字,不當删。

按:中華書局點校本南史已補「合」字。

463. 先笮其汁以爲香膏,

「笮」,南史卷七八中天竺國傳同,御覽卷九八二引梁書作「筌」。

按:疑御覽「筌」字版刻譌誤。

464. 積日香槁,

「香槁」,百衲本同,三朝本、汲本、南監本、北監本、殿本、局本作「香稿」,南史卷七八中天竺國傳作「稾」。

殿本梁書考證:「稿」,應作「槁」。

馬宗霍南史校證卷七八:按「積日」下梁書有「香」字,不當删。

按:「槁」同「稾」。

465. 賈人從寺中徵雇,以轉賣與佗國也。

「雇」,百衲本、三朝本、汲本同,南監本、北監本、殿本、局本作「顧」。

南史卷七八中天竺國傳作「賈人以轉賣與他國也」。

馬宗霍南史校證卷七八:按「賈人」下梁書有「從寺中征雇」五字。南史删去,非是。

按:「雇」通「顧」。

466. 漢世唯一通焉。

南史卷七八中天竺國傳同,御覽卷七九二引後漢書作「始一通焉」。

467. 往往至扶南、日南、交趾,

「趾」,三朝本、汲本、南監本、北監本、殿本、局本同,南史卷七八中天竺國傳作「阯」。下同。

468. 孫權黄武五年,有大秦賈人字秦論來到交趾,交趾太守吴邈遣送詣權,

「字秦論」,南史卷七八中天竺國傳同,册府卷六六二作「秦論」。

「吴邈」,南史卷七八中天竺國傳同,册府卷六六二作「劉邈」。

469. 權問方土謡俗,

「問」,南史卷七八中天竺國傳作「問論」。

「謡俗」,南史卷七八中天竺國傳作「風俗」。

470. 時諸葛恪討丹陽,獲黝、歙短人,

「黝」,南史卷七八中天竺國傳同。

按:漢書卷二八上地理志八上,丹揚郡有黝縣,唐顔師古注:「黝音伊,字本作黟。其音同。」説文:「丹陽有黟縣。」今本三國志吴書有五處並言「黟、歙」,無「黝」字。又三國志卷四七吴書吴主權傳:黄武五年,「分三郡惡地十縣置東安郡,以全琮爲太守,平討山越。」三國志卷四七吴書吴主權傳:嘉禾三年秋八月,「以諸葛恪爲丹楊太守,討山越。」六年,「諸葛恪平山越事畢」。按梁書言大秦賈人來交趾,交趾遣送詣權,權遣以諸葛恪討丹陽所獲短人,事在黄武五年(226);然諸葛恪討丹陽實在嘉禾三年(234)以後,黄武五年爲全琮平討山越時,此處疑有譌誤。

471. 咸於道物故,論乃徑還本國。

「論乃徑還本國」,南史卷七八中天竺國傳作「乃徑還本國也」。

清王懋竑撰讀書記疑卷一三南史存校:「上當有論字。」

馬宗霍南史校證卷七八:按「乃」字上梁書有「論」字,「咸」與「論」俱人名,此「論」字斷不可省。

472. 漢和帝時,

按:上文「漢桓帝延熹九年……論乃徑還本國」一段,乃插敘大秦國事,此下則仍敘天竺國事,故當提行另起段落。

473. 至桓帝延熹二年,四年,

「二年」,南史卷七八中天竺國傳作「三年」。

474. 唯吴時扶南王范旃遣親人蘇物使其國,

「范旃」,南史卷七八中天竺國傳同,通志卷一九六作「范旃」,下同。

「蘇物」,南史卷七八中天竺國傳、册府卷六六二、通志卷一九六、通考卷三三八作「蘇勿」,下「遣物等還」句,「物」亦作「勿」。

按:「旃」同「旃」,「旃」爲「旃」之俗字。

475. 從扶南發投拘利口,循海大灣中正西北入歷灣邊數國,可一年餘到天竺江口,逆水行七千里乃至焉。

「投拘利口」,南史卷七八中天竺國傳同,通志卷一九六作「拘利口」。

「歷灣邊」,南史卷七八中天竺國傳同,册府卷六六二作「歷言邊」。

「七千里」,南史卷七八中天竺國傳同,通志卷一九六作「七十里」。

丁謙梁書夷貊傳地理考證:「扶南投拘利海口即湄公河入海處,海大灣今稱暹羅海

灣，循此南行至新加坡，折而西北，出蘇門答剌海峽以抵印度洋。灣邊數國，指馬來半島間狼牙脩、赤土、丹丹、干陁利等部。天竺江口即恒河入海處。逆恒河水西北行至中印度，亦不過四千餘里，云七千里未確。」

按：册府「言」字版刻譌誤。通志「十」字版刻譌誤。

476. 天竺王驚曰：「海濱極遠，猶有此人。」即呼令觀視國内，

「此人」，南史卷七八中天竺國傳、册府卷六六二、通志卷一九六、通考卷三三八作「此人乎」。

「即呼令」，南史卷七八中天竺國傳、册府卷六六二、通志卷一九六、通考卷三三八作「即令」。

477. 仍差陳、宋等二人以月支馬四匹報旃，

「陳宋」，南史卷七八中天竺國傳同，通志卷一九六作「其臣陳宋」。

478. 遣物等還，積四年方至。

南史卷七八中天竺國傳作「勿積四年方至」。

馬宗霍南史校證卷七八：按此句上梁書有「遣物等還」四字，語意較明，「還」與「至」相應，南史删去，則下句「方至」何所至邪？

479. 及見陳、宋等，

「及」，南史卷七八中天竺國傳同，册府卷六六二作「乃」。

480. 云「佛道所興國也。」

「國也」，南史卷七八中天竺國傳同，册府卷九六一作「也」。

「佛道所興國也」，南史卷七八中天竺國傳同，御覽卷七九二引異物志作「佛道所在」。

按：此不必爲直接引語，可不用引號。

481. 人民敦厖，

「人民」，册府卷九六一同，南史卷七八中天竺國傳、通考卷三三八作「人」。

「厖」，南史卷七八中天竺國傳作「龐」，册府卷九六一、通考卷三三八作「龎」。

按：「龎」同「龐」。左傳成公十六年「民生敦厖」，晉杜預注：「厖，大也。」厖、龐皆有「大」意。

482. 土地饒沃。

「土地」，南史卷七八中天竺國傳作「土」。

483. 繞于渠壍，

「壍」，南史卷七八中天竺國傳、册府卷九六一作「塹」。

484. 下注大江。

「大江」，北監本、殿本、局本、南史卷七八中天竺國傳、通志卷一九六、通考卷三三八同，百衲本、三朝本、汲本、南監本，册府卷六六二、卷九六一作「江」。

按：百衲本、三朝本、汲本、南監本、册府脱「大」字。

485. 其宫殿皆雕文鏤刻，

「鏤刻」，南史卷七八中天竺國傳作「鐫刻」，御覽卷七九二引異物志作「刻鏤」。

486. 鐘鼓音樂，

「鐘」，汲本、南監本、局本、册府卷九六一、通志卷一九六、通考卷三三八同，百衲本、三朝本、北監本、殿本、南史卷七八中天竺國傳、御覽卷七九二引異物志、册府卷六六二作「鍾」。

按：「鍾」、「鐘」同。

487. 水陸通流，

「通流」，南史卷七八中天竺國傳、册府卷九六一同，通志卷一九六作「流通」。

488. 奇玩珍瑋，

「奇玩」，册府卷九六一同，南史卷七八中天竺國傳、通志卷一九六、通考卷三三八作「器玩」。

「瑋」，南史卷七八中天竺國傳同，册府卷九六一作「偉」。

按：疑册府「偉」字版刻譌誤。

489. 左右嘉維、舍衛、葉波等十六大國，

「嘉維」，南史卷七八中天竺國傳同，册府卷六六二作「喜維」。

按：疑册府「喜」字版刻譌誤。

490. 以爲在天地之中也。」

「中也」，南史卷七八中天竺國傳作「中」。

按：此不必爲直接引語，可不用引號。

491. 天監初，其王屈多遣長史竺羅達奉表曰：

「屈」，百衲本、三朝本、汲本、北監本、殿本、局本、南史卷七八中天竺國傳、宋本册府卷九六八、册府卷九六八、宋樓鑰撰攻媿集卷七五跋傅欽甫所藏職貢圖同，南監本作「曲」。

梁書卷二武帝紀中：天監二年秋七月，「中天竺國……遣使獻方物。」

南史卷六梁本紀上：天監二年秋七月，「……中天竺國……遣使朝貢。」

實録卷一七：天監二年，「中天竺國……遣使貢方物。」

按：南監本「曲」字版刻譌誤。梁書本卷本傳下文「臣名屈多」，南監本亦作「屈」。

492. 莊嚴國土，猶如化城。

「國土」，宋本册府卷九六八、册府卷九六八同，宋書卷九七天竺迦毗黎國傳載表文作「清净」。

「城」，宋書卷九七天竺迦毗黎國傳載表文同，宋本册府卷九六八、册府卷九六八作「成」。

按：疑宋本册府、册府「成」字版刻譌誤。

493. 宮殿莊飾，街巷平坦，

「莊飾」，宋本册府卷九六八、册府卷九六八同，宋書卷九七天竺迦毗黎國傳載表文作「莊嚴」。

494. 大王出遊，

「大王」，北監本、殿本、局本同，百衲本、三朝本、汲本、南監本、宋本册府卷九六八、册

府卷九六八作「王」,宋書卷九七天竺迦毗黎國傳載表文作「聖王」。

按:百衲本、三朝本、汲本、南監本、宋本册府、册府脱「大」字。

495. 四兵隨從,

宋本册府卷九六八、册府卷九六八同,宋書卷九七天竺迦毗黎國傳載表文作「四海隨從」。

按:疑宋書「海」誤。

496. 國中臣民,循行正法,

「臣民」,宋本册府卷九六八、册府卷九六八同,宋書卷九七天竺迦毗黎國傳載表文作「衆生」。

「循行」,宋本册府卷九六八、册府卷九六八同,宋書卷九七天竺迦毗黎國傳載表文作「奉順」。

497. 慈悲羣生,無所遺棄。

「悲」,宋本册府卷九六八、册府卷九六八同,宋書卷九七天竺迦毗黎國傳載表文作「施」。

「棄」,宋本册府卷九六八、册府卷九六八作「却」,宋書卷九七天竺迦毗黎國傳載表文作「惜」。

498. 常修净戒,式導不及,

「常」,宋本册府卷九六八同,册府卷九六八作「嘗」,宋書卷九七天竺迦毗黎國傳載表文作「帝」。

「式導」,宋本册府卷九六八、册府卷九六八同,宋書卷九七天竺迦毗黎國傳載表文作「軌道」。

499. 沉溺以濟。

「沉」,殿本、宋本册府卷九六八、册府卷九六八同,百衲本、三朝本、汲本、南監本、北監本、局本、宋書卷九七天竺迦毗黎國傳載表文作「沈」。

「溺」,百衲本、三朝本、汲本、南監本、北監本、局本、宋本册府卷九六八、册府卷九六八、宋書卷九七天竺迦毗黎國傳載表文同,殿本作「弱」。

宋書卷九七天竺迦毗黎國傳載表文作「濟諸沈溺」。

按:殿本「弱」字版刻譌誤。

500. 百官氓庶,

「百官」,宋本册府卷九六八、宋書卷九七天竺迦毗黎國傳載表文同,册府卷九六八作「百姓」。

「氓」,册府卷九六八同,宋本册府卷九六八作「珉」。

宋書卷九七天竺迦毗黎國傳載表文作「羣僚百官」。

按:疑册府「姓」字版刻譌誤。宋本册府「珉」字版刻譌誤。

501. 受樂無恐。

「恐」,宋本册府卷九六八同,册府卷九六八作「忘」,宋書卷九七天竺迦毗黎國傳載表文作「怨」。

按:册府「忘」字版刻譌誤。

502. 諸天護持,萬神侍從,

「護持」,宋本册府卷九六八、册府卷九六八同,宋書卷九七天竺迦毗黎國傳載表文作「擁護」。

「侍從」,宋本册府卷九六八、册府卷九六八同,宋書卷九七天竺迦毗黎國傳載表文作「侍衛」。

503. 天魔降服,莫不歸仰。

「服」,宋本册府卷九六八、册府卷九六八同,宋書卷九七天竺迦毗黎國傳載表文作「伏」。

「仰」,宋本册府卷九六八、册府卷九六八同,宋書卷九七天竺迦毗黎國傳載表文作「化」。

504. 王身端嚴,

「王」,宋本册府卷九六八、宋書卷九七天竺迦毗黎國傳載表文同,册府卷九六八作「主」。

按:册府「主」字版刻譌誤。

505. 於彼震旦,

「震旦」,册府卷九六八同,宋本册府卷九六八作「振旦」,宋書卷九七天竺迦毗黎國傳載表文作「真丹」。

按:「震旦」、「真丹」爲音譯之異。

506. 首羅天守護,令國安樂。

「守護」,宋本册府卷九六八、册府卷九六八同,宋書卷九七天竺迦毗黎國傳載表文作「護」。

「安樂」,宋本册府卷九六八、册府卷九六八同,宋書卷九七天竺迦毗黎國傳載表文作「安隱」。

507. 王王相承,未曾斷絶。

「王王」,宋本册府卷九六八、册府卷九六八同,宋書卷九七天竺迦毗黎國傳載表文作「國王」。

「未曾」,宋本册府卷九六八、册府卷九六八同,宋書卷九七天竺迦毗黎國傳載表文作「未嘗」。

508. 國中皆七寶形像,衆妙莊嚴,

「國中」,宋本册府卷九六八、册府卷九六八同,宋書卷九七天竺迦毗黎國傳載表文作「國中人民,率皆脩善,諸國來集,共遵道法,諸寺舍子」。

「衆妙莊嚴」,宋本册府卷九六八、册府卷九六八同,宋書卷九七天竺迦毗黎國傳載表文作「衆妙供具，如先王法」。

509. 臣自脩檢，如化王法。

「脩」，宋本册府卷九六八、册府卷九六八作「循」，宋書卷九七天竺迦毗黎國傳載表文作「修」。

「檢」，宋本册府卷九六八、宋書卷九七天竺迦毗黎國傳載表文同，册府卷一九四作「簡」。

「如化王法」，宋本册府卷九六八、册府卷九六八同，宋書卷九七天竺迦毗黎國傳載表文作「不犯道禁」。

按：明諱「檢」字（明思宗名），以「簡」代「檢」。

510. 奕世王種。

「奕」，宋本册府卷九六八、册府卷九六八同，宋書卷九七天竺迦毗黎國傳載表文作「棄」。

按：疑宋書「棄」字版刻譌誤。

511. 惟願大王聖體和平。

「和」，宋書卷九七天竺迦毗黎國傳載表文同，宋本册府卷九六八、册府卷九六八作「如」。

「平」，宋本册府卷九六八、册府卷九六八同，宋書卷九七天竺迦毗黎國傳載表文作「善」。

按：疑宋本册府、册府「如」字版刻譌誤。

512. 今以此國羣臣民庶，山川珍重，

「民庶」，宋本册府卷九六八、册府卷九六八同，宋書卷九七天竺迦毗黎國傳載表文作「吏民」。

「珍重」，宋本册府卷九六八、册府卷九六八同，宋書卷九七天竺迦毗黎國傳載表文作「珍寶」。

按：宋書「珍寶」似於義較勝。

513. 五體投地，歸誠大王。

宋本册府卷九六八、册府卷九六八同，宋書卷九七天竺迦毗黎國傳載表文作「五體歸誠大王足下」。

514. 使人竺達多由來忠信，是故今遣。

「竺達多」，宋本册府卷九六八、册府卷九六八、文津閣四庫全書本册府卷九六八同，文淵閣四庫全書本册府卷九六八作「竺羅達」。

「忠信」，宋本册府卷九六八、册府卷九六八同，宋書卷九七天竺迦毗黎國傳載表文作「良善忠信」。

「今遣」，宋本册府卷九六八、册府卷九六八同，宋書卷九七天竺迦毗黎國傳載表文作「今遣奉使表誠」。

按:梁書本卷本傳上文云「其王屈多遣長史竺羅達奉表曰」,此處疑亦當作「竺羅達」。文淵閣四庫全書本册府「竺羅達」疑爲四庫館臣所改。

515. 此之境土,便是大王之國,

「大王之國」,宋本册府卷九六八、册府卷九六八同,宋書卷九七天竺迦毗黎國傳載表文作「王國」。

516. 王之法令善道,悉當承用。

「善道」,宋本册府卷九六八、册府卷九六八同,宋書卷九七天竺迦毗黎國傳載表文作「治國善道」。

517. 此信返還,

「信返」,宋本册府卷九六八、册府卷九六八同,宋書卷九七天竺迦毗黎國傳載表文作「反使」。

按:宋書「使」似於義較勝。

518. 備勑所宜。

「勑所宜」,宋書卷九七天竺迦毗黎國傳載表文同,宋本册府卷九六八作「勑冝」,册府卷九六八作「悉勑宜」。

按:宋本册府、册府脱「所」字,册府又補一「悉」字。

519. 款至之誠,望不空返,

「款」,宋書卷九七天竺迦毗黎國傳載表文同,宋本册府卷九六八作「隸」,册府卷九六八作「欵」。

「返」,宋本册府卷九六八、册府卷九六八同,宋書卷九七天竺迦毗黎國傳載表文作「反」。

按:「欵」同「款」,「欵」爲「款」之俗字。宋本册府「隸」字版刻譌誤。

520. 所白如允,

「如允」,册府卷九六八同,宋本册府卷九六八作「如元」,宋書卷九七天竺迦毗黎國傳載表文作「如是」。

按:宋本册府「元」字版刻譌誤。宋書「如是」似於義較勝。

521. 願加採納。

「願加」,宋書卷九七天竺迦毗黎國傳載表文同,宋本册府卷九六八作「賜如」,册府卷九六八作「賜加」。

「採納」,宋本册府卷九六八、册府卷九六八同,宋本册府、册府「採」作「采」;宋書卷九七天竺迦毗黎國傳載表文作「哀愍」。

522. 今奉獻琉璃唾壺、雜香、古貝等物。」

「琉璃」,宋本册府卷九六八同,册府卷九六八作「璃琉」,南史卷七八中天竺國傳、宋樓鑰撰攻媿集卷七五跋傳欽甫所藏職貢圖作「瑠璃」。

「古」,南史卷七八中天竺國傳、宋本册府卷九六八、册府卷九六八同,三朝本、汲本、南監本、北監本、殿本、局本、通志卷一九六、通考卷三三八作「吉」。

按：册府「璃琉」誤倒。

師子國

523. 師子國，

「師」，南史卷七八師子國傳、宋本册府卷九五六、册府卷九五八，晉法顯撰佛國記、御覽卷七八七引宋元嘉起居注同，册府卷九五六、卷九六一作「獅」。

524. 其地和適，

「地」，南史卷七八師子國傳同，晉法顯撰佛國記作「國」。

525. 五穀隨人所種，

「所種」，南史卷七八師子國傳作「種」。

晉法顯撰佛國記作「草木常茂，田種隨人」。

526. 不須時節。

「時節」，北監本、殿本、局本、南史卷七八師子國傳、通典卷一九三、晉法顯撰佛國記、太平寰宇記卷一八三、通志卷一九六、通考卷三三八同，百衲本、三朝本、汲本、南監本作「節」。

晉法顯撰佛國記作「無有時節」。

按：百衲本、三朝本、汲本、南監本脱「時」字。

527. 其國舊無人民，

「其國舊無」，南史卷七八師子國傳同，册府卷九五八作「舊無」，晉法顯撰佛國記作「其國本無」。

「人民」，宋本册府卷九五六，册府卷九五六、卷九五八，晉法顯撰佛國記同；南史卷七八師子國傳、御覽卷七八七引法顯記、通典卷一九三、太平寰宇記卷一八三、通志卷一九六、通考卷三三八作「人」。

528. 止有鬼神及龍居之。

「止」，南史卷七八師子國傳同，晉法顯撰佛國記作「正」。

「龍」，南史卷七八師子國傳、晉法顯撰佛國記同，册府卷九五八作「龍蛇」。

按：佛國記「正」字版刻譌誤。册府衍「蛇」字。

529. 諸國商估來共市易，

「商估」，南史卷七八師子國傳、宋本册府卷九五六、册府卷九五六同，通典卷一九三、太平寰宇記卷一八三、通志卷一九六、通考卷三三八、册府卷九五八作「商賈」，晉法顯撰佛國記作「商人」。

「來共」，晉法顯撰佛國記作「共」。

530. 鬼神不見其形，但出珍寶，

「鬼神」，晉法顯撰佛國記作「市易時鬼神」。

「不見其形」，南史卷七八師子國傳同，晉法顯撰佛國記作「不自現身」，御覽卷七八七引法顯記作「自現身」。

「珍寶」，南史卷七八師子國傳同，晉法顯撰佛國記作「寶物」。

按：御覽脱「不」字。

531. 顯其所堪價，

南史卷七八師子國傳同，晉法顯撰佛國記作「題其價直」，御覽卷七八七引法顯記作「顯其時直」。

「顯」，南史卷七八師子國傳、御覽卷七八七引法顯記、宋本册府卷九五六、册府卷九五六同，通典卷一九三、太平寰宇記卷一八三、通志卷一九六、通考卷三三八作「明」，晉法顯撰佛國記作「題」。

按：通典「明」以避唐中宗諱而改①，且爲太平寰宇記、通志、通考沿襲。② 疑佛國記「題」字版刻譌誤。

532. 商人依價取之。

「依價取之」，南史卷七八師子國傳同，晉法顯撰佛國記作「則依價直直取物」，御覽卷七八七引法顯記作「則依價直取物」。

按：疑佛國記衍一「直」字。

533. 諸國人聞其土樂，

「諸國人」上，晉法顯撰佛國記有「因商人來往住」六字。

「國人」，南史卷七八師子國傳、晉法顯撰佛國記同，册府卷九五八作「國」。

「聞」，南史卷七八師子國傳、晉法顯撰佛國記同，御覽卷七八七引法顯記作「文」。

按：册府脱「人」字。御覽「文」字版刻譌誤。

534. 或有停住者，遂成大國。

「停住」，南史卷七八師子國傳作「住」。

晉法顯撰佛國記作「悉亦復來，於是遂成大國」。

535. 晉義熙初，始遣獻玉像，

「義熙初」，南史卷七八師子國傳、册府卷八六九同，佛祖統紀卷三六作「義熙二年」。

「遣」，南史卷七八師子國傳作「遣使」。

「玉像」，南史卷七八師子國傳、册府卷八六九、歷代名畫記卷五注引梁書外域傳同，通典卷一九三、太平寰宇記卷一八三、通志卷一九六、通考卷三三八作「玉佛像」，佛祖統紀卷三六作「白玉佛像」。

高僧傳卷一三釋慧力傳：「昔師子國王，聞晉孝武精於奉法，故遣沙門曇摩抑遠獻此

---

① 參見通典，第 5287 頁，校勘記[五七]。

② 參見太平寰宇記，第 3513 頁，校勘記[六七]。

佛，在道十餘年，至義熙中乃達晉。」

536. 玉色潔潤，

「玉」，北監本、殿本、南史卷七八獅子國傳、歷代名畫記卷五注引梁書外域傳、通典卷一九三、太平寰宇記卷一八三、通志卷一九六、通考卷三三八同，百衲本、三朝本、汲本、南監本、局本作「五」。

張元濟梁書校勘記：「殿(本)是。」

按：百衲本、三朝本、汲本、南監本、局本「五」字版刻譌誤。歷代名畫記卷五注引梁書外域傳：「獅子國晉義熙初，獻一玉像……玉色特異……」[①]亦可證「玉」字爲是。

537. 此像歷晉、宋世在瓦官寺，

「晉宋世」，南史卷七八師子國傳作「晉宋」。

「瓦官寺」，南史卷七八師子國傳同，册府卷八六九、歷代名畫記卷五注引梁書外域傳作「瓦棺寺」。

538. 寺先有徵士戴安道手製佛像五軀，

「寺先」，南史卷七八師子國傳、册府卷八六九作「先」。

馬宗霍南史校證卷七八：按「先」字上梁書有「寺」字，蒙上文瓦官而言，南史以爲寺字重出而删之，非是。

539. 及顧長康維摩畫圖，

「顧長康」，册府卷八六九作「長康」。

「維摩畫圖」，南史卷七八師子國傳同，歷代名畫記卷五注引梁書外域傳作「所畫維摩詰」，册府卷八六九作「畫維摩詰諸圖」。

540. 世人謂爲三絶。

「謂爲」，南史卷七八師子國傳作「號之」，册府卷八六九作「謂之」。

541. 至齊東昏，

「東昏」，南史卷七八師子國傳同，歷代名畫記卷五注引梁書外域傳作「東昏侯」。

542. 爲嬖妾潘貴妃作釵釧。

「釵」，百衲本、南監本作「釵」，汲本、北監本、殿本、局本、南史卷七八師子國傳作「釵」，三朝本漫漶不清。

「釵釧」下，歷代名畫記卷五注引梁書外域傳有「俄爾而東昏侯暴卒」八字。

按：「釵」、「釵」、「釵」同。

543. 宋元嘉六年，

「六年」，宋書卷九七師子國傳、南史卷七八師子國傳、通典卷一九三、通鑑卷一二一宋紀元嘉五年、太平寰宇記卷一八三、通志卷一九六、通考卷三三八作「五年」，宋本册府卷九六八、册府卷九六八作「七年」。

---

① 參見吴妍著：梁書整理研究，第38頁。

宋本册府卷九六八、册府卷九六八:「(文帝元嘉)七年,倭國王、訶羅他國、林邑國、師子國遣使獻方物。」宋本册府「遣使」誤倒作「使遣」,册府「師」作「獅」。

544. 十二年,其王刹利摩訶遣使貢獻。

「年」,百衲本、三朝本、南監本、北監本、殿本、南史卷七八師子國傳、宋本册府卷九六八、册府卷九六八同,汲本、局本作「月」。

「刹利摩訶」,南史卷七八師子國傳、通鑑卷一二一宋紀元嘉五年同,宋書卷九七師子國傳、册府卷九八一、通典卷一九三、太平寰宇記卷一八三、通志卷一九六、通考卷三三八作「刹利摩訶南」,宋本册府卷九八一作「刹摩訶南」。

「遣使」,南史卷七八師子國傳作「遣使奉表」。

按:汲本、局本「月」字版刻譌誤。宋本册府脱「利」字。

545. 後王伽葉伽羅訶梨邪使奉表曰:

「後王」,南史卷七八師子國傳同,宋樓鑰撰攻媿集卷七五跋傅欽甫所藏職貢圖作「其王」。

「伽葉伽羅訶梨邪」,南史卷七八師子國傳、宋樓鑰撰攻媿集卷七五跋傅欽甫所藏職貢圖作「迦葉伽羅訶黎邪」,通典卷一九三作「迦葉伽羅訶梨耶」,太平寰宇記卷一八三作「伽葉伽羅訶犁耶」,通志卷一九六作「迦葉迦羅訶梨邪」,通考卷三三八作「伽葉伽羅訶黎耶」。

「使」,南史卷七八師子國傳作「使使」,宋樓鑰撰攻媿集卷七五跋傅欽甫所藏職貢圖作「遣使」。

546. 四海之表,無有不從,

「表」,宋書卷九七師子國傳載元嘉五年表文作「外」。

「無有不從」,宋書卷九七師子國傳載元嘉五年表文作「無往不伏」。

547. 莫不奉獻,以表慕義之誠。

「奉獻」,宋書卷九七師子國傳載元嘉五年表文作「遣信奉獻」。

「慕義」,宋書卷九七師子國傳載元嘉五年表文作「歸德」。

548. 唯以脩德爲本,

「本」,宋書卷九七師子國傳載元嘉五年表文作「正」。

549. 奉事正法道天下,

「正法」,宋書卷九七師子國傳載元嘉五年表文作「三寳」。

「道天下」,文淵閣四庫全書本明梅鼎祚輯釋文紀卷二九奉武帝表作「道化天下」,宋書卷九七師子國傳載元嘉五年表文作「道濟天下」。

按:宋書卷九七師子國傳載元嘉五年表文文字近似,疑梁書「道」下有脱字。

550. 慶若己身,

「己身」,宋書卷九七師子國傳載元嘉五年表文作「在己」。

551. 欲與大梁共弘三寳,

「三寳」,宋書卷九七師子國傳載元嘉五年表文作「正法」。

552. 信還,伏聽告敕。

「伏聽告敕」,宋書卷九七師子國傳載元嘉五年表文作「願垂音告」。

553. 泛海東使,

「東」,南史卷七九夷貊傳下作「來」。

554. 有高句驪、百濟,

「驪」,南史卷七九夷貊傳下作「麗」。

555. 扶桑國,在昔未聞也。普通中,有道人稱自彼而至,其言元本尤悉,故并録焉。

「普通中」,南史卷七九夷貊傳下同。

湯用彤著康復劄記關於慧深:「我們試將小序所説的和扶桑的記載比較一下,覺得前後矛盾。據小序説扶桑傳是録自普通中(520～526)來中國的道人所言。而扶桑傳的本文則是慧深在永元元年(499)來荆州時説的。此點頗不可解。」①

按:梁書本卷扶桑國傳云「扶桑國者,齊永元元年,其國有沙門慧深來至荆州」,所録皆爲慧深之説,此處誤記年代。

高句驪

556. 高句驪者,

「驪」,後漢書卷八五高句驪傳,册府卷九五九、卷九六二同;三國志魏書卷三〇高句麗傳、南史卷七九夷貊下高句麗傳、魏書卷一〇〇高句麗傳、北史卷九四高麗傳作「麗」。

557. 東明本北夷櫜離王之子。

「東明」,三國志魏書卷三〇夫餘傳裴松之注引魏略、後漢書卷八五夫餘國傳、宋本册府卷九九七、册府卷九九七同,魏書卷一〇〇高句麗傳、北史卷九四高麗傳、周書卷四九高麗傳、通典卷一八六作「朱蒙」,所載神異事多有異辭。

「櫜離」,三國志魏書卷三〇夫餘傳裴松之注引魏略作「高離」,後漢書卷八五夫餘國傳、北史卷九四百濟傳、宋本册府卷九五六、册府卷九五六作「索離」,宋本册府卷九九七、册府卷九九七作「索小離」,御覽卷七八一引後漢書作「櫜離」,隋書卷八一百濟傳作「高麗」。

後漢書卷八五夫餘國傳唐李賢等注:「索」或作「櫜」,音度洛反。

北史原校勘記[二〇]:……按「櫜」音「高」。「索」當是「櫜」之訛。「櫜離」即「高麗」也。

按:宋本册府卷九九七、册府卷九九七衍「小」字。

558. 離王出行,其侍兒於後任娠,

「離王」,北史卷九四百濟傳作「其王」。

① 湯用彤著:往日雜稿康復劄記,第282頁。

「任娠」,北史卷九四百濟傳作「妊娠」,宋本册府卷九五六作「佞身」,後漢書卷八五夫餘國傳、册府卷九五六作「矮身」,三國志魏書卷三〇夫餘傳裴松之注引魏略作「有身」。

按:「矮」同「妊」。

559.離王還,

「離王」,後漢書卷八五夫餘國傳、北史卷九四百濟傳、宋本册府卷九五六、册府卷九五六作「王」。

560.前見天上有氣如大鷄子,

「如大鷄子」,御覽卷七八一引後漢書、北史卷九四百濟傳同;後漢書卷八五夫餘國傳,宋本册府卷九五六、卷九九七,册府卷九五六、卷九九七作「大如雞子」;三國志魏書卷三〇夫餘傳裴松之注引魏略作「如雞子」。

561.來降我,因以有娠。

「娠」,北史卷九四百濟傳同;三國志魏書卷三〇夫餘傳裴松之注引魏略、後漢書卷八五夫餘國傳,宋本册府卷九五六、卷九九七,册府卷九五六、卷九九七作「身」。

北史卷九四百濟傳作「來降感故有娠」。

562.王囚之,後遂生男。

「囚」,北史卷九四百濟傳作「捨」。

「後遂」,北史卷九四百濟傳作「後」。

563.王置之豕牢,豕以口氣噓之,不死,

「置之」,北史卷九四百濟傳同,後漢書卷八五夫餘國傳、宋本册府卷九五六、册府卷九五六作「令置於」,册府「於」作「于」。

「不死」下,後漢書卷八五夫餘國傳有「復徙於馬蘭馬亦如之」九字,宋本册府卷九五六有「復於馬蘭馬亦如之」八字,册府卷九五六有「復置于馬蘭馬亦如之」九字,北史卷九四百濟傳有「後徙於馬闌亦如之」八字。

三國志魏書卷三〇夫餘傳裴松之注引魏略:「王捐之於溷中,豬以喙噓之,徙至馬閑,馬以氣噓之,不死。」

按:三國志記事与梁書畧異。

564.乃聽收養。長而善射,

「乃聽收養」,後漢書卷八五夫餘國傳、宋本册府卷九五六、册府卷九五六作「乃聽母收養名曰東明」,北史卷九四百濟傳作「命養之名曰東明」。

「長而」,宋本册府卷九九七、册府卷九九七同,後漢書卷八五夫餘國傳、宋本册府卷九五六、册府卷九五六作「東明長而」,北史卷九四百濟傳作「及長」。

三國志魏書卷三〇夫餘傳裴松之注引魏略作「乃令其母收畜之,名曰東明,常令牧馬。東明善射」。

565.復欲殺之,

「復欲」,後漢書卷八五夫餘國傳、北史卷九四百濟傳同,三國志魏書卷三〇夫餘傳裴

松之注引魏略、御覽卷七八一引後漢書、宋本册府卷九九七、册府卷九九七作「欲」。

566. 東明乃奔走，

「乃奔走」，北史卷九四百濟傳同，後漢書卷八五夫餘國傳、宋本册府卷九五六、册府卷九五六作「奔走」，三國志魏書卷三〇夫餘傳裴松之注引魏略作「走」。

567. 南至淹滯水，

「淹滯水」，北史卷九四百濟傳同，三國志魏書卷三〇夫餘傳裴松之注引魏略作「施掩水」，後漢書卷八五夫餘國傳作「掩㴲水」，宋本册府卷九五六、册府卷九五六作「掩淲水」，隋書卷八一百濟傳作「淹水」。

御覽卷七八一引後漢書注：「㴲，音斯。」

後漢書卷八五夫餘國傳唐李賢等注：「今高麗中有蓋斯水，疑此水是也。」

魏書卷一〇〇高句麗傳、北史卷九四高麗傳作「中道遇一大水」。

原校勘記[二二]：「淹滯水」，册府元龜九五六作「淹㴲水」，與後漢書高句驪傳合。

568. 魚鼈皆浮爲橋，

「皆浮爲橋」，三國志魏書卷三〇夫餘傳裴松之注引魏略作「浮爲橋」，北史卷九四百濟傳作「皆爲橋」，後漢書卷八五夫餘國傳、宋本册府卷九五六、册府卷九五六作「皆聚浮水上」。

魏書卷一〇〇高句麗傳作「於是魚鼈並浮，爲之成橋」，北史卷九四高麗傳作「於是魚鼈爲之成橋」。

569. 東明乘之得渡，

「渡」，魏書卷一〇〇高句麗傳同，三國志魏書卷三〇夫餘傳裴松之注引魏略、後漢書卷八五夫餘國傳，北史卷九四高麗傳、百濟傳，宋本册府卷九五六、册府卷九五六作「度」。

「乘之得渡」，北史卷九四百濟傳作「乘之得度」，三國志魏書卷三〇夫餘傳裴松之注引魏略、北史卷九四高麗傳作「得度」，魏書卷一〇〇高句麗傳作「得渡」。

570. 至夫餘而王焉。

「至」，北史卷九四百濟傳同，後漢書卷八五夫餘國傳、宋本册府卷九五六、册府卷九五六作「因至」，宋本册府卷九九七、册府卷九九七作「因走至」。

「王焉」，宋本册府卷九九七、册府卷九九七同，御覽卷七八一引後漢書、宋本册府卷九五六、册府卷九五六作「王之」，後漢書卷八五夫餘國傳作「王之焉」。

三國志魏書卷三〇夫餘傳裴松之注引魏略作「東明因都王夫餘之地」。

571. 其後支别爲句驪種也。

諸番職貢圖卷作「高句驪，晉東夷夫餘之别種也」。

三國志魏書卷三〇高句麗傳：「東夷舊語以爲夫餘别種」。

後漢書卷八五高句驪傳：「東夷相傳以爲夫餘别種」。

按：疑諸番職貢圖卷「晉」字誤，梁職貢圖百濟國使條云「舊東夷馬韓之屬」，疑諸番職貢圖卷「晉」字亦當作「舊」。

572. 在遼東之東，去遼東千里。漢、魏世，南與朝鮮、穢貊，東與沃沮，北與夫餘接。

「在遼東之東去遼東千里」，三國志魏書卷三〇高句麗傳、後漢書卷八五高句驪傳、御覽卷七八三引魏略、南史卷七九高句麗傳、册府卷九五七、通典卷一八六、太平寰宇記卷一七三、通志卷一九四、通考卷三二五作「在遼東之東千里」，北史卷九四高麗傳作「去遼東南一千餘里」，太平寰宇記卷一七三又作「在遼東南東千餘里」。

「穢貊」，南史卷七九高句麗傳作「獩貊」，通考卷三二五作「濊貃」，三國志魏書卷三〇高句麗傳、後漢書卷八五高句驪傳、通典卷一八六、太平寰宇記卷一七三、通志卷一九四、册府卷九五七作「濊貊」，下同。

丁謙梁書夷貊傳地理考證：「『在遼東之東』及『南接朝鮮』等語，並沿前誤。」

按：疑太平寰宇記「南東」字版刻譌誤。「貃」同「貊」。

573. 漢武帝元封四年，滅朝鮮，置玄菟郡，以高句驪爲縣以屬之。

「四年」，北史卷九四高麗傳同，史記卷一一五朝鮮傳，漢書卷六武帝紀、卷九五朝鮮傳，通鑑卷二一漢紀元封三年、太平寰宇記卷一七三、宋本册府卷九八二、册府卷九五七作「三年」，三國志魏書卷三〇東沃沮傳、册府卷九八二作「二年」。

「高句驪」，北史卷九四高麗傳作「高句麗」。

史記卷一一五朝鮮傳，漢書卷六武帝紀、卷九五朝鮮傳，通鑑卷二一漢紀元封三年云：元封三年，朝鮮降，置樂浪、臨屯、玄菟、真番四郡。

漢書卷二八下地理志下：「玄菟郡，武帝元封四年開。」

三國志魏書卷三〇東沃沮傳：「漢武帝元封二年，伐朝鮮……分其地爲四郡……」

諸番職貢圖卷：「漢世居玄菟之高驪縣，故以號焉。」

按：漢書卷二八下地理志下玄菟郡有縣三，其一爲高句驪。後漢書卷八五高句驪傳：「武帝滅朝鮮，以高句驪爲縣，使屬玄菟」。

574. 句驪地方可二千里，

「地方可二千里」，南史卷七九高句麗傳同；三國志魏書卷三〇高句麗傳作「方可二千里」；後漢書卷八五高句驪傳，通典卷一八六，通志卷一九四，册府卷九五七、卷九五九作「地方二千里」，隋書卷八一高麗傳作「其國東西二千里，南北千餘里」；太平寰宇記卷一七三作「其地後漢時二千里，至後魏南北漸狹，境纔千餘里，至隋漸大，東西六千里」。

575. 中有遼山，遼水所出。

「遼水」，南史卷七九高句麗傳同，水經注卷一四、通典卷一八六、太平寰宇記卷一七三作「小遼水」。

漢書卷二八下地理志下：「遼山，遼水所出，西南至遼隊入大遼水。」

後漢志卷二三郡國志五：「高句驪遼山，遼水出。」梁劉昭注：「山海經曰：『遼水出白平東。』郭璞曰：『出塞外衛白平山。遼山，小遼水所出。』」

丁謙梁書夷貊傳地理考證：「『有遼山，遼水所出』二句，亦誤引漢書地理志，總由不知高句麗有先後二國，遂至牽互雜糅，不能分析也。」

576. 其王都於丸都之下，

「丸都之」，三國志魏書卷三〇高句麗傳同，御覽卷七八三引魏略作「九都之」，南史卷七九高句麗傳作「九都山」。

南史原校勘記[一]：「丸都」各本作「九都」，據梁書改。按三國志魏志、梁書無「山」字。

馬宗霍南史校證卷七九：按「九都」梁書作「丸都」，太平御覽卷七八三四夷部四高句驪條引魏略亦作「丸都」，與梁書同。

按：中華書局點校本南史已改作「丸」。又御覽卷七八三四夷部四高句驪條引魏略亦作「九都」，馬説不確。

577. 多大山深谷，

「多」，三國志魏書卷三〇高句麗傳、後漢書卷八五高句驪傳同，南史卷七九高句麗傳作「地多」。

578. 百姓依之以居，

南史卷七九高句麗傳同，後漢書卷八五高句驪傳、册府卷九五九作「人隨而爲居」，魏書卷一〇〇高句麗傳作「民皆土著，隨山谷而居」，北史卷九四高麗傳作「人皆土著，隨山谷而居」，册府卷九五七作「人隨山谷以爲居」。

579. 無良田，故其俗節食。

南史卷七九高句麗傳同，三國志魏書卷三〇高句麗傳作「無良田，雖力佃作，不足以實口腹。其俗節食」，後漢書卷八五高句驪傳、册府卷九五九作「少田業，力作不足以自資，故其俗節於飲食」，通典卷一八六、太平寰宇記卷一七三作「少田業，力作不足以自資，其俗節於飲食」，魏書卷一〇〇高句麗傳、北史卷九四高麗傳作「土田薄埆，蠶農不足以自供，故其人節飲食」，通志卷一九四作「無良田，力作不足以自資，故其俗節於飲食」。

580. 好治宫室。

三國志魏書卷三〇高句麗傳同，南史卷七九高句麗傳作「好修宫室」，後漢書卷八五高句驪傳、册府卷九五九作「而好修宫室」，魏書卷一〇〇高句麗傳作「其王好治宫室」，北史卷九四高麗傳作「其王好修宫室」。

581. 於所居之左立大屋，

「左」，南史卷七九高句麗傳同，三國志魏書卷三〇高句麗傳作「左右」。①

「立大屋」，三國志魏書卷三〇高句麗傳同，南史卷七九高句麗傳作「大立屋」。

南史原校勘記[二]：「立大屋」，各本倒作「大立屋」，據三國志魏志、梁書乙。

按：中華書局點校本南史已改作「立大屋」。

582. 又祠零星、社稷。

「零星」，後漢書卷八五高句驪傳、南史卷七九高句麗傳同，三國志魏書卷三〇高句麗

① 參見姜維東著：正史高句麗傳校注，第153頁。

傳、御覽卷七八三引魏略、太平寰宇記卷一七三、舊唐書卷一九九上高麗傳、新唐書卷二二〇高麗傳、通考卷三二五、册府卷九五九作「靈星」，通志卷一九四「靈星」、「零星」並見。

馬宗霍南史校證卷七九：御覽引魏略，「零星」作「靈星」。

583. 人性凶急，喜寇抄。

「人」，南史卷七九高句麗傳同，三國志魏書卷三〇高句麗傳、後漢書卷八五高句驪傳、册府卷九五九作「其人」。

「凶急」，三國志魏書卷三〇高句麗傳、後漢書卷八五高句驪傳、南史卷七九高句麗傳、册府卷九五九同，諸番職貢圖卷作「凶急惡」。

「喜」，御覽卷七八三引魏略、三國志魏書卷三〇高句麗傳、南史卷七九高句麗傳同，後漢書卷八五高句驪傳、册府卷九五九作「好」。

「抄」，三國志魏書卷三〇高句麗傳、後漢書卷八五高句驪傳、南史卷七九高句麗傳、册府卷九五九作「鈔」。

按：疑諸番職貢圖卷衍「惡」字。

584. 其官，有相加、對盧、沛者、古鄒加、主簿、優台、使者、皁衣先人，

「其官」，三國志魏書卷三〇高句麗傳、南史卷七九高句麗傳同，御覽卷七八三引魏略、册府卷九六二作「其國置官」，後漢書卷八五高句驪傳作「其置官」。

「相加」，三國志魏書卷三〇高句麗傳、後漢書卷八五高句驪傳、南史卷七九高句麗傳同，御覽卷七八三引魏略作「相如」。

「對盧」，三國志魏書卷三〇高句麗傳、後漢書卷八五高句驪傳、南史卷七九高句麗傳同，御覽卷七八三引魏略作「軍盧」。

「古鄒加」，御覽卷七八三引魏略、南史卷七九高句麗傳同，三國志魏書卷三〇高句麗傳作「古雛加」，後漢書卷八五高句驪傳、册府卷九六二、新唐書卷二二〇高麗傳、通考卷三二五作「古鄒大加」，通典卷一八六、太平寰宇記卷一七三、通志卷一九四作「古雛大加」。

三國志魏書卷三〇高句麗傳云：「王之宗族，其大加皆稱古雛加。」

「優台」，後漢書卷八五高句驪傳、南史卷七九高句麗傳同，三國志魏書卷三〇高句麗傳作「優台丞」。

「皁」，三國志魏書卷三〇高句麗傳同，後漢書卷八五高句驪傳、南史卷七九夷貊下高句麗傳、册府卷九六二、太平寰宇記卷一七三作「帛」。

南史原校勘記[三]：「皁衣」，各本作「帛衣」，據三國志魏志、梁書改。

御覽卷七八三引魏略作「其國置官有相如、軍盧、沛者、古鄒加」。

按：御覽「如」字版刻譌誤。疑御覽「軍」字版刻譌誤。疑後漢書、南史、册府、太平寰宇記「帛」字誤。中華書局點校本南史已改作「皁」。

585. 尊卑各有等級。

「等級」，三國志魏書卷三〇高句麗傳、南史卷七九高句麗傳同，御覽卷七八三引魏略作「等」。

586. 本有五族,

「本有」,三國志魏書卷三〇高句麗傳、南史卷七九高句麗傳同,翰苑卷三〇引魏略作「大有」,後漢書卷八五高句驪傳、宋本册府卷九五六、册府卷九五六作「凡有」。

587. 有消奴部,絶奴部,順奴部,雚奴部,桂婁部。

「消奴」,翰苑卷三〇引魏略、後漢書卷八五高句驪傳、南史卷七九高句麗傳、三國史記卷一六高句麗紀四、宋本册府卷九五六、册府卷九五六同,三國志魏書卷三〇高句麗傳作「涓奴」①,下同。

宋本册府卷九五六、册府卷九五六注:「一作涓奴。」

「消奴部」下,百衲本、三朝本、汲本、南監本無「絶奴部」三字,北監本、殿本、局本、三國志魏書卷三〇高句麗傳、後漢書卷八五高句驪傳、南史卷七九高句麗傳、通典卷一八六、太平寰宇記卷一七三、通志卷一九四、通考卷三二五、宋本册府卷九五六、册府卷九五六有「絶奴部」三字。

「鎮奴部」,三朝本、汲本、南監本、北監本、殿本、局本、南史卷七九高句麗傳同,三國志魏書卷三〇高句麗傳、後漢書卷八五高句驪傳、通典卷一八六、新唐書卷二二〇高麗傳、太平寰宇記卷一七三、通志卷一九四、通考卷三二五、宋本册府卷九五六、册府卷九五六作「順奴部」。

原校勘記[二三]:「順奴部」各本並作「鎮奴部」。按:後漢書、三國志魏志高句驪傳皆作「順」,此姚思廉爲避梁武帝父蕭順之諱而改。今改回。

南史原校勘記[四]:「慎奴部」,三國志魏志、後漢書並作「順奴部」,梁書避蕭衍父順之諱作「慎奴部」,此循之未回改。

「雚奴部」,三國志魏書卷三〇高句麗傳、後漢書卷八五高句驪傳、南史卷七九高句麗傳、通典卷一八六、新唐書卷二二〇高麗傳、太平寰宇記卷一七三、通志卷一九四、通考卷三二五、宋本册府卷九五六、册府卷九五六作「灌奴部」。

「桂婁部」,三國志魏書卷三〇高句麗傳、後漢書卷八五高句驪傳、南史卷七九高句麗傳、宋本册府卷九五六同,册府卷九五六作「桂奴部」。

按:百衲本、三朝本、汲本、南監本脱「絶奴部」三字。册府「桂奴部」之「奴」字版刻譌誤。

588. 本消奴部爲王,

「消」,後漢書卷八五高句驪傳、南史卷七九高句麗傳同,三國志魏書卷三〇高句麗傳作「涓」,御覽卷七八三引魏略作「捐」。

589. 微弱,桂婁部代之。

「微弱」,南史卷七九高句麗傳同,御覽卷七八三引魏略、三國志魏書卷三〇高句麗傳、後漢書卷八五高句驪傳作「稍微弱」。

「桂婁部」,南史卷七九高句麗傳同,御覽卷七八三引魏略、三國志魏書卷三〇高句麗

① 參見姜維東著:正史高句麗傳校注,第153頁。

傳作「今桂婁部」，後漢書卷八五高句驪傳作「後桂婁部」。

590. 漢時賜衣幘、朝服、鼓吹，

「衣幘」，三國志魏書卷三〇高句麗傳、北史卷九四高麗傳同，太平寰宇記卷一七三作「冠幘」。

「鼓吹」，北史卷九四高麗傳同，三國志魏書卷三〇高句麗傳作「鼓吹技人」，後漢書卷八五高句驪傳、通志卷一九四、通考卷三二五作「鼓吹伎人」。

按：「技」、「伎」通。

591. 後稍驕，

「驕」，北史卷九四高麗傳同，三國志魏書卷三〇高句麗傳、通典卷一八六、通志卷一九四作「驕恣」。

592. 但於東界築小城以受之，

「以受」，北史卷九四高麗傳作「受」。

593. 至今猶名此城爲幘溝婁。

「至今猶名」，北史卷九四高麗傳作「遂名」。

「婁」，三國志魏書卷三〇高句麗傳、北史卷九四高麗傳、通典卷一八六、通志卷一九四作「漊」。

594.「溝婁」者，句驪名「城」也。

「婁」，三國志魏書卷三〇高句麗傳、北史卷九四高麗傳、通典卷一八六、通志卷一九四作「漊」。

「句驪」，北史卷九四高麗傳作「句麗」。

「名城」，北史卷九四高麗傳作「城名」。

595. 其俗喜歌儛，

「其俗」，南史卷七九高句麗傳作「俗」，三國志魏書卷三〇高句麗傳作「其民」。

「喜歌儛」，南史卷七九高句麗傳同，三國志魏書卷三〇高句麗傳作「喜歌舞」，唐鈔本翰苑卷三〇引魏略作「好哥舞」，魏書卷一〇〇高句麗傳作「好歌舞」。

御覽卷七八三引魏略、北史卷九四高麗傳作「好歌舞」。

596. 國中邑落男女，每夜羣聚歌戲。

「歌」，汲本、南監本、北監本、殿本、局本、三國志魏書卷三〇高句麗傳、南史卷七九高句麗傳同，百衲本、三朝本作「哥」。

三國志魏書卷三〇高句麗傳作「國中邑落，暮夜男女羣聚，相就歌戲」，後漢書卷八五高句驪傳作「暮夜輒男女羣聚爲倡樂」，魏書卷一〇〇高句麗傳、北史卷九四高麗傳作「夜則男女羣聚而戲」。

按：「哥」爲「歌」之古字。

597. 其人潔清自喜，

「潔清」，三國志魏書卷三〇高句麗傳作「絜清」，後漢書卷八五高句驪傳作「絜净」，南史卷七九高句麗傳、諸番職貢圖卷、魏書卷一〇〇高句麗傳、北史卷九四高麗傳、隋書卷八一高麗傳、通典卷一八六、太平寰宇記卷一七三、通考卷三二五、册府卷九五九作「潔净」,御覽卷七八三引魏略無此二字。

「喜」,三國志魏書卷三〇高句麗傳、御覽卷七八三引魏略、南史卷七九高句麗傳、北史卷九四高麗傳同,諸番職貢圖卷作「善」,後漢書卷八五高句驪傳作「憙」,通考卷三二五、册府卷九五九作「熹」。

册府卷九五九作「皆潔净自熹」,御覽卷七八三引魏略作「其人自喜」。

598. 跪拜申一脚,

「申」,三國志魏書卷三〇高句麗傳、御覽卷七八三引魏略、南史卷七九高句麗傳、通典卷一八六、實録卷一六同,後漢書卷八五高句驪傳、魏書卷一〇〇高句麗傳、隋書卷八一高麗傳、北史卷九四高麗傳、通志卷一九四、通考卷三二五、册府卷九五九作「曳」,太平寰宇記卷一七三作「伸」。

北史卷九四高麗傳、册府卷九五九作「拜則曳一脚」。

599. 行步皆走。

「行步」,御覽卷七八三引魏略、三國志魏書卷三〇高句麗傳、後漢書卷八五高句驪傳、魏書卷一〇〇高句麗傳同,南史卷七九高句麗傳作「行」。

「皆」,魏書卷一〇〇高句麗傳作「如」。

南史原校勘記[五]:「步」字各本並脱,據魏志、梁書補。

馬宗霍南史校證卷七九:按「行」下梁書有「步」字,似不當删,御覽引魏略亦有「步」字。

按:中華書局點校本南史已補「步」字。

600. 以十月祭天大會,

後漢書卷八五高句驪傳、南史卷七九高句麗傳同,御覽卷七八三引魏略作「又以十月會祭天」,三國志魏書卷三〇高句麗傳作「以十月祭天,國中大會」,魏書卷一〇〇高句麗傳作「常以十月祭天,國中大會」,北史卷九四高麗傳作「常以十月祭天」。

601. 名曰「東明」。

「明」,翰苑卷三〇引魏略、御覽卷七八三引魏略、三國志魏書卷三〇高句麗傳、後漢書卷八五高句驪傳、通典卷一八六、册府卷九五九、太平寰宇記卷一七三、通志卷一九四、通考卷三二五作「盟」。

「東明」,通考卷三二五作「賽盟」。

按:學者指出,「盟」爲正字。[1] 又通考「賽」字版刻譌誤。

602. 其公會衣服,皆錦繡金銀以自飾。

三國志魏書卷三〇高句麗傳、後漢書卷八五高句驪傳、南史卷七九高句麗傳、魏書卷

---

① 參見姜維東著:正史高句麗傳校注,第154頁。

一〇〇高句麗傳、北史卷九四高麗傳、册府卷九五九同，魏書、北史「自」作「爲」。

唐鈔本翰苑卷三〇引梁元帝職貢圖：「高驪婦人衣白，而男子衣纈錦，飾以金銀。」

諸番職貢圖卷：「婦人衣白，而男子衣袺錦，飾以金銀。」

實録卷一六：「東夷高麗國……重中國綵纈，丈夫衣之。」

603. 大加、主簿頭所著似幘而無後；其小加著折風，形如弁。

「大加主簿頭所著似幘而無後」，南史卷七九夷貊下高句麗傳同，後漢書卷八五高句驪傳、通典卷一八六、太平寰宇記卷一七三、通志卷一九四、通考卷三二五、册府卷九五九作「大加、主簿皆著幘，如冠幘而無後」，三國志魏書卷三〇高句麗傳作「大加、主簿頭著幘，如幘而無餘」，御覽卷七八三引魏略作「加着幘如幘無後」。

「其小加著折風形如弁」，三國志魏書卷三〇高句麗傳、後漢書卷八五高句驪傳、南史卷七九高句麗傳同。

南齊書卷五八高麗傳：「高麗俗服窮袴，冠折風一梁，謂之幘……此即古弁之遺像也……」

唐鈔本翰苑卷三〇引梁元帝職貢圖：「貴者冠幘而後，以金銀爲鹿耳，加之幘上；賤者冠折風。」

諸番職貢圖卷：「貴者冠幘而無復，以金銀爲鹿耳羽，加之幘上；賤者冠折風，其形如古之弁。」

魏書卷一〇〇高句麗傳：「頭著折風，其形如弁，旁插鳥羽，貴賤有差。」

周書卷四九高麗傳：「其冠曰骨蘇，多以紫羅爲之，雜以金銀爲飾。其有官品者，又插二鳥羽於其上，以顯異之。」

隋書卷八一高麗傳：「人皆皮冠，使人加插鳥羽。貴者冠用紫羅，飾以金銀。」

北史卷九四高麗傳：「人皆頭著折風，形如弁，士人加插二鳥羽。貴者，其冠曰蘇骨，多用紫羅爲之，飾以金銀。」

舊唐書卷一九九上高麗傳：「官之貴者，則青羅爲冠，次以緋羅，插二鳥羽，及金銀爲飾。」

按：史書云高麗貴者之冠以金銀爲飾，並插有鳥羽，疑諸番職貢圖卷「鹿耳羽」、翰苑「鹿耳」有譌誤。又三國志「餘」字疑誤。唐鈔本翰苑「後」，諸番職貢圖卷「無復」，皆有脱譌，遼海叢書本翰苑作「無後」，當據正。

604. 其國無牢獄，

南史卷七九高句麗傳同，御覽卷七八三引魏略、三國志魏書卷三〇高句麗傳、後漢書卷八五高句驪傳、册府卷九五九作「無牢獄」。

605. 有罪者，則會諸加評議殺之，

「則」，南史卷七九高句麗傳同，御覽卷七八三引魏略作「即」。

「會諸加」，南史卷七九高句麗傳同，御覽卷七八三引魏略作「會加」。

「評議」，御覽卷七八三引魏略、南史卷七九高句麗傳、三國志魏書卷三〇高句麗傳、後漢書卷八五高句驪傳、册府卷九五九同，通考卷三二五作「主議」。

「評議」下，南史卷七九高句麗傳有「重者便」三字。

御覽卷七八三引魏略作「有罪者即會加評議便殺之」，三國志魏書卷三〇高句麗傳、後漢書卷八五高句驪傳、册府卷九五九作「有罪諸加評議便殺之」。

按：南史有「重者便」三字，於義較勝。

606. 没入妻子。

「妻子」，三國志魏書卷三〇高句麗傳、後漢書卷八五高句驪傳同，南史卷七九高句麗傳作「其妻子」。

「妻子」下，翰苑卷三〇引魏略、御覽卷七八三引魏略、三國志魏書卷三〇高句麗傳、後漢書卷八五高句驪傳、通典卷一八六、太平寰宇記卷一七三、通志卷一九四、通考卷三二五、册府卷九五九有「爲奴婢」三字。①

607. 其俗好淫，

「好淫」，南史卷七九高句麗傳同，御覽卷七八三引魏略、三國志魏書卷三〇高句麗傳、後漢書卷八五高句驪傳、魏書卷一〇〇高句麗傳、册府卷九五九作「淫」。

北史卷九四高麗傳作「風俗尚淫」。

608. 男女多相奔誘。

南史卷七九高句麗傳同，御覽卷七八三引魏略作「多相奔誘」。

609. 便稍作送終之衣。

「作」，三國志魏書卷三〇高句麗傳、南史卷七九高句麗傳同，後漢書卷八五高句驪傳、册府卷九五九作「營」。

「衣」，三國志魏書卷三〇高句麗傳、南史卷七九高句麗傳同，後漢書卷八五高句驪傳、通考卷三二五、册府卷九五九作「具」。

610. 其死葬，有椁無棺。

「其死葬」，御覽卷七八三引魏略同，後漢書卷八五夫餘國傳作「死則」，南史卷七九高句麗傳作「其死」。

南史原校勘記[六]：「死」下各本並脱「葬」字，據梁書補。

按：中華書局點校本南史已補「葬」字。

611. 金銀財幣盡於送死。

「送死」，三國志魏書卷三〇高句麗傳、南史卷七九高句麗傳同，後漢書卷八五高句驪傳、册府卷九五九作「厚葬」。

612. 積石爲封，列植松栢。

「列」，三國志魏書卷三〇高句麗傳、南史卷七九高句麗傳、册府卷九五九同，後漢書卷八五高句驪傳作「亦」。

---

① 參見姜維東著：正史高句麗傳校注，第154頁。

「植」，南史卷七九高句麗傳同，御覽卷七八三引魏略、三國志魏書卷三〇高句麗傳、後漢書卷八五高句驪傳、册府卷九五九作「種」。

「栢」，百衲本、汲本、南監本、北監本、殿本、局本、御覽卷七八三引魏略、册府卷九五九同，三朝本漫漶不清，三國志魏書卷三〇高句麗傳、後漢書卷八五高句驪傳、南史卷七九高句麗傳作「柏」。

按：「栢」同「柏」，「栢」爲「柏」之俗字。

613. 兄死妻嫂。

「嫂」，汲本、南監本、北監本、殿本、局本、南史卷七九高句麗傳同，百衲本、三朝本、御覽卷七八三引魏略作「婹」。

御覽卷七八三引魏略作「兄死亦報婹」。

按：「婹」、「嫂」同。

614. 其馬皆小，便登山。

「皆小」，三國志魏書卷三〇高句麗傳、南史卷七九高句麗傳同，御覽卷七八三引魏略作「小」。

魏書卷一〇〇高句麗傳、北史卷九四高麗傳：「出三尺馬，云本朱蒙所乘，馬種即果下也。」

615. 國人尚氣力，

南史卷七九高句麗傳同，御覽卷七八三引魏略作「俗有氣力」，三國志魏書卷三〇高句麗傳作「國人有氣力」，後漢書卷八五高句驪傳、册府卷九五九作「有氣力」。

616. 有鎧甲，習戰鬬，

南史卷七九高句麗傳同，御覽卷七八三引魏略作「有鎧習戰」，三國志魏書卷三〇高句麗傳、後漢書卷八五高句驪傳作「習戰鬬」。

617. 沃沮、東穢皆屬焉。

「東穢」，御覽卷七八三引魏略同，三國志魏書卷三〇高句麗傳、濊傳，後漢書卷八五高句驪傳、南史卷七九高句麗傳、通典卷一八六、太平寰宇記卷一七三、通志卷一九四、通考卷三二五、册府卷九五九作「東濊」。

「焉」，三國志魏書卷三〇高句麗傳、後漢書卷八五高句驪傳同，御覽卷七八三引魏略作「之」。

馬宗霍南史校證卷七九：按「獩」梁書作「穢」，御覽引魏略亦作「獩」，與南史同。

按：南史卷七九高句麗傳作「濊」，御覽卷七八三引魏略作「穢」，馬説不確。

618. 發高驪兵以伐胡，

「高驪兵」，漢書卷九九中王莽傳中作「高句驪兵」，三國志魏書卷三〇高句麗傳、北史卷九四高麗傳作「高句麗兵」，後漢書卷八五高句驪傳作「句驪兵」，御覽卷七八三引魏略作「句驪」。

「胡」，漢書卷九九中王莽傳中、御覽卷七八三引魏略、三國志魏書卷三〇高句麗傳、北史卷九四高麗傳同，後漢書卷八五高句驪傳、通典卷一八六、通鑑卷三七漢紀始建國四年、太平寰宇記卷一七三、通志卷一九四、通考卷三二五作「匈奴」。

619. 不欲行，强迫遣之，

「不」，北史卷九四高麗傳作「而不」。

「强」，百衲本、三朝本、汲本、南監本、北監本、殿本、局本、三國志魏書卷三〇高句麗傳、後漢書卷八五高句驪傳、通志卷一九四作「彊」，北史卷九四高麗傳作「莽强」。

620. 皆亡出塞爲寇盜。

「亡出塞」，北史卷九四高麗傳作「出塞」。

「寇盜」，三國志魏書卷三〇高句麗傳、後漢書卷八五高句驪傳、北史卷九四高麗傳同，御覽卷七八三引魏略作「寇害」。

621. 州郡歸咎於句驪侯騶，嚴尤誘而斬之，

「州郡」，漢書卷九九中王莽傳中、北史卷九四高麗傳同，三國志魏書卷三〇高句麗傳、通志卷一九四作「州郡縣」。

「句驪」，北史卷九四高麗傳作「句麗」。

「騶」，漢書卷九九中王莽傳中、後漢書卷八五高句驪傳、北史卷九四高麗傳同，三國志魏書卷三〇高句麗傳作「駒」。

按：三國史記卷一三高句麗紀一稱琉璃明王，「諱類利，或云孺留」，謂「尤誘我將延丕斬之，傳首京師」，記載有異。

622. 更名高句驪爲下句驪，當此時爲侯矣。

「爲侯」，三國志魏書卷三〇高句麗傳作「爲侯國」。

北史卷九四高麗傳作「更名高句麗高句麗侯」。

北史原校勘記[八]：……北史訛脱不可解。

623. 光武八年，高句驪王遣使朝貢，始稱王。

「光武八年」，三國志魏書卷三〇高句麗傳作「漢光武帝八年」，後漢書卷八五高句驪傳、通志卷一九四作「建武八年」，北史卷九四高麗傳、通典卷一八六、太平寰宇記卷一七三、通考卷三二五作「光武建武八年」，諸番職貢圖卷作「光武初」，册府卷九六六作「後漢建武八年」。

「高句驪王」，諸番職貢圖卷同，三國志魏書卷三〇高句麗傳、後漢書卷一下光武帝紀第一下、册府卷九六八作「高句麗王」，後漢書卷八五高句驪傳作「高句驪」，宋本册府卷九六八作「高句麗五」，册府卷九六三作「高句驪侯」。

「朝貢」，三國志魏書卷三〇高句麗傳、後漢書卷八五高句驪傳同，宋本册府卷九六八、册府卷九六八作「奉貢」。

「始」，三國志魏書卷三〇高句麗傳作「始見」，諸番職貢圖卷作「則始」。

按：疑三國志「光武帝」、梁書「光武」下脱「建武」二字。又宋本册府「五」字版刻譌誤。

624. 數寇遼東，玄菟太守蔡風討之不能禁。

北史卷九四高麗傳同。

後漢書卷五安帝紀:元初五年夏六月,「高句驪與穢貊寇玄菟」;建光元年春正月,「幽州刺史馮焕率二郡太守討高句驪、穢貊,不克。」

按:據三國志魏書卷三〇高句麗傳,後漢書卷五安帝紀、卷八五高句驪傳,通鑑卷五〇漢紀建光元年、通志卷一九四,漢遼東太守蔡風、玄菟太守姚光伐句麗,梁書此處記事未明,後漢書、通鑑、通志「蔡風」作「蔡諷」。

625. 宫死,子伯固立。

三國志魏書卷三〇高句麗傳、北史卷九四高麗傳同。

按:後漢書卷八五高句驪傳、通志卷一九四、通考卷三二五:「宫死,子遂成立……遂成死,子伯固立。」册府卷九六六同。宋本册府卷九八九、册府卷九八九:「建光元年,高句驪王宫死,子遂成立……遂成死,子泊固立。」通典卷一八六謂「宫子遂成」云云,通鑑卷五〇漢紀建光元年亦云「高句麗王宫遣子遂成……是歲,宫死,子遂成立」,三國志、梁書失載句驪王遂成事。又據三國史記卷一五、卷一六高句麗紀,大祖大王宫退老,禪位同母弟遂成,稱次大王;遂成無道被弑,大祖大王季弟伯固立,稱新大王。疑後漢書、梁書、通典、通鑑、通志、通考並誤。

626. 順、和之間,

「和」,北史卷九四高麗傳同,三國志魏書卷三〇高句麗傳、後漢書卷八五高句驪傳作「桓」。

後漢書卷五一橋玄傳:「桓帝末,鮮卑、南匈奴及高句驪嗣子伯固並畔,爲寇鈔。」

按:東漢諸帝,和帝在先,殤、安、順、沖、質、桓諸帝在後,不當云「順、和之間」,且上文已言「殤、安之間」,故此處「和」字當改作「桓」。①

627. 靈帝建寧二年,玄菟太守耿臨討之,

「建寧二年」,三國志魏書卷三〇高句麗傳、後漢書卷八五高句驪傳、北史卷九四高麗傳、宋本册府卷九八三、册府卷九八三同。

按:三國史記卷一六高句麗紀四載耿臨討句驪事在新大王三年,即建寧元年,与三國志、後漢書、梁書不同。

628. 斬首虜數百級,

「首虜」,三國志魏書卷三〇高句麗傳、北史卷九四高麗傳同,後漢書卷八五高句驪傳、宋本册府卷九八三、册府卷九八三作「首」。

629. 伯固乃降屬遼東。

北史卷九四高麗傳同,三國志魏書卷三〇高句麗傳作「伯固降,屬遼東。熹平中,伯固乞屬玄菟」,後漢書卷八五高句驪傳、通志卷一九四、通考卷三二五作「伯固降服,乞屬

---

① 參見姜維東著:正史高句麗傳校注,第157頁;熊清元:中華書局本梁書補校35例,黄岡師範學院學報,2005年第5期,第21頁。

玄菟云」,宋本册府卷九八三、册府卷九八三作「其王伯固降服,乞屬玄菟」。

630. 又受亡胡五百餘户。

「户」,北史卷九四高麗傳同,三國志魏書卷三〇高句麗傳作「家」。

631. 降胡亦叛伊夷摸,伊夷摸更作新國。

「摸」,北史卷九四高麗傳同,三國志魏書卷三〇高句麗傳、通典卷一八六、太平寰宇記卷一七三、通志卷一九四作「模」,三國史記卷一六高句麗紀四作「謨」。

「伊夷摸伊夷摸」,三國志魏書卷三〇高句麗傳同,「摸」作「模」;北史卷九四高麗傳作「伊夷摸」。

632. 位宫有勇力,便鞍馬,善射獵。

「有」,北史卷九四高麗傳作「亦有」。

「勇力」,魏書卷一〇〇高句麗傳、北史卷九四高麗傳同,三國志魏書卷三〇高句麗傳、宋本册府卷九九七、册府卷九九七作「力勇」。

「鞍馬」,北史卷九四高麗傳同,魏書卷一〇〇高句麗傳作「弓馬」。

「射獵」,北史卷九四高麗傳同,三國志魏書卷三〇高句麗傳、宋本册府卷九九七、册府卷九九七作「獵射」。

633. 魏景初二年,遣太傅司馬宣王率衆討公孫淵,位宫遣主簿、大加將兵千人助軍。

「景初二年」,三國志魏書卷三〇高句麗傳、北史卷九四高麗傳、宋本册府卷九七三同,册府卷九七三作「景初三年」。

「太傅」,北史卷九四高麗傳同,三國志魏書卷三明帝紀、卷二八毌丘儉傳、卷三〇高句麗傳,宋本册府卷九七三、册府卷九七三、通志卷一九四作「太尉」。

「公孫淵」,三國志魏書卷三〇高句麗傳同,北史卷九四高麗傳作「公孫文懿」。

「將兵千人」,三國志魏書卷三〇高句麗傳、北史卷九四高麗傳、宋本册府卷九七三、册府卷九七三、通志卷一九四作「將數千人」。

北史原校勘記[七]:三國志、梁書作「公孫淵」,北史避唐諱稱字。

三國史記卷一七高句麗紀五:「梁書以司馬懿討公孫淵,王遣將襲西安平,毌丘儉來侵……爲王位宫時事,誤也。」

按:據三國史記卷一六、卷一七高句麗紀,山上王位宫三十一年(227)薨,時魏太和元年;魏景初二年(238)討公孫淵,時東川王憂位居十二年,位宫已歿;梁書下文正始三年位宫寇西安平,五年毌丘儉討位宫云云,皆爲憂位居時事,按三國志、後漢書、梁書皆誤;又毌丘儉討句驪,三國史記卷一七高句麗紀五繫於東川王二十年(246),即魏正始七年,記載有異。又三國志魏書卷三明帝紀載青龍三年「以大將軍司馬宣王爲太尉」,景初二年征公孫淵,景初三年「以太尉爲太傅」,是梁書爲誤。

634. 位宫寇西安平,

「西安平」,三國志魏書卷三〇高句麗傳、隋書卷八一高麗傳、通典卷一八六、太平寰宇記卷一七三、通志卷一九四、通考卷三二五同,百衲本、三朝本、汲本、南監本、北監本、殿本、局本作「西安嘉平」，魏書卷一〇〇高句麗傳、北史卷九四高麗傳作「遼西安平」。

原校勘記[二四]：「安」下各本衍一「嘉」字，據三國魏志高句驪傳删。

魏書原校勘記[一]：三國魏志卷三〇東夷傳、隋書卷八一高麗傳「遼西安平」作「西安平」。按後漢書郡國志二安平國屬冀州，志五，西安平屬幽州遼東郡。遼西郡没有安平或西安平縣。這裏「遼」字衍，或「遼」下脱「東」字。

北史原校勘記[八]：三國志及通典卷一八六、通志卷一九四高句麗傳都無「遼」字。按後漢書郡國志、晉書地理志，遼東郡有西安平，遼西郡無「安平」。「遼」字誤衍。

按：百衲本、三朝本、汲本、南監本、北監本、殿本、局本「嘉」字衍。

635. 五年，幽州刺史毌丘儉將萬人出玄菟討位宫，

「五年」，北史卷九四高麗傳同，三國志魏書卷三〇高句麗傳作「其五年」。

毌丘儉前後討位宫事，通鑑卷七五魏紀正始七年，宋本册府卷九七三、卷九八三，册府卷九七三、卷九八三，並繫於正始七年，山海經卷六郭璞注作「魏黄初中」。

「毌」，三朝本、三國志魏書卷三〇高句麗傳、北史卷九四高麗傳、宋本册府卷九八三、太平廣記卷四八〇引博物志同，南監本、殿本、御覽卷七八一引魏志作「母」，汲本，北監本，局本，宋本册府卷九七三，册府卷九七三、卷九八三，魏書卷一〇〇高句麗傳作「毋」。

按：山海經郭璞注「黄初」誤。南監本、殿本、御覽「母」，汲本、北監本、局本、宋本册府、册府「毋」字版刻譌誤。

636. 儉軍追至峴，

「儉軍」，北史卷九四高麗傳作「儉」。

「峴」，北史卷九四高麗傳、太平寰宇記卷一七三作「赬峴」，通典卷一八六、通志卷一九四、通考卷三二五作「頳峴」。①

殿本北史考證卷九四：「梁書脱『赬』字。」

637. 斬首虜萬餘級，

三國志魏書卷二八毌丘儉傳、通鑑卷七五魏紀正始七年作「斬獲首虜以千數」，三國史記卷一七高句麗紀五作「死者一萬八千餘人」。

638. 位宫輕將諸加奔沃沮，儉使將軍王頎追之，

「位宫」，北史卷九四高麗傳同，太平廣記卷四八〇引博物志作「官」，山海經卷六郭璞注作「宫」。

「輕」，北史卷九四高麗傳同，太平寰宇記卷一七三作「輕騎」。

「沃沮」，北史卷九四高麗傳、山海經卷六郭璞注同，御覽卷七八一引北史作「泼沮」。

「將軍」，北史卷九四高麗傳同，三國志魏書卷二八毌丘儉傳、山海經卷六郭璞注、宋本册府卷九七三、册府卷九七三、通鑑卷七五魏紀正始七年、通志卷一九四作「玄菟太守」。

---

① 参見姜維東著：正史高句麗傳校注，第159頁。

「王頎」，三國志魏書卷二八毌丘儉傳、北史卷九四高麗傳同，太平廣記卷四八〇引博物志作「王傾」，山海經卷六郭璞注作「王須」。

按：太平廣記「官」字版刻譌誤，疑山海經郭璞注脱「位」字。御覽「汳」字版刻譌誤。太平廣記「傾」、山海經郭璞注「須」字版刻譌誤。

639. 到肅慎南界，

「南界」，北史卷九四高麗傳作「南」。

640. 又到丸都山，

「到」，百衲本、汲本、南監本、北監本、殿本、局本、三國史記卷一七高句麗紀五同，三朝本闕，三國志魏書卷二八毌丘儉傳、北史卷九四高麗傳、通典卷一八六、太平寰宇記卷一七三、通志卷一九四、通考卷三二五作「刊」。

按：百衲本、汲本、南監本、北監本、殿本、局本、三國史記「到」字版刻譌誤，涉上而誤。

641. 其後，復通中夏。

「中夏」，北史卷九四高麗傳同，通志卷一九四作「中國」。

642. 晉永嘉亂，

「亂」，北史卷九四高麗傳作「之亂」。

643. 元帝授平州刺史。

「元帝」，北史卷九四高麗傳作「元年」。

「平州」，晉書卷一〇八慕容廆載記同，北史卷九四高麗傳、通志卷一九四作「北平州」。

北史原校勘記[九]：諸本「帝」作「年」，「平州」上有「北」字。梁書諸夷傳作「帝」，無「北」字。按晉書卷一〇八慕容廆載記，廆逐平州刺史崔毖，晉元帝因以平州刺史授之。此「年」字訛，「北」字衍，今據改删。

按：中華書局點校本北史已改作「元帝」、「平州」，通志「北」字衍。

644. 句驪王乙弗利頻寇遼東，

「乙弗利」，魏書卷一〇〇高句麗傳、北史卷九四高麗傳、册府卷九六六同，三國史記卷一七高句麗紀五作「乙弗」。

645. 弗利死，子釗代立，

「弗利」，北史卷九四高麗傳同，册府卷九六六、通志卷一九四作「乙弗利」。

「釗」，晉書卷一〇九慕容皝載記，魏書卷一〇〇高句麗傳、百濟傳，北史卷九四高麗傳、百濟傳，通典卷一八六，册府卷九六六，太平寰宇記卷一七三，三國史記卷一八高句麗本紀六，通鑑卷九六晉紀咸康五年、卷九七晉紀咸康八年，通志卷一九四，通考卷三二五，遼史卷三八地理志二同，百衲本、三朝本、汲本、南監本、北監本、殿本、局本作「劉」，隋書卷八一高麗傳作「昭列帝」。

原校勘記[二五]：「釗」各本譌「劉」，據晉書慕容皝載記改正。下同。

按：百衲本、三朝本、汲本、南監本、北監本、殿本、局本「劉」字誤。

646. 康帝建元元年，慕容廆子晃率兵伐之，

「康帝建元元年」，魏書卷一〇〇高句麗傳作「建国四年」，北史卷九四高麗傳作「魏建国四年」。

「晃」，北史卷九四高麗傳同，晉書卷一〇九慕容皝載記、通典卷一八六、通鑑卷九六晉紀咸康五年、太平寰宇記卷一七三、通志卷一九四、通考卷三二五作「皝」，魏書卷一〇〇高句麗傳作「元真」。

「率兵伐之」，魏書卷一〇〇高句麗傳作「率衆伐之」，北史卷九四高麗傳作「伐之」。

魏書卷九五徒何慕容廆傳：「元真……名犯恭宗廟諱。」

翰苑卷三〇引十六國春秋前燕録：「燕主慕容晃九年，晃伐句驪……」

原校勘記[二六]：晃當即是皝，音近而譌。慕容皝出兵事，晉書慕容皝載記云在咸康七年，通鑑繫於咸康八年。

按：「晃」、「皝」音同。慕容晃（皝）九年，即成帝咸康七年（342）。慕容皝出兵事，晉書卷一〇九慕容皝載記云在成帝咸康七年（342），即三國史記卷一八高句麗本紀六載故國元王十二年（342），通鑑卷九七晉紀繫於咸康八年（343），與梁書所謂康帝建元元年（343）同年，魏書卷一〇〇高句麗傳、北史卷九四高麗傳謂魏建国四年（341），當以晉書、三國史記爲是。

647. 釗與戰，大敗，單馬奔走。

「釗」，魏書卷一〇〇高句麗傳、北史卷九四高麗傳同，百衲本、三朝本、汲本、南監本、北監本、殿本、局本作「劉」。

「奔走」，魏書卷一〇〇高句麗傳、北史卷九四高麗傳作「奔竄」。

按：百衲本、三朝本、汲本、南監本、北監本、殿本、局本「劉」字誤。

648. 焚其宫室，掠男子五萬餘口以歸。

「宫室」，魏書卷一〇〇高句麗傳同，北史卷九四高麗傳、通志卷一九四作「室」。

「男子」，晉書卷一〇九慕容皝載記、魏書卷一〇〇高句麗傳、北史卷九四高麗傳、通典卷一八六、翰苑卷三〇引十六國春秋前燕録、太平寰宇記卷一七三、三國史記卷一八高句麗本紀六、通鑑卷九七晉紀咸康八年、通志卷一九四、通考卷三二五作「男女」。

649. 後燕慕容垂遣弟農伐句驪，

「弟農」，北史卷九四高麗傳、通志卷一九四作「其弟農」，晉書卷一一四苻堅載記下、卷一二三慕容垂載記，通鑑卷一〇六晉紀太元十一年作「子農」。

「句驪」，北史卷九四高麗傳、通志卷一九四作「句麗」。

北史原校勘記[一〇]：按晉書卷一二三慕容垂載記，農是垂之中子。此作「弟」，是承梁書之誤。

650. 垂死，子寶立，以句驪王安爲平州牧，封遼東、帶方二國王。

「句驪」，北史卷九四高麗傳、通志卷一九四作「句麗」。

「國王」，汲本、南監本、北監本、殿本、局本、北史卷九四高麗傳、通志卷一九四、通考卷三二五同，百衲本、三朝本作「國正」。

張元濟梁書校勘記:「殿(本)是。」

按:百衲本、三朝本「正」版刻譌误。又據三國史記卷一八高句麗本紀六,後燕惠愍帝慕容寶永康年間(396~398),句驪王爲廣開土王談德,與梁書異。

651. 至孫高璉,晉安帝義熙中,

「高璉」,南史卷七九高句麗傳、宋本册府卷一〇〇〇,册府卷九六三、卷一〇〇〇同。

册府卷九六三注:「一作高連。」

按:據三國史記卷一八高句麗本紀六,長壽王巨連(璉)爲廣開土王元子,梁書云「孫高璉」,疑誤。

652. 年百餘歲死。

「年百」,南史卷七九高句麗傳作「百」。

南齊書卷五八高麗傳云「高璉年百餘歲卒」,實録卷一六云「璉年百餘歲乃卒」,魏書卷一〇〇高句麗傳、北史卷九四高麗傳、通志卷一九四亦云「璉死,年百餘歲」,通鑑卷一三七齊紀永明九年云「高麗王璉卒,壽百餘歲」,通考卷三二五作「璉死百餘歲」。

册府卷九六六:「太和十五年,璉死,年百餘歲。」

按:三國史記卷一八高句麗本紀六云長壽王璉卒年九十八歲。

653. 子雲,齊隆昌中,以爲使持節、散騎常侍、都督營平二州、征東大將軍、樂浪公。

「子雲」,南史卷七九高句麗傳同(「雲」下並有一「立」字),魏書卷一〇〇高句麗傳、北史卷九四高麗傳、册府卷九六六、通鑑卷一三七齊紀永明九年、通志卷一九四作「孫雲」。

「營平二州」,南史卷七九高句麗傳、通志卷一九四同,南齊書卷五八高麗傳、册府卷九六三作「營平二州諸軍事」。

「樂浪公」,南史卷七九高句麗傳同,南齊書卷五八高麗傳作「高麗王樂浪公」,通志卷一九四作「樂浪公高麗王」。

南史原校勘記[八]:「高麗王」三字各本並脱,據南齊書補。按下云「持節、常侍、都督、王並如故」,明此脱「高麗王」三字。

按:三國史記卷一九高句麗本紀七云文咨明王羅雲,爲長壽王璉之孫,與魏書、北史、册府、通鑑同,梁書、南史誤。又實録卷一六載高雲爵位亦有「高麗王」三字,疑梁書脱此三字,下文云「持節、常侍、都督、王並如故」,可證。中華書局點校本南史已補「高麗王」三字。

654. 高祖即位,進雲車騎大將軍。

梁書卷二武帝紀中:天監元年夏四月「戊辰,車騎將軍高句驪王高雲進號車騎大將軍。」

655. 天監七年,詔曰:

「七年」,南史卷七九高句麗傳同,册府卷九六三作「七年二月」。

按:梁書卷二武帝紀中作天監七年二月乙亥。

656. 高驪王樂浪郡公雲,

「高驪王」,册府卷九六三作「高麗」。

「雲」,册府卷九六三作「高雲」。

657. 十七年,雲死,子安立。

「十七年」,南史卷七九高句麗傳同,通鑑卷一四九梁紀繫於天監十八年,魏書卷九肅宗紀、册府卷九六三作神龜二年。

「子」,南史卷七九高句麗傳同;魏書卷九肅宗紀、卷一〇〇高句麗傳,北史卷九四高麗傳,册府卷九六六、卷九六三,通鑑卷一四九梁紀天監十八年作「世子」。

通鑑卷一四九梁紀天監十八年:「是歲,高句麗王雲卒,世子安立。」

按:三國史記卷一九高句麗本紀七云文咨明王羅雲二十八年(519)薨,子興安即位,時天監十八年,即神龜二年,與通鑑卷一四九梁紀同,疑梁書、南史誤。

658. 普通元年,詔安纂襲封爵,

梁書卷三武帝紀下:普通元年春正月,「高麗國……遣使獻方物」;二月癸丑,「以高麗王世子安爲寧東將軍、高麗王。」

實録卷一七:普通元年春正月,「……高麗遣使貢獻。」

通鑑卷一四九梁紀天監十八年:普通元年春正月,「高句麗世子安遣使入貢。」

按:是年正月高麗遣使獻方物事,傳文失載。

659. 持節、督營平二州諸軍事、寧東將軍。

「持節」,南史卷七九高句麗傳同,册府卷九六三無此二字。

「督」,南史卷七九高句麗傳同,册府卷九六三、三國史記卷一九高句麗本紀、通志卷一九四七作「都督」。

「二州」,南史卷七九高句麗傳同,册府卷九六三作「一州」。

按:册府「一」字版刻譌誤。

660. 七年,安卒,子延立,遣使貢獻,詔以延襲爵。

「子延」,南史卷七九高句麗傳、魏書卷一〇〇高句麗傳、北史卷九四高麗傳、册府卷九六六同,册府卷九六三作「庶子延」。

「遣使」,梁書卷三武帝紀下、南史卷七九高句麗傳同,册府卷九六三作「使遣」。

梁書卷三武帝紀下:「(普通七年)三月乙卯,高麗國遣使獻方物。」

三國史記卷一九高句麗本紀七:「梁書云安臧王在位第八年、普通七年卒,誤也。」

按:疑册府「庶」字版刻譌誤,又册府「使遣」誤倒。三國史記卷一九高句麗本紀七云安臧王興安十三年(531)薨,弟寶延即位,時中大通三年,梁書誤記。梁書卷三武帝紀下云:「(太清二年)三月甲辰,撫東將軍高麗王高延卒」;普通元年二月癸丑,「以高麗王世子安爲寧東將軍、高麗王」。是則延父安爲寧東將軍,延改號撫東將軍,傳文失載。

661. 中大通四年,六年,大同元年,七年,累奉表獻方物。

梁書卷三武帝紀下:大通元年十一月,「高麗國遣使獻方物。」

實録卷一七:大通元年,「……高麗……遣使貢獻。」

按：高麗大通元年貢獻事，傳文失載。

662. 太清二年，延卒，詔以其子襲延爵位。

「詔以」，南史卷七九高句麗傳作「詔」。

「其子」，南史卷七梁本紀中、南史卷七九高句麗傳作「其子成」。

三國史記卷一九高句麗本紀七：「梁書云安原以大清二年卒……誤也。」

魏書卷一〇〇高句麗傳、北史卷九四高麗傳、册府卷九六六：「延死，子成立。」

周書卷四九高麗傳亦云「璉五世孫成」。

按：三國史記卷一九高句麗本紀七云安原王寶延十五年(545)薨，子平成即位，時大同十一年，疑梁書誤記。又疑梁書脱「成」字。

百　濟

663. 百濟者，

「百济」，南史卷七九百濟傳同，三國志魏書卷三〇韓傳、後漢書卷八五三韓傳作「伯濟」。

「百濟者」，南史卷七九百濟傳同，三國志魏書卷三〇韓傳作「伯濟國」，宋樓鑰撰攻媿集卷七五跋傳欽甫所藏職貢圖作「百濟國」，梁職貢圖作「百濟」。

664. 其先東夷有三韓國，

南史卷七九百濟傳同，宋樓鑰撰攻媿集卷七五跋傳欽甫所藏職貢圖作「東夷三韓」。

665. 三曰弁韓。

「弁韓」，三國志魏書卷三〇韓傳、南史卷七九百濟傳同，佛祖統紀卷三二作「辨韓」，高麗覺訓撰海東高僧傳卷一作「卞韓」，後漢書卷八五三韓傳、册府卷九五九作「弁辰」。

666. 弁韓、辰韓各十二國，馬韓有五十四國。大國萬餘家，小國數千家，總十餘萬户，百濟即其一也。

「馬韓有五十四國」，南史卷七九百濟傳、宋樓鑰撰攻媿集卷七五跋傳欽甫所藏職貢圖同，三國志魏書卷三〇韓傳作「馬韓……凡五十餘國」，晉書卷九七馬韓傳云「凡有小國五十六所」。

後漢書卷八五三韓傳：「馬韓在西，有五十四國。」

「大國萬餘家」，三國志魏書卷三〇韓傳、南史卷七九百濟傳同，後漢書卷八五三韓傳、册府卷九五七作「大者萬餘户」。

「小國」，三國志魏書卷三〇韓傳、南史卷七九百濟傳同，後漢書卷八五三韓傳、册府卷九五七作「小者」。

「即其一也」，南史卷七九百濟傳同，宋樓鑰撰攻媿集卷七五跋傳欽甫所藏職貢圖作「其一也」，册府卷九五七作「是其一國焉」。

梁職貢圖：「百濟，舊來夷馬韓之屬。」

諸番職貢圖卷:「百濟國,舊東夷馬韓之屬也。」

北史卷九四百濟傳:「百濟之國,蓋馬韓之屬也。」

御覽卷七八一引北史:「百濟之國者,其先蓋馬韓之屬也。」

後漢書卷八五三韓傳:「韓有三種,一曰馬韓,二曰辰韓,三曰弁辰。馬韓在西,有五十四國……辰韓在東,十有二國……弁辰在辰韓之南,亦十有二國……凡七十二國……大者萬餘户,小者數千家。」

御覽卷七八〇引後漢書「弁辰在辰韓之南」句,「弁辰」誤作「并韓」;「七十二」誤作「七十八」。

按:梁職貢圖「來」字當爲「東」之譌。又三國志魏書卷三〇韓傳:「馬韓……凡五十餘國。大國萬餘家,小國數千家,總十餘萬户。……弁、辰韓合二十四國,大國四五千家,小國六七百家,總四五萬户。」梁書史源出此,是知「大國萬餘家,小國數千家,總十餘萬户」係馬韓事,故原點校本標點應作脩訂。

667. 後漸强大,

「强」,南史卷七九百濟傳同,百衲本、三朝本、汲本、南監本、北監本、殿本、局本作「彊」。

668. 其國本與句驪在遼東之東,

「驪」,南史卷七九百濟傳作「麗」。

「在」,南史卷七九百濟傳作「俱在」。

「遼東之東」,宋書卷九七百濟傳、南史卷七九百濟傳、册府卷九五七作「遼東之東千餘里」。

册府卷九五七:「百濟國,在遼東之東千餘里。」

丁謙梁書夷貊傳地理考證:「百濟……國境在今朝鮮西南,兼有京畿、忠清、全羅三道之地。傳云『與高句麗俱在遼東之東千餘里』,誤也。」

669. 晉世句驪既略有遼東,百濟亦據有遼西、晉平二郡地矣,自置百濟郡。

「晉世」,南史卷七九百濟傳同,梁職貢圖作「晉末」。

「句驪」,宋書卷九七百濟國傳作「高驪」,南史卷七九百濟傳作「句麗」,梁職貢圖作「駒麗」。

「遼東」,宋書卷九七百濟國傳、南史卷七九百濟傳、通典卷一八五、太平寰宇記卷一七二同,梁職貢圖作「遼東樂浪」。

「遼西晉平二郡」,南史卷七九百濟傳同,梁職貢圖作「遼西晉平縣」。

「矣」,汲本、南監本、北監本、殿本、局本、南史卷七九百濟傳同,百衲本、三朝本作「吳」。

張元濟梁書校勘記:「百濟所治謂之晉平郡,見宋書百濟傳,疑上文……『晉世』二字衍,按宋書固不曰『晉世』,但言『其後』。」

宋書卷九七百濟國傳:「其後高驪略有遼東,百濟略有遼西。百濟所治,謂之晉平郡晉平縣。」

按:百衲本、三朝本「吳」字版刻譌誤。

670.晉太元中,王須,

「須」,三國史記卷二四百濟紀二同,晉書卷九孝武帝紀、册府卷九六三作「餘暉」。

册府卷九六三:「孝武帝太元十一年,以百濟王世子餘暉爲使持節、都督、鎮平將軍、百濟王。」

原校勘記[二七]:「須」,晉書孝武帝太元十一年紀作「餘暉」。

按:魏書卷一〇〇百濟傳、北史卷九四百濟傳載百濟王餘慶表曰「臣祖須」云云,知「須」字不誤。

671.義熙中,王餘映,

「餘映」,汲本,南監本,北監本,殿本,局本,宋書卷三武帝紀下、卷九七百濟國傳,南史卷一宋本紀上、卷七九百濟傳,册府卷九六三、卷九六六,通考卷三二六同;百衲本、三朝本作「餘昳」;梁職貢圖、通志卷一九四作「餘腆」;通典卷一八五、清萬廷蘭刻本太平寰宇記卷一七二、文淵閣四庫全書本太平寰宇記卷一七二、通考卷三二六、諸番職貢圖卷作「夫餘腆」;中華書局點校本太平寰宇記卷一七二作「夫餘晪」;册府卷九六三又作「映」。

按:「映」、「昳」音同而字異。三國史記卷二五百濟紀三稱腆支王,「映」、「昳」、「晪」當爲「腆」字之譌。

672.宋元嘉中,王餘毗,並遣獻生口。餘毗死,立子慶。

「餘毗」,南史卷七九百濟傳、册府卷九六三、梁職貢圖同,册府卷九六六作「餘毘」,諸番職貢圖卷作「夫餘毗」,三國史記卷二四百濟紀二稱「毗有王」。

通考卷三二六:「王餘映卒,子餘毗立。」

「慶」,南史卷七九百濟傳、册府卷九六六同,三國史記卷二四百濟紀二作「慶司」。

北史卷九四百濟傳作「其王餘慶」,册府卷九六三作「百濟王餘慶」。

673.慶死,子牟都立。都死,立子牟太。

「牟都」,南史卷七九百濟傳,宋本册府卷九六八,册府卷九六三、卷九六六、卷九六八同;三國史記卷二四百濟紀二稱文周王。

「牟太」,册府卷九六三、通志卷一九四同,梁職貢圖作「餘太」,諸番職貢圖卷作「夫餘太」,南齊書卷五八百濟傳、南史卷七九百濟傳、通典卷一八五、通鑑卷一三七齊紀永明八年、册府卷九六六、太平寰宇記卷一七二、三國史記卷二四百濟紀二、通考卷三二六作「牟大」。

按:南齊書卷五八百濟傳云「使兼謁者僕射孫副策命大襲亡祖父牟都爲百濟王」,謂牟都爲牟大祖父。據三國史記,牟大爲文周王弟昆支之子,南齊書誤。而文周王與牟大之間,百濟國王尚有三斤王一人,爲文周王長子,梁書失載,此亦即南齊書誤以牟都爲牟大祖父之由。

674.齊永明中,除太都督百濟諸軍事、鎮東大將軍、百濟王。

「太」，百衲本、三朝本、汲本、南監本、北監本、局本同，殿本、南齊書卷五八百濟傳、南史卷七九百濟傳作「大」，下同。

按：南齊書卷五八百濟傳云「爲使持節、都督百濟諸軍事、鎮東大將軍。使兼謁者僕射孫副策命大襲亡祖父牟都爲百濟王」，疑梁書脱「使持節」三字。

675. 天監元年，進太號征東將軍。

「太」，梁書卷二武帝紀中作「餘大」，南史卷七九百濟傳作「大」，南史卷六梁本紀上作「餘太」。

「征東將軍」，南史卷七九百濟傳、梁職貢圖、諸番職貢圖卷同，梁書卷二武帝紀中、御覽卷七八一引南史作「征東大將軍。」

梁書卷二武帝紀中：天監元年夏四月，「鎮東大將軍百濟王餘大進號征東大將軍。」

南史卷六梁本紀上：天監元年夏四月，「鎮東大將軍百濟王餘太進號征東大將軍。」

按：據三國史記卷二四百濟紀二，東城王牟大二十三年(501)薨，未及天監元年(502)賜封事。

676. 尋爲高句驪所破，衰弱者累年，遷居南韓地。

「高句驪」，梁職貢圖同，南史卷七九百濟傳作「高句麗」，御覽卷七八一引南史作「高麗」。

「衰弱者」，南史卷七九百濟傳作「衰弱」。

丁謙梁書夷貊傳地理考證：「梁時與高麗争戰及南遷事，據朝鮮史，百濟武寧王子曰聖王，與高句麗文咨、安藏、陽原諸王互相攻擊，又云聖王移都泗沘，改國號曰南扶餘，情事俱合。泗沘今忠清道扶餘縣，是地尚在馬韓北境，云『南韓』稍誤。」

677. 普通二年，王餘隆始復遣使奉表，稱「累破句驪，今始與通好」。而百濟更爲强國。

「句驪」，南史卷七九百濟傳、梁職貢圖、通志卷一九四、通考卷三二六作「高麗」。

「與」，百衲本、南監本、北監本、殿本、局本、南史卷七九百濟傳同，三朝本、汲本作「督」。

「而百濟」，南史卷七九百濟傳作「百濟」。

按：三朝本、汲本「督」字版刻譌誤。

「强」，南史卷七九百濟傳同，百衲本、三朝本、汲本、南監本、北監本、殿本、局本作「彊」。

御覽卷七八一引南史：「普通二年，王餘隆上表，陳『累破高麗，今始與百濟通好，更爲强國』。」

梁書卷二武帝紀中：天監十一年四月，「百濟……遣使獻方物」。

南史卷六梁本紀上：天監十一年夏四月，「百濟……遣使朝貢」。

宋樓鑰撰攻媿集卷七五跋傳欽甫所藏職貢圖作「天監十一年，遣使朝貢」。

按：據御覽卷七八一引南史、三國史記卷二四百濟紀二，「而百濟更爲彊國」句亦爲表文,故當與上文連讀,原點校本標點有誤。又天監十一年百濟貢獻事,傳文失載。

678.授茲榮命。

「授」,册府卷九六三作「服」。

679.可使持節、都督百濟諸軍事、寧東大將軍、百濟王。

「使持節」,南史卷七九百濟傳同,册府卷九六三作「持節」。

680.五年,隆死,詔復以其子明爲持節、督百濟諸軍事、綏東將軍、百濟王。

「子明」,南史卷七九百濟傳,册府卷九六三、卷九六六同;北史卷九四百濟傳作「餘昌」,周書卷四九百濟傳作「子昌」。

北史卷九四百濟傳:「其王隆……子餘昌亦通使命於齊。」

周書卷四九百濟傳:「隆死,子昌立。」

「督」,南史卷七九百濟傳同,三國史記卷二四百濟紀二、通志卷一九四作「都督」,册府卷九六三無此字。

按:册府有脱誤。此事梁書卷三武帝紀下普通五年失載。三國史記卷二六、二七百濟紀云武寧王(隆)二十三年(523)薨,子明禯繼位,謚聖;聖王三十二年(554)薨,子昌繼位,謚威德。又陳書卷三世祖紀、南史卷九陳本紀上載百濟王餘明事,梁書不誤。北史、周書失載百濟王餘明事。又據許英恒百濟武寧王陵發掘經過簡報(載大陸雜誌史學叢書第四輯第六册),武寧王陵誌石銘文曰「癸卯年五月丙戌朔七日壬辰崩」,癸卯年即梁普通四年(523),證三國史記卷二六、二七百濟紀載王薨年爲確。梁書謂王隆普通五年(524)死,此當爲訃告梁朝之時。

681.號所治城曰固麻,

「所治」,梁職貢圖同,南史卷七九百濟傳作「所都」。

「固麻」,南史卷七九百濟傳、梁職貢圖同,御覽卷七八一引南史作「固曆」。

周書卷四九百濟傳、册府卷九五七:「治固麻城。」

北史卷九四百濟傳、通志卷一九四:「其都曰居拔城,亦曰固麻城。其外更有五方,中方曰古沙城,東方曰得安城,南方曰久知下城,西方曰刀先城,北方曰熊津城。」

册府卷九五七:「其都曰居枝城。」

通典卷一八五:「其都理建居拔城。」

太平寰宇記卷一七二:「其王都有東西二城,號建居拔城。」

通考卷三二六:「其都治建居拔城。」

按:「固麻」應加專名號,原點校本標點有誤。疑御覽「曆」、册府「枝」字版刻譌誤。

682.其國有二十二檐魯,

「國」,御覽卷七八一引南史同,南史卷七九百濟傳作「國土」。

「魯」,南史卷七九百濟傳同,梁職貢圖作「曾」。

馬宗霍南史校證卷七九:按梁書「國」下無「之」字,太平御覽卷七八一四夷部二百濟條下引南史此文亦無之,疑誤衍。元刊本南史「之」作「土」,尚可通。篆書「之」與「土」形近，或殿本與元刊本同，傳寫又誤「土」爲「之」耳。

按：梁職貢圖「曾」誤。

683. 其人形長，

「長」，南史卷七九百濟傳同，後漢書卷八五三韓傳作「皆長大」。

684. 衣服凈潔。

「凈潔」，南史卷七九百濟傳作「潔凈」，御覽卷七八〇引後漢書作「潔清」。

685. 其國近倭，頗有文身者。

「國」，南史卷七九百濟傳同，後漢書卷八五三韓傳作「南界」。

「頗」，南史卷七九百濟傳同，後漢書卷八五三韓傳作「故頗」，又作「亦」。

686. 今言語服章略與高驪同，

「今」，諸番職貢圖卷作「其」，南史卷七九百濟傳、梁職貢圖無此字。

「服章」，南史卷七九百濟傳同，梁職貢圖、諸番職貢圖卷作「衣服」。

「高驪」，南史卷七九百濟傳、梁職貢圖作「高麗」，諸番職貢圖卷作「高句驪」。

「同」，南史卷七九百濟傳同，諸番職貢圖卷作「等仝」。

魏書卷一〇〇百濟傳作「其衣服飲食與高句麗同」，北史卷九四百濟傳作「其飲食衣服與高麗略同」，御覽卷七八一引北史作「其人飲食衣服與高麗略同」，册府卷九五九作「其衣服與高麗畧同」。

687. 行不張拱，拜不申足則異。

「行」，梁職貢圖同，諸番職貢圖卷作「其行」。

「則異」，諸番職貢圖卷同，梁職貢圖無此二字。

688. 呼帽曰冠，襦曰複衫，

「呼帽曰」，南史卷七九百濟傳同，梁職貢圖作「以帽爲」，諸番職貢圖卷作「帽曰」。

「帽曰」下，百衲本、三朝本、汲本、南監本脱「冠襦曰」三字，北監本、殿本、局本、御覽卷六八九引梁書、南史卷七九百濟傳、諸番職貢圖卷有「冠襦曰」三字，梁職貢圖有「冠襦白」三字。

按：梁職貢圖「白」字當爲「曰」之譌。

689. 袴曰褌。

「褌」，百衲本、三朝本、汲本、南監本、殿本、局本、南史卷七九百濟傳、諸番職貢圖卷同，北監本作「襌」。

按：北監本「襌」字版刻譌誤。

690. 中大通六年，大同七年，累遣使獻方物；

「中大通六年大同七年」，南史卷七九百濟傳同，御覽卷七八一引南史作「中大通七年」。

按：中大通無七年，御覽有脱誤。

691. 并請涅盤等經義、毛詩博士，并工匠、畫師等，

「請」,南史卷七九百濟傳同,御覽卷七八一引南史作「諸」。

「涅盤等」,宋本册府卷九九九同;南史卷七梁本紀中、卷七九百濟傳,册府卷九九九作「涅槃等」;御覽卷七八一引南史作「湜槃等」;實録卷一七作「涅槃」;通志卷一九四作「涅槃等」。

「經義」,南史卷七九百濟傳、宋本册府卷九九九、册府卷九九九同,南史卷七梁本紀中、實録卷一七作「經疏」。

「工匠」,南史卷七九百濟傳、宋本册府卷九九九、册府卷九九九同,南史卷七梁本紀中、實録卷一七作「醫工」。

按:御覽「諸」、「湜」字版刻譌誤。

692. 敕並給之。

「敕並」,南史卷七九百濟傳作「並」。

693. 既至,見城闕荒毀,

「既」,南史卷七九百濟傳作「及」。

「荒毁」,通鑑卷一六二梁紀太清三年作「荒圮」。

694. 及景平,方得還國。

「及景」,南史卷七九百濟傳作「景」。

「方」,南史卷七九百濟傳作「乃」。

新　羅

695. 新羅者,其先本辰韓種也。

「新羅者」,北史卷九四新羅傳同,南史卷七九新羅傳作「新羅」,諸番職貢圖卷作「斯羅國」。

「其先本辰韓種也」,北史卷九四新羅傳同,諸番職貢圖卷作「本東夷辰韓之小國也」。

696. 傳言秦世亡人避役來適馬韓,馬韓亦割其東界居之,

「傳言」,北史卷九四新羅傳作「相傳言」。

「秦世」,北史卷九四新羅傳同,後漢書卷八五三韓傳、宋本册府卷九五六、册府卷九五六作「秦之」,三國志魏書卷三〇韓傳作「古之」。

「役」,北史卷九四新羅傳同,後漢書卷八五三韓傳、宋本册府卷九五六、册府卷九五六作「苦役」,三國志魏書卷三〇韓傳作「秦役」。

「來適馬韓」,三國志魏書卷三〇韓傳作「來適韓國」,後漢書卷八五三韓傳、宋本册府卷九五六、册府卷九五六作「適韓國」,御覽卷七八〇引後漢書作「適韓」,北史卷九四新羅傳作「來適」。

「馬韓馬韓」,三國志魏書卷三〇韓傳、後漢書卷八五三韓傳作「韓國馬韓」,北史卷九四新羅傳作「馬韓」,御覽卷七八〇引後漢書作「韓韓」。

「馬韓亦割其東界居之」，三國志魏書卷三〇韓傳作「馬韓割其東界地與之」，後漢書卷八五三韓傳、宋本册府卷九五六、册府卷九五六作「馬韓割東界地與之」，御覽卷七八〇引後漢書作「韓割東界地與之」，北史卷九四新羅傳作「馬韓割其東界居之」。

697. 故名之曰秦韓。

北史卷九四新羅傳同，後漢書卷八五三韓傳、宋本册府卷九五六、册府卷九五六作「故或名之爲秦韓」。

698. 其言語名物有似中國人，

「似」，百衲本、汲本、南監本、北監本、殿本、局本、三國志魏書卷三〇韓傳、後漢書卷八五三韓傳、北史卷九四新羅傳、宋本册府卷九九六、册府卷九九六同，三朝本作「以」。

「中國人」，北史卷九四新羅傳、宋本册府卷九九六、册府卷九九六同，三國志魏書卷三〇韓傳、太平寰宇記卷一七二作「秦人」。

後漢書卷八五三韓傳作「有似秦語」。

按：三朝本「以」字版刻譌誤。

699. 弓爲弧，

「弓」，三國志魏書卷三〇韓傳、後漢書卷八五三韓傳、北史卷九四新羅傳、宋本册府卷九九六、册府卷九九六同，宋本册府卷九五六作「号」，册府卷九五六作「號」。

按：宋本册府「号」、册府「號」字版刻譌誤。

700. 行酒爲行觴。

「觴」，三國志魏書卷三〇韓傳，後漢書卷八五三韓傳，北史卷九四新羅傳，宋本册府卷九九六，册府卷九五六、卷九九六同；宋本册府卷九五六作「膓」。

按：宋本册府卷九五六「膓」字版刻譌誤，「膓」同「腸」，「膓」爲「腸」之俗字。

701. 相呼皆爲徒，

「皆爲」，三國志魏書卷三〇韓傳、御覽卷七八〇引後漢書、北史卷九四新羅傳、宋本册府卷九九六、册府卷九九六同，後漢書卷八五三韓傳、宋本册府卷九五六、册府卷九五六作「爲」。

702. 不與馬韓同。

「同」，三國志魏書卷三〇韓傳、北史卷九四新羅傳同，宋本册府卷九九六、册府卷九九六作「同焉」。

703. 又辰韓王常用馬韓人作之，

「辰韓王」，北史卷九四新羅傳同，三國志魏書卷三〇韓傳作「辰王」。

704. 世相係，

三國志魏書卷三〇韓傳作「世世相繼」，晉書卷九七辰韓傳作「世世相承」，北史卷九四新羅傳作「世世相傳」，通典卷一八五作「世世相係襲」，太平寰宇記卷一七二作「代相係襲」。

705. 辰韓不得自立爲王，

「辰韓」，三國志魏書卷三〇韓傳作「辰王」。

「爲王」，三國志魏書卷三〇韓傳同，北史卷九四新羅傳作「王」。

706. 明其流移之人故也；恒爲馬韓所制。

北史卷九四新羅傳同，三國志魏書卷三〇韓傳裴松之注引魏略作「明其爲流移之人，故爲馬韓所制」。

707. 辰韓始有六國，

「始」，北史卷九四新羅傳作「之始」。

708. 其國在百濟東南五千餘里。其地東濱大海，南北與句驪、百濟接。

「其國在百濟東南五千餘里」，南史卷七九新羅傳作「在百濟東南五千餘里」，佛祖統紀卷三二作「在高麗東南」。

「五千」，南史卷七九新羅傳同，通典卷一八五、通志卷一九四、通考卷三二六作「五百」，册府卷九五七作「五十」。

「其地東濱大海南北與句驪百濟接」，南史卷七九新羅傳同，南史「驪」作「麗」；册府卷九五七作「東及南方阻大海，西接百濟，北隣高麗」。

清阿桂等撰滿洲源流考卷九：「案：通志、通考俱作五百餘里。考二國壤地毗連，無相去五千里之理，疑梁書之誤。」

丁謙梁書夷貊傳地理考證：「新羅……國境處百濟東南，然兩國毗連，以都城論，相距亦僅五六百里，安得五千餘里，如傳所云耶？且其地東、南俱濱海，北接高句麗，百濟在其西北，云南北與高句麗、百濟接，不特形勢乖忤，亦自相矛盾。」

按：册府「十」字版刻譌誤。

709. 魏時曰新盧，

「新盧」，南史卷七九新羅傳同，諸番職貢圖卷作「新羅」。

710. 宋時曰新羅，

「新羅」，南史卷七九新羅傳同，諸番職貢圖卷作「斯羅」。

711. 或曰斯羅。

「或曰」，南史卷七九新羅傳同，宋本册府卷九五六、册府卷九五六作「或稱」。

「斯羅」，南史卷七九新羅傳、宋本册府卷九五六、册府卷九五六同，通志卷一九四作「斯盧」。

唐釋道宣撰續高僧傳卷二四釋慈藏傳引梁貢職圖作「其新羅國，魏曰斯盧，宋曰新羅，本東夷辰韓之國矣。」

712. 其國小，不能自通使聘。

「其國小」，南史卷七九新羅傳同，諸番職貢圖卷作「國王」。

丁謙梁書夷貊傳地理考證：「若當時疆土，蓋有江原一道及慶尚道之大半（西爲伽羅），雖視高句麗、百濟略遜，而勢力足以鼎峙，其不通使聘，因爲二國所間隔，非國小故也。」

713. 王姓募名秦，

「王」，南史卷七九新羅傳同，諸番職貢圖卷作「其王」。

「姓募名秦」，御覽卷七八一引南史、太平寰宇記卷一七四同，百衲本、三朝本、汲本、南監本作「募名秦」，北監本、殿本作「名募泰」，局本作「名募秦」，南史卷七九新羅傳、諸番職貢圖卷作「姓募名泰」，通典卷一八五、通考卷三二六作「姓慕名秦」，通志卷一九四作「姓慕名泰」，宋本册府卷九九六、册府卷九九六作「募秦」。

三國史記卷四新羅紀四稱法興王，諱原宗，注引册府：「姓募名泰。」按宋本册府卷九九六、册府卷九九六作「募秦」。

册府卷九六六：「新羅王本百濟人，自海逃入新羅，遂王其國。傳世三十，至金真平。」

太平廣記卷四八一引酉陽雜俎：「新羅國有第一貴族金哥……」

殿本南史考證：「泰，閣本作秦。」

原校勘記[二八]：「姓」各本皆脱。據南史補。

南史原校勘記[九]：「泰」汲古閣本、金陵書局本及梁書作「秦」。

馬宗霍南史校證卷七九：太平御覽卷七八一新羅條下引南史此文「泰」亦作「秦」，疑「秦」字是。

按：梁書各本俱不言新羅王「姓募」，其説似出於南史，亦未必是。通典卷一八五注引隋東蕃風俗記云：「金姓相承三十餘葉。」通典卷一八五注又云：「其王至今亦姓金。按梁史云姓慕，未詳中間易姓之由。」册府卷九六二注：「後唐同光初，其王金朴英遣倉部侍郎金樂、録事糸軍金幼卿來朝。」又御覽卷七八一引秦書：「符堅建元十八年，新羅國王樓寒遣使衛頭獻美女。」並未言王姓募。

714. 始使使隨百濟奉獻方物。

「始使使」，御覽卷七八一引南史同，南史卷七九新羅傳、諸番職貢圖卷作「始使」，通典卷一八五、太平寰宇記卷一七四、通志卷一九四、通考卷三二六有一「始使人」，宋本册府卷九九六、册府卷九九六作「始遣使」。

「奉獻方物」，南史卷七九新羅傳同，諸番職貢圖卷作「奉表獻方物」，宋本册府卷九九六、册府卷九九六作「奉獻」。

清王懋竑撰讀書記疑卷一三南史存校：「使下更當有使字。」

南史原校勘記[九]：……「使」下從梁書疊一「使」字。

馬宗霍南史校證卷七九：按「始使」下梁書疊「使」字，當從之。上「使」上聲，下「使」去聲，「使使」猶言遣使也。

按：南史、諸番職貢圖卷脱一「使」字。中華書局點校本南史已補一「使」字。

715. 其俗呼城曰健牟羅，

「健牟羅」，南史卷七九新羅傳同，御覽卷七八一引南史作「健牟羅」，宋本册府卷九九六作「健矣羅」，册府卷九九六作「健矣羅」，新唐書卷二二〇新羅傳作「侵牟羅」，諸番職貢圖卷作「健年」。

諸番職貢圖卷:「其國有城號曰健年」。

按:疑諸番職貢圖卷「年」字爲「牟」之譌,又疑宋本册府、册府「矣」字版刻譌誤。

716. 其邑在内曰啄評,

「啄」,汲本、局本、南史卷七九新羅傳、宋葉廷珪撰海録碎事卷四上同,百衲本、三朝本、南監本、北監本、殿本、宋本册府卷九九六、册府卷九九六作「啄」,御覽卷七八一引南史、通典卷一八五、太平寰宇記卷一七四、新唐書卷二二〇新羅傳、通志卷一九四、通考卷三二六作「喙」。

按:疑「啄」字誤。滿洲源流考卷九作「啄」,並有按語云:「考通典注云『呼濊反』,則『啄』字當因字形相近而訛。」原點校本 1973 年 5 月第 1 版北京第 1 次印刷本作「啄」,下同。

717. 亦中國之言郡縣也。

「亦」,南史卷七九新羅傳、宋本册府卷九九六、册府卷九九六同,太平寰宇記卷一七四作「亦猶」。

718. 國有六啄評,

「六」,南史卷七九新羅傳同,御覽卷七八一引南史作「六家」。

「啄」,汲本、局本、南史卷七九新羅傳同,百衲本、三朝本、南監本、北監本、殿本作「啄」,御覽卷七八一引南史、通典卷一八五、太平寰宇記卷一七四、新唐書卷二二〇新羅傳、通志卷一九四、通考卷三二六作「喙」。

按:御覽衍「家」字。疑「啄」字誤。

719. 五十二邑勒。

南史卷七九新羅傳同,御覽卷七八一引南史作「五十邑邑勒」。

按:御覽上一「邑」字版刻譌誤,涉下而誤。

720. 土地肥美,

「土地」,三國志魏書卷三〇韓傳、後漢書卷八五三韓傳、南史卷七九新羅傳同,册府卷九五九作「其土地」。

721. 宜植五穀。

「宜植」,南史卷七九新羅傳同,三國志魏書卷三〇韓傳、册府卷九五九作「宜種」,後漢書卷八五三韓傳作「宜」。

「五穀」,南史卷七九新羅傳同,三國志魏書卷三〇韓傳、册府卷九五九作「五穀及稻」。

722. 多桑麻,

南史卷七九新羅傳同,後漢書卷八五三韓傳作「知蠶桑」,三國志魏書卷三〇韓傳、册府卷九五九作「曉蠶桑」。

723. 服牛乘馬。

南史卷七九新羅傳同,三國志魏書卷三〇韓傳、後漢書卷八五三韓傳、册府卷九五九作「乘駕牛馬」。

724.男女有别。

南史卷七九新羅傳同,三國志魏書卷三〇韓傳、册府卷九五九作「嫁娶禮俗男女有别」。

725.其官名,有子賁旱支、齊旱支、謁旱支、壹告支、奇貝旱支。

「齊旱支」上,南史卷七九新羅傳、通志卷一九四有「壹旱支」三字。

「壹告支」,南史卷七九新羅傳、通志卷一九四作「壹吉支」。

馬宗霍南史校證卷七九:按太平御覽卷七八一引南史此文兩「壹」字皆作「一」。

按:御覽卷七八一引南史作「壹旱支」、「壹吉支」,不作「一」,馬説不確。

726.其拜及行與高驪相類。

「其拜及行」,南史卷七九新羅傳同,諸番職貢圖卷作「其俗」。

「高驪」,南史卷七九新羅傳、諸番職貢圖卷作「高麗」。

727.刻木爲信。

「信」,南史卷七九新羅傳同,諸番職貢圖卷作「範」。

按:疑諸番職貢圖卷「範」字版刻譌誤。

728.語言待百濟而後通焉。

「語言」,南史卷七九新羅傳、宋本册府卷九九六、册府卷九九六同,諸番職貢圖卷作「言語」。

「而後通焉」,南史卷七九新羅傳同,宋本册府卷九九六、册府卷九九六作「覆通」。

倭

729.倭者,自云太伯之後。

「倭者」,南史卷七九新羅傳作「倭國」。

「自云」,北史卷九四倭傳同,宋本册府卷九五六、册府卷九五六作「自謂」。

「伯」,汲本、南監本、北監本、殿本、局本、晉書卷九七倭人傳、北史卷九四倭傳、通典卷一八五、宋本册府卷九五六、册府卷九五六同,百衲本、三朝本作「白」。

張元濟梁書校勘記:「殿(本)是,見晉書四夷傳。」

按:百衲本、三朝本「白」字版刻譌誤。

730.去帶方萬二千餘里,

隋書卷八一倭國傳、北史卷九四倭傳作「去樂浪郡境及帶方郡並一萬二千里」。

731.大抵在會稽之東,

「大抵」,梁職貢圖同,後漢書卷八五倭傳作「其地大較」,册府卷九五七作「大較」。

「會稽之東」,梁職貢圖作「會稽東」,册府卷九五七作「會稽東治之東」,三國志魏書卷三〇倭人傳、後漢書卷八五倭傳作「會稽東治之東」。

隋書卷八一倭國傳作「在會稽之東」,北史卷九四倭傳作「在會稽東」。

按:册府「治」字版刻譌誤。

732. 從帶方至倭,

「從」,北史卷九四倭傳作「計從」。

「倭」,北史卷九四倭傳作「國」。

733. 循海水行,

「海」,梁職貢圖、北史卷九四倭傳、通考卷三二四、册府卷九五七同,三國志魏書卷三〇倭人傳、翰苑卷三〇引魏略、通志卷一九四作「海岸」。

734. 歷韓國,

「韓國」,三國志魏書卷三〇倭人傳、册府卷九五七、通志卷一九四同,北史卷九四倭傳、通考卷三二四作「朝鮮國」。

735. 乍東乍南,七千餘里始度一海。

「乍東乍南」,册府卷九五七同,三國志魏書卷三〇倭人傳、梁職貢圖、北史卷九四倭傳、通志卷一九四、通考卷三二四作「乍南乍東」。

「七千」,三國志魏書卷三〇倭人傳、北史卷九四倭傳、册府卷九五七、通志卷一九四同,唐鈔本翰苑卷三〇引魏略作「七十」。

「始度一海」下,三國志魏書卷三〇倭人傳、翰苑卷三〇引魏略、通志卷一九四有「千餘里至對馬國」七字。

按:翰苑「十」誤。

736. 海闊千餘里,名瀚海,至一支國。

「海闊千餘里」,三國志魏書卷三〇倭人傳作「又南渡一海千餘里」,通志卷一九四作「又南度一海千餘里」,北史卷九四倭傳作「又南千餘里度一海闊千餘里」。

「名瀚海」,北史卷九四倭傳同,三國志魏書卷三〇倭人傳、通志卷一九四作「名曰瀚海」。

「一支國」,翰苑卷三〇引魏略、北史卷九四倭傳、隋書卷八一倭國傳同,册府卷九五七作「支國」,三國志魏書卷三〇倭人傳、通志卷一九四、通考卷三二四引魏志作「一大國」,通考卷三二四又有「一支國」。

按:册府脱「一」字。此處以作「一支國」爲是,「大」字版刻譌誤,當以字形相似致誤。其地在今日本九州北部近海中的壹岐島[1],有日本長崎新聞社編集局編一支国王都原の辻遺跡(1997),長崎県教育委員会編シンポジウム「魏志倭人伝と一支国」(1997)、魏志倭人伝と一支国(1998)、一支国と魏志倭人伝の国々(1999)、平成12年度原の辻大学講座「一支国探訪」記録集(2001)、「一支国探訪」記録集(2002)等著作。

① 参見王仲殊:三國志魏書東夷(倭人)傳中的「景初二年」應爲「景初三年」之誤,考古,2006年第4期,第83頁。吕思勉著吕思勉讀史札記卑彌呼(第636頁)引木宮泰彦釋帶方郡至邪馬臺之路云:「一大國,宜據北史倭國傳改一支,即壹岐。」

737. 又度一海千餘里，名未盧國。

「未盧國」，唐鈔本翰苑卷三〇引魏略、御覽卷七八二引魏志、册府卷九五七同，三國志魏書卷三〇倭人傳、北史卷九四倭傳、通志卷一九四、通考卷三二四引魏志作「末盧國」。

按：「未」字疑誤。末盧國即今日本博多的松浦郡①，日本唐津湾周辺遺跡調查委員会編有末盧国：佐賀県唐津市・東松浦郡の考古学的調查研究一書。

738. 又東南陸行五百里，

「東南」，三國志魏書卷三〇倭人傳、北史卷九四倭傳同，册府卷九五七作「東」。

按：册府脱「南」字。

739. 又東南行百里，至奴國。

「行百里」，北史卷九四倭傳作「百里」。

740. 又南水行二十日，

「日」，三國志魏書卷三〇倭人傳、北史卷九四倭傳同，册府卷九五七作「里」。

按：册府「里」字版刻譌誤。

741. 陸行一月日，至邪馬臺國，即倭王所居。

「陸行一月日」，册府卷九五七同，三國志魏書卷三〇倭人傳、北史卷九四倭傳、通志卷一九四、通考卷三二四引魏志作「陸行一月」。

「邪」，三國志魏書卷三〇倭人傳、後漢書卷八五倭傳、隋書卷八一倭國傳、北史卷九四倭傳、册府卷九五七同，百衲本、三朝本、汲本、南監本、北監本、殿本、局本作「祁」。

「臺」，唐鈔本翰苑卷三〇引魏略、後漢書卷八五倭傳、北史卷九四倭傳、通典卷一八五、通志卷一九四、通考卷三二四、册府卷九五七同，三國志魏書卷三〇倭人傳作「壹」，通考卷三二四引魏志作「一」，

「所居」，北史卷九四倭傳作「所都」。

後漢書卷八五倭傳唐李賢等注：「案：今名邪摩堆，音之訛也。」

通典卷一八五注：「或云邪摩堆。」。②

隋書卷八一倭國傳：「都於邪靡堆，則魏志所謂邪馬臺者也。」

北史卷九四倭傳：「居於邪摩堆，則魏志所謂邪馬臺者也。」

原校勘記[二九]：「邪」各本譌「祁」，據册府元龜九五七改。

按：百衲本、三朝本、汲本、南監本、北監本、殿本、局本「祁」字版刻譌誤。

742. 其官有伊支馬，次曰彌馬獲支，

「其官有伊支馬」下，三國志魏書卷三〇倭人傳、翰苑卷三〇引後漢書、通志卷一九四、通考卷三二四引魏志有「次曰彌馬升」五字，南史卷七九倭國傳無此五字。

「彌馬獲支」，三國志魏書卷三〇倭人傳、南史卷七九倭國傳同，翰苑卷三〇引後漢書

---

① 汪向榮著：邪馬台國，第 95 頁。

② 1960、1968 年日本學者橋川時雄、古田武彦曾指出「臺」爲「壹」之誤，「邪馬壹」是「島夷」（やまい）的對音，對此觀點的批評意見，可參看汪向榮著：邪馬台國，第 74～75、226～230 頁。

無「支」字。

按:疑梁書、南史有脱誤。疑翰苑脱「支」字。

743. 次曰奴往鞮。

「奴往鞮」,百衲本、三朝本、汲本、南監本、北監本、殿本、局本、南史卷七九倭國傳同,三國志魏書卷三〇倭人傳、通志卷一九四、通考卷三二四引魏志作「奴佳鞮」,翰苑卷三〇引後漢書作「奴佳鞮之也」。

按:百衲本、三朝本、汲本、南監本、北監本、殿本、局本、南史「往」字誤,當以作「奴佳鞮」爲是。

744. 民種禾稻紵麻,

「民」,南史卷七九倭國傳作「人」,三國志魏書卷三〇倭人傳、册府卷九五九無此字。

諸番職貢圖卷作「種稻禾麻苧」。

後漢書卷八五倭傳作「土宜禾稻麻紵」。

745. 蠶桑織績。

「織績」,南史卷七九倭國傳同,册府卷九五九作「紡績」,三國志魏書卷三〇倭人傳、通志卷一九四作「緝績」,後漢書卷八五倭傳作「知織績爲縑布」。

諸番職貢圖卷作「蠶桑」。

746. 有薑、桂、橘、椒、蘇。

「薑桂」,南史卷七九倭國傳同,三國志魏書卷三〇倭人傳、册府卷九五九作「薑」。

「蘇」,南史卷七九倭國傳同,三國志魏書卷三〇倭人傳、通典卷一八五、册府卷九五九、通志卷一九四作「蘘荷」,太平寰宇記卷一七四作「荷」。

按:疑三國志、册府脱「桂」字。

747. 出黑雉、真珠、青玉。

「真珠」,三國志魏書卷三〇倭人傳、南史卷七九倭國傳、册府卷九五九、梁職貢圖同,諸番職貢圖卷作「珍珠」,後漢書卷八五倭傳、通典卷一八五、太平寰宇記卷一七四、通考卷三二四作「白珠」。

三國志魏書卷三〇倭人傳、册府卷九五九作「出真珠、青玉……有獮猴、黑雉」。

諸番職貢圖卷作「出珍珠青玉」。

748. 射之中,蛇則死矣。

御覽卷九三三引梁書、通典卷一八五、太平寰宇記卷一七四、通志卷一九四、通考卷三二四注引南史作「射中之」,南史卷七九倭國傳作「射中而」。

749. 物産略與儋耳、朱崖同。

「物産」,南史卷七九倭國傳同,三國志魏書卷三〇倭人傳、册府卷九五九作「所有無」。

750. 地温暖,

「地」,册府卷九五九同,三國志魏書卷三〇倭人傳作「倭地」,南史卷七九倭國傳、諸番職貢圖卷作「地氣」,後漢書卷八五倭傳、通考卷三二四作「土氣」。

「暖」，三國志魏書卷三〇倭人傳、南史卷七九倭國傳同，御覽卷七八二引後漢書、册府卷九五九、諸番職貢圖卷作「煖」。

梁職貢圖作「氣暖地温」。

751. 風俗不淫。

「風俗」，南史卷七九倭國傳同，三國志魏書卷三〇倭人傳、册府卷九五九作「其風俗」。

752. 男女皆露紒。

「男女」，南史卷七九倭國傳、册府卷九五九同，三國志魏書卷三〇倭人傳作「男子」。

「紒」，三國志魏書卷三〇倭人傳同，御覽卷六八七引梁書作「髻」，南史卷七九倭國傳作「髤」。

南史原校勘記[一一]：魏志云「男子皆露紒」。

按：三國志「男子」似於義較勝。「紒」、「髻」、「髤」同。

753. 食飲用籩豆。

「食飲用」，三國志魏書卷三〇倭人傳、晉書卷九七倭人傳、南史卷七九倭國傳、册府卷九五九同，諸番職貢圖卷作「器用」。

「籩豆」，三國志魏書卷三〇倭人傳、後漢書卷八五倭傳、南史卷七九倭國傳、册府卷九五九、諸番職貢圖卷同，晉書卷九七倭人傳作「俎豆」。

後漢書卷八五倭傳作「飲食以手而用籩豆」。

按：疑晉書「俎」字誤。

754. 其死，有棺無槨，

「其死」，三國志魏書卷三〇倭人傳、南史卷七九倭國傳、册府卷九五九同，諸番職貢圖卷作「死」。

755. 人性皆嗜酒。

「皆嗜」，南史卷七九倭國傳同，三國志魏書卷三〇倭人傳、後漢書卷八五倭傳、册府卷九五九作「嗜」。

756. 俗不知正歲，

「俗」，南史卷七九倭國傳同，三國志魏書卷三〇倭人傳裴松之注引魏略、册府卷九五九作「其俗」。

「正歲」，南史卷七九倭國傳同，三國志魏書卷三〇倭人傳裴松之注引魏略、册府卷九五九作「正歲四節」。

757. 多壽考，多至八九十，或至百歲。

「多壽考」，後漢書卷八五倭傳、南史卷七九倭國傳同，三國志魏書卷三〇倭人傳、册府卷九五九作「其人壽考」。

「多至」，南史卷七九倭國傳作「或至」。

按：三國志魏書卷三〇倭人傳、册府卷九五九作「其人壽考，或百年，或八九十年」，後漢書卷八五倭傳、通考卷三二四作「多壽考,至百餘歲者甚衆」,晉書卷九七倭人傳作「人多壽百年,或八九十」,語意與此略異。

758. 其俗女多男少,貴者至四五妻,賤者猶兩三妻。

「猶」,南史卷七九倭國傳作「猶至」。

三國志魏書卷三〇倭人傳、册府卷九五九作「其俗,國大人皆四五婦,下户或二三婦」,後漢書卷八五倭傳作「國多女子,大人皆有四五妻,其餘或兩或三」。

759. 婦人無婬妬。

「無婬妬」,南史卷七九倭國傳作「不媱妬」,北史卷九四倭傳作「不淫妬」,三國志魏書卷三〇倭人傳、册府卷九五九作「不淫不妒忌」,册府「妒」作「妬」。

後漢書卷八五倭傳作「女人不淫不妒」。

760. 無盜竊,少諍訟。

「無」,南史卷七九倭國傳同,三國志魏書卷三〇倭人傳、册府卷九五九作「不」,後漢書卷八五倭傳作「又俗不」。

「諍」,三國志魏書卷三〇倭人傳、南史卷七九倭國傳同,後漢書卷八五倭傳、册府卷九五九作「争」。

761. 若犯法,輕者没其妻子,

「若」,南史卷七九倭國傳同,三國志魏書卷三〇倭人傳、册府卷九五九作「其」。

「若犯法輕者」,南史卷七九倭國傳同,後漢書卷八五倭傳作「犯法者」。

「妻子」,三國志魏書卷三〇倭人傳、後漢書卷八五倭傳、南史卷七九倭國傳同,册府卷九五九作「妻小」。

762. 重則滅其宗族。

南史卷七九倭國傳同,三國志魏書卷三〇倭人傳、册府卷九五九作「重者滅其門户」,晉書卷九七倭人傳作「重者族滅其家」,後漢書卷八五倭傳、通考卷三二四作「重者滅其門族」。

按:三國志下文有「及宗族尊卑,各有差序」云云。

763. 漢靈帝光和中,

北史卷九四倭傳作「靈帝光和中」,後漢書卷八五倭傳作「桓靈閒」,晉書卷九七倭人傳作「漢末」,册府卷九六六作「後漢光和中」。

764. 乃共立一女子卑彌呼爲王。

「卑彌呼」,三國志魏書卷三〇倭人傳,後漢書卷八五倭傳,北史卷九四倭傳,宋本册府卷九七四,册府卷九六六、卷九七四同;三國志魏書卷四齊王芳紀、宋本册府卷九六八作「俾彌呼」。

765. 挾鬼道,能惑衆,

三國志魏書卷三〇倭人傳作「事鬼道」,後漢書卷八五倭傳、太平寰宇記卷一七四、通考卷三二四作「事鬼神道」。

北史卷九四倭傳作「能以鬼道惑衆」。

766. 唯使一男子出入傳教令。

三國志魏書卷三〇倭人傳、通典卷一八五作「唯有男子一人給飲食，傳辭出入」，後漢書卷八五倭傳、通考卷三二四作「唯有男子一人給飲食，傳辭語」，太平寰宇記卷一七四作「惟男子一人給王飲食，傳辭語」，通志卷一九四作「唯有男子一人給飲食，傳辭令」。

按：北史卷九四倭傳云「有二男子，給王飲食，通傳言語」，隋書卷八一倭國傳云「唯有男子二人給王飲食，通傳言語」，「二」字疑誤。

767. 常有兵守衛。

三國志魏書卷三〇倭人傳、通典卷一八五、通志卷一九四作「常有人持兵守衛」，後漢書卷八五倭傳、北史卷九四倭傳、太平寰宇記卷一七四、通考卷三二四作「皆持兵守衛」。

768. 至魏景初三年，公孫淵誅後，卑彌呼始遣使朝貢，魏以爲親魏王，假金印紫綬。

「景初三年」，唐鈔本翰苑卷三〇引魏志、御覽卷七八二引魏志、通志卷一九四同；日本書紀卷九引魏志作「景初三年六月」；三國志魏書卷三〇倭人傳，册府卷一七〇、卷九六三，玉海卷一五二引魏志作「景初二年六月」；宋本册府卷九六八、册府卷九六八作「（景初）二年六月」；通典卷一八五、宋本册府卷九七四、册府卷九七四、太平寰宇記卷一七四、通考卷三二四作「景初二年」；北史卷九四倭傳作「景初五年」。

「公孫淵」，北史卷九四倭傳作「公孫文懿」。

「親魏王」，三國志魏書卷三〇倭人傳、通典卷一八五、太平寰宇記卷一七四、通志卷一九四、通考卷三二四作「親魏倭王」。

「魏以爲親魏王」，北史卷九四倭傳作「魏主」。

北史原校勘記[七九]：百衲、北、汲、殿四本「三」作「五」，南本及梁書作「三」。按三國志卷三〇倭傳云：「景初二年六月，倭女王遣大夫難升米等詣郡帶方郡，求詣天子朝獻。」又據三國志卷三明帝紀，公孫淵被殺，在景初二年八月。若倭使是淵破後始來，則三國志倭傳之「二年」當是「三年」之誤。今從南本及梁書。

按：中華書局點校本北史已改作「三年」。北史「公孫文懿」避唐諱稱字。疑北史「魏主」有脱誤。三國志魏書並載當年十二月報倭女王詔書。又三國志魏書卷三〇倭人傳云倭女王遣使朝獻在景初二年六月，三國志魏書卷三明帝紀、卷八公孫淵傳云司馬懿討破公孫淵在景初二年八月，如此則卑彌呼遣使朝貢時间在破公孫淵前，其實不然。三國志魏書卷三〇倭人傳：「正始元年，太守弓遵遣建中校尉梯儁等奉詔書印綬詣倭國，拜假倭王，并齎詔賜金、帛、錦罽、刀、鏡、采物。」是魏封卑彌呼爲親魏倭王之詔命，奉達倭國時間在正始元年。景初二年爲西元 238 年，景初三年爲 239 年，正始元年爲 240 年。據此，疑三國志魏書卷三〇倭人傳「二年」爲「三年」之誤。如三國志所記，倭使於景初二年六月來，其年十二月詔書報倭王，中間隔一年魏使方至倭國，殊不可解；若倭使於景初三年六月來，其年十二月詔書報倭王，次年即正始元年魏使至倭國，方爲合理。①

769. 卑彌呼死，

「卑彌呼」，北監本、殿本、三國志魏書卷三〇倭人傳、北史卷九四倭傳、册府卷九六六同，百衲本、三朝本、汲本、南監本、局本作「卑彌」。

按：疑百衲本、三朝本、汲本、南監本、局本脱「呼」字。

770. 復立卑彌呼宗女臺與爲王。

「臺與」，唐鈔本翰苑卷三〇引後漢書、北史卷九四倭傳、通志卷一九四、册府卷九六六同，三國志魏書卷三〇倭人傳、宋本册府卷九六八、通考卷三二四作「壹與」，册府卷九六八作「一與」，通典卷一八五作「臺輿」，御覽卷七八二引魏志作「臺舉」，中華書局點校本太平寰宇記卷一七四作「一粤」，萬廷蘭刻本太平寰宇記卷一七四、文淵閣四庫全書本太平寰宇記卷一七四作「一與」。②

「臺與」下，三國志魏書卷三〇倭人傳、唐鈔本翰苑卷三〇引後漢書、通考卷三二四有「年十三」三字。

771. 晉安帝時，有倭王賛。賛死，立弟彌。彌死，立子濟。濟死，立子興。興死，立弟武。

「賛」，百衲本、三朝本、南監本同，汲本、北監本、殿本、局本、册府卷九六六作「贊」，宋書卷九七倭國傳、南史卷七九倭國傳、册府卷九六三、通典卷一八五、太平寰宇記卷一七四、通志卷一九四、通考卷三二四作「讚」。

册府卷九六三作「倭國王倭讚」。

「彌」，册府卷九六六同，宋書卷九七倭國傳、南史卷七九倭國傳、册府卷九六三、通志卷一九四、通考卷三二四作「珍」，且未載濟父之名。

「子興」，南史卷七九倭國傳、册府卷九六六作「世子興」。

宋書卷五文帝紀：元嘉二十八年秋七月甲辰，「進安東將軍倭王綏濟爲安東大將軍」。

南史卷二宋本紀中、實録卷一二、通志卷一一：元嘉二十八年秋七月甲辰，「安東將軍倭王倭濟進號安東大將軍」。

張聲振著中日關係史卷一：「宋書未説明珍與濟的血統關係，梁書有『彌死，立子濟』的記載。珍與彌可能是一個人。但珍與彌若爲父子關係，與日本史籍中反正天皇和允恭天皇爲兄弟關係的記載不符。」③

---

① 日本學者已有考證，三國志魏書所載景初二年，應爲景初三年，見内藤虎次郎：卑彌呼考，參見藤田元春：上代日中交通史研究，第160～162頁，轉引自張聲振：卑彌呼女王的大使難升米赴魏都的時間析疑，中國中日關係史研究會編：日本的中國移民（中日關係史論文集第二輯），第79、94頁；又參見王仲殊：三國志魏書東夷（倭人）傳中的「景初二年」應爲「景初三年」之誤，考古，2006年第4期，第81～85頁。按張聲振文提出「景初三年」爲「景初二年」之誤，不確。

② 王仲殊三國志魏書東夷（倭人）傳中的「景初二年」應爲「景初三年」之誤一文提出，「壹與」或爲「臺與」之誤。

③ 張聲振著：中日關係史，卷一，第44頁。

按:「賛」、「贊」、「讚」同。又通典卷一八五、太平寰宇記卷一七四云「倭王讚……至曾孫武……」,若如梁書世系,則武爲賛孫。

772. 齊建元中,除武持節、督倭新羅任那伽羅秦韓慕韓六國諸軍事、鎮東大將軍。

「持節」,南史卷七九倭國傳、通志卷一九四同,南齊書卷五八倭國傳、册府卷九六三、通考卷三二四作「使持節」。

「督」,南齊書卷五八倭國傳、南史卷七九倭國傳、册府卷九六三、通志卷一九四、通考卷三二四作「都督」。

南齊書卷五八倭國傳:「建元元年,進新除使持節、都督倭新羅任那加羅秦韓[慕韓]六國諸軍事、安東大將軍、倭王武號爲鎮東大將軍。」

「督倭」,百衲本、三朝本、汲本、南監本、局本、南史卷七九倭國傳同,北監本、殿本作「督」。

「那」,汲本、局本、南史卷七九倭國傳同,百衲本、三朝本、南監本、北監本作「郍」,殿本作「鄁」。

「伽羅」,南齊書卷五八倭國傳、南史卷七九倭國傳、册府卷九六三、通志卷一九四、通考卷三二四作「加羅」。

「秦韓慕韓」,南史卷七九倭國傳同,南齊書卷五八倭國傳、册府卷九六三作「秦韓」。

南齊書原校勘記[一四]:據南史補。按補一慕韓,方符六國之數。

諸番職貢圖卷作「齊建元中,奉表貢獻」。

按:北監本、殿本脱「倭」字。「郍」、「那」、「鄁」同。又中華書局點校本南齊書已據南史補「慕韓」二字,實則可據梁書補。

773. 進武號征東大將軍。

「征東大將軍」,南史卷七九倭國傳、宋樓鑰撰攻媿集卷七五跋傳欽甫所藏職貢圖、通志卷一九四、通考卷三二四同,百衲本、三朝本、汲本、南監本、北監本、殿本、局本作「征東將軍」。

原校勘記[三〇]:「大」各本脱,據南史倭國傳補。

按:百衲本、三朝本、汲本、南監本、北監本、殿本、局本脱「大」字。

774. 其南有侏儒國,人長三四尺。

「侏」,汲本、南監本、北監本、殿本、局本、三國志魏書卷三〇倭人傳、南史卷七九倭國傳同,百衲本、三朝本、後漢書卷八五倭傳、佛祖統紀卷三二作「朱」。

「三四尺」,三國志魏書卷三〇倭人傳、後漢書卷八五倭傳同,南史卷七九倭國傳作「四尺」,通考卷三二七「三四尺」、「四尺」並見。

後漢書卷八五倭傳、通考卷三二四作「自女王國南四千餘里至朱儒國」,通考「朱」作「侏」。

通典卷一八五作「又千餘里至侏儒國」,太平寰宇記卷一七四作「又東北千餘里至侏儒國」。

按:「朱」通「侏」。

775. 又南黑齒國、裸國,去倭四千餘里,

「南」,三國志魏書卷三〇倭人傳、後漢書卷八五倭傳、佛祖統紀卷三二作「东南」,南史卷七九倭國傳、通志卷一九四有一「南有」。

三國志魏書卷三〇倭人傳:「又有裸國、黑齒國復在其東南,船行一年可至。参問倭地,絶在海中洲島之上,或絶或連,周旋可五千餘里。」

後漢書卷八五倭傳:「自朱儒東南行船一年,至裸國、黑齒國……」

廣弘明集卷三梁江淹遂古篇:「東南倭國皆文身兮,其外黑齒次裸民兮,侏儒三尺並爲鄰兮。」

文身國

776. 文身國,在倭國東北七千餘里。

「倭國」,南史卷七九文身國傳作「倭」。

777. 文直者貴,文小者賤。

南史卷七九文身國傳、册府卷九五九、通考卷三二四注引南史同,通典卷一八六、文淵閣四庫全書本册府卷九五九、文津閣四庫全書本册府卷九五九、太平寰宇記卷一七五、通志卷一九四、通考卷三二七作「大直者貴,文小曲者賤」,御覽卷七八四引南史作「大直貴文小曲者賤」。

778. 其王所居,

「其王」,南史卷七九文身國傳作「國王」。

779. 繞屋爲壍,

「壍」,南史卷七九文身國傳作「塹」。

780. 廣一丈,實以水銀,

「實以」,南史卷七九文身國傳同,册府卷九五九作「以」。

「水銀」,南史卷七九文身國傳同,册府卷九五九作「金銀」。

按:册府脱「實」字。册府「金」字版刻譌誤。下文「雨則流于水銀之上」,册府亦作「水銀」。

781. 犯輕罪者則鞭杖;

「輕罪」,南史卷七九文身國傳、册府卷九五九同,通考卷三二四注引南史作「罪輕」。

「杖」,三朝本、汲本、南監本、北監本、殿本、局本、南史卷七九文身國傳、册府卷九五九同,百衲本作「仗」。

按:百衲本「仗」字版刻譌誤。

782. 有枉則猛獸避而不食,

「猛獸」,南史卷七九文身國傳作「獸」。

大漢國

783. 大漢國,在文身國東五千餘里。

「文身國」,南史卷七九大漢國傳同,册府卷九五九作「文文國」。

「五千」,南史卷七九大漢國傳,册府卷九五七、卷九五九同;海東高僧傳卷一作「二千」。

按:册府「文文」版刻譌誤。下文「風俗並與文身國同而言語異」,册府亦作「文身國」。

784. 不攻戰。

南史卷七九大漢國傳、册府卷九五九同,御覽卷七八四引南史作「不戰伐」。

馬宗霍南史校證卷七九:按太平御覽卷七八四大漢條下引南史此文「不攻戰」作「不戰伐」。

785. 風俗並與文身國同而言語異。

「文身國同」,南史卷七九大漢國傳同,册府卷九五九作「文身國」。

按:册府脱「同」字。

扶桑國

786. 其國有沙門慧深來至荆州,

「慧深」,南史卷七九扶桑國傳同,佛祖統紀卷五二作「惠深」。

「荆州」,南史卷七九扶桑國傳同,佛祖統紀卷三二作「建康」,佛祖統紀卷三六、卷五二作「京師」。

787.「扶桑在大漢國東二萬餘里,

「扶桑」,南史卷七九扶桑國傳同,册府卷九五九作「扶桑國」。

「二萬餘里」,南史卷七九扶桑國傳、册府卷九五九同,册府卷九五七作「一萬里」,佛祖統紀卷三二、卷三六作「三萬里」。

788. 扶桑葉似桐,

「桐」,北監本、殿本、局本、南史卷七九扶桑國傳、通典卷一八六、册府卷九五九、太平寰宇記卷一七五、通志卷一九四、通考卷三二七同,百衲本、三朝本、汲本、南監本作「銅」。

按:百衲本、三朝本、汲本、南監本「銅」字版刻譌誤。

789. 而初生如笋,

「而初生」,南史卷七九扶桑國傳作「初生」。

790. 亦以爲綿。

「綿」,册府卷九五九作「緜」,南史卷七九扶桑國傳、通典卷一八六、太平寰宇記卷一七五、通志卷一九四、通考卷三二七作「錦」。

按:「綿」、「緜」同。

791. 若犯輕者入南獄，

「若犯輕者」，册府卷九五九同，南史卷七九扶桑國傳、通志卷一九四、通考卷三二七作「若有犯輕罪者」。

792. 重罪者入北獄。

「重罪者」，南史卷七九扶桑國傳、册府卷九五九同，通志卷一九四、通考卷三二七作「罪重者」。

793. 有赦則赦南獄，

「赦南獄」，册府卷九五九同，南史卷七九扶桑國傳、通志卷一九四、通考卷三二七作「放南獄」。

794. 不赦北獄。在北獄者，

北監本、殿本、局本、南史卷七九扶桑國傳、通志卷一九四、通考卷三二七、册府卷九五九同，百衲本、三朝本、汲本、南監本作「不赦北獄者」。

按：百衲本、三朝本、汲本、南監本脱「北獄在」三字。

795. 國乃大會，

「國乃」，南史卷七九扶桑國傳、通志卷一九四、通考卷三二七作「國人」，册府卷九五九作「國之」。

按：册府「之」字版刻譌誤。

796. 坐罪人於坑，

「坑」，南史卷七九扶桑國傳、册府卷九五九同，通志卷一九四作「地」。

797. 以灰繞之，

「灰」，南史卷七九扶桑國傳同，册府卷九五九作「火」。

798. 二重則及子孫，

「則及」，南史卷七九扶桑國傳、册府卷九五九同，通考卷三二七作「則身及」。

799. 三重則及七世。

「三重」，南史卷七九扶桑國傳、册府卷九五九、通志卷一九四、通考卷三二七作「三重者」。

800. 貴人第一者爲大對盧，

「大對盧」，册府卷九五九同，南史卷七九扶桑國傳、通志卷一九四、通考卷三二七作「對盧」。

按：疑南史、通志、通考脱「大」字。

801. 國王行有鼓角導從。

「國王」，北監本、殿本、南史卷七九扶桑國傳、通典卷一八六、太平寰宇記卷一七五、通志卷一九四、通考卷三二七同，百衲本、三朝本、汲本、南監本、局本、册府卷九五九作「國主」。

張元濟梁書校勘記：「殿（本）是……」

「行」，南史卷七九扶桑國傳、册府卷九五九同，通志卷一九四作「出行」。

按：百衲本、三朝本、汲本、南監本、局本、册府「主」字版刻譌誤。上文云「名國王爲乙祁」，百衲本、三朝本、汲本、南監本、局本、册府卷九五九亦作「王」。

802. 其衣色隨年改易，

「改易」，南史卷七九扶桑國傳同，册府卷九五九作「改爲」，通志卷一九四作「更改」。

803. 丙丁年赤，

「丙」，北監本、殿本、南史卷七九扶桑國傳、册府卷九五九同，百衲本、三朝本、汲本、南監本、局本作「景」。

「丙丁」，南史卷七九扶桑國傳同，册府卷九五九作「丁丙」。

按：唐諱「昺」、「丙」等字（唐高祖父名昺），以「景」代「丙」。又册府「丁丙」誤倒。

804. 有牛角甚長，

「甚長」，北監本、殿本、局本、南史卷七九扶桑國傳、通典卷一八六、太平寰宇記卷一七五、通志卷一九四同，百衲本、三朝本、汲本、南監本、通考卷三二七、册府卷九五九作「長」。

按：無「甚」字亦通。

805. 車有馬車、牛車、鹿車。

「車有」，南史卷七九扶桑國傳作「有」。

「馬車牛車」，南史卷七九扶桑國傳同，册府卷九五九作「牛馬車」。

806. 有桑梨，經年不壞。

「桑梨」，册府卷九五九同，南史卷七九扶桑國傳、通典卷一八六、太平寰宇記卷一七五、通志卷一九四、通考卷三二七作「赤梨」。

馬宗霍南史校證卷七九：疑「赤」字是。

807. 其婚姻，壻往女家門外作屋，

「其婚姻」，册府卷九五九同，南史卷七九扶桑國傳作「其昏姻法」，通典卷一八六、太平寰宇記卷一七五作「其婚姻法」，通志卷一九四作「其婚娶法」，通考卷三二七作「其婚法」。

「壻」，南史卷七九扶桑國傳作「則壻」，册府卷九五九作「婿」。

808. 相悦乃成婚。婚禮大抵與中國同。

「成婚」，南史卷七九扶桑國傳作「成昏」。

「婚禮」，南史卷七九扶桑國傳作「昏禮」，册府卷九五九作「姻禮」。

按：疑册府「姻」字版刻譌誤。

809. 五日不食；

「五日」，百衲本、三朝本、汲本、南監本、殿本、局本、南史卷七九扶桑國傳、册府卷九五九同，北監本作「五十」。

按：北監本「十」字版刻譌誤。

810. 兄弟伯叔姑姊妹,

「姑姊妹」,南史卷七九扶桑國傳同,册府卷九五九作「姑姊」,太平寰宇記卷一七五作「姊妹」。

「姊妹」,南史卷七九扶桑國傳同,通典卷一八六、太平寰宇記卷一七五作「姊妹喪」。

811. 三日不食。

「三日」,南史卷七九扶桑國傳同,册府卷九五九作「二日」。

按:疑册府「二」字版刻譌誤。

812. 設靈爲神像,

「靈」,册府卷九五九同,南史卷七九扶桑國傳、通典卷一八六作「座」,太平寰宇記卷一七五、通志卷一九四、通考卷三二七作「坐」。

813. 不制縗絰。

「縗」,南史卷七九扶桑國傳作「衰」。

按:「衰」同「縗」。

814. 嗣王立,三年不視國事。

「王立」,南史卷七九扶桑國傳同,册府卷九五九作「立王」。

「視」,册府卷九五九同,南史卷七九扶桑國傳、通志卷一九四、通考卷三二七作「親」。

按:册府「立王」誤倒。

815. 宋大明二年,

「二年」,南史卷七九扶桑國傳同,佛祖統紀卷三二、卷三六作「五年」。

816. 罽賓國嘗有比丘五人游行至其國,

「游行至」,南史卷七九扶桑國傳作「游行」。

817. 至二、三月,

「月」,汲本、南監本、北監本、殿本、局本、南史卷七九扶桑國傳同,百衲本、三朝本作「日」。

張元濟梁書校勘記:「殿(本)是。」

按:百衲本、三朝本「日」字版刻譌誤。

818. 項後生毛,

「項」,南史卷七九扶桑國傳作「頂」。

南史原校勘記[一八]:「項後」各本作「頂後」,據梁書改。

馬宗霍南史校證卷七九:按「頂」梁書作「項」,太平御覽卷七八四女國條下引南史此文亦作「項」,疑「項」字是。

按:中華書局點校本南史已改作「項」。

819. 毛中有汁,以乳子,一百日能行,

「汁」,南史卷七九扶桑國傳同,御覽卷七八四引南史作「汗」。

「以」,南史卷七九扶桑國傳同,御覽卷七八四引南史作「似」。

「一百」,南史卷七九扶桑國傳作「百」。

馬宗霍南史校證卷七九:太平御覽卷七八四引南史此文「以」作「似」,則「似乳」爲句,「子」字屬下讀。

按:御覽「汗」字版刻譌誤。

820. 有晉安人渡海,爲風所飄至一島,登岸,

「渡」,南史卷七九扶桑國傳作「度」。

「登岸」,南史卷七九扶桑國傳同,太平寰宇記卷一七五作「登山岸」。

按:疑太平寰宇記衍「山」字。

821. 女則如中國,

「中國」,南史卷七九扶桑國傳同,通典卷一八六、太平寰宇記卷一七五、通考卷三二七作「中國人」。

822. 其聲如吠。

「吠」,北監本、殿本、南史卷七九扶桑國傳、通志卷一九四同,百衲本、三朝本、汲本、南監本、局本作「犬」,通典卷一八六、太平寰宇記卷一七五、通考卷三二七作「犬吠」。

河　南

823. 河南王者,其先出自鮮卑慕容氏。

南史卷七九河南傳同,宋樓鑰撰攻媿集卷七五跋傳欽甫所藏職貢圖作「河南出鮮卑慕容氏」。

824. 初,慕容奕洛干有二子,

「干」,三朝本、汲本、南監本、北監本、殿本、局本、南史卷七九河南傳同,百衲本、宋本册府卷九五六、册府卷九五六作「于」。

「奕洛干」,南史卷七九河南傳同,宋本册府卷九五六作「奕洛于」,册府卷九五六作「雒干于」,宋書卷九六鮮卑吐谷渾傳作「奕洛韓」;御覽卷一二一引十六國春秋前燕録,晉書卷九七吐谷渾傳、卷一〇八慕容廆載記,通典卷一九〇、通考卷三三四作「徒何涉歸」,隋書卷八三吐谷渾傳、北史卷九六吐谷渾傳、太平寰宇記卷一八八、通志卷一九五、宋本册府卷九六七、册府卷九六七作「徒河涉歸」,通鑑卷九〇晉紀建武元年作「涉歸」。

北史卷九六吐谷渾傳、通志卷一九五:「涉歸一名奕洛韓」。

按:百衲本、宋本册府、册府「于」字版刻譌誤,册府「雒干于」版刻譌誤。

825. 嫡曰廆。

「嫡」,宋書卷九六鮮卑吐谷渾傳、隋書卷八三吐谷渾傳、北史卷九六吐谷渾傳、通典卷一九〇作「少」。

「廆」,南史卷七九河南傳、宋本册府卷九五六、册府卷九五六同,宋書卷九六鮮卑吐谷渾傳、隋書卷八三吐谷渾傳、北史卷九六吐谷渾傳、通典卷一九〇、太平寰宇記卷一八八、通志卷一九五、通考卷三三四、宋本册府卷九六七作「若洛廆」,册府卷九六七作「若落

廆」。

魏書卷九五徒何慕容廆傳云「徒何慕容廆字弈洛瓌」，北史卷九三僭僞附庸傳、御覽卷一二一引十六國春秋前燕録云「慕容廆字弈洛瓌」。

826. 洛干卒，

「干」，三朝本、汲本、南監本、殿本、局本、南史卷七九河南傳、宋本册府卷九五六同，百衲本、北監本、册府卷九五六作「于」。

按：百衲本、北監本、册府「于」字版刻謁誤。

827. 廆追留之，而牛馬皆西走，不肯還，

按：晉書卷九七吐谷渾傳、宋書卷九六鮮卑吐谷渾傳、北史卷九六吐谷渾傳僅記吐谷渾部馬不肯東還事，未言有牛。

828. 因遂西上隴，

「西上隴」，百衲本、三朝本、汲本、南監本、局本同，北監本、殿本、魏書卷一〇一吐谷渾傳作「徙上隴」，南史卷七九河南傳、宋本册府卷九五六、册府卷九五六作「西徙上隴」，北史卷九六吐谷渾傳作「從上隴」，通鑑卷九〇晉紀建武元年作「度隴而西」。

北史原校勘記[二七]：魏書卷一〇一（補）吐谷渾傳（百衲本）「從」作「徙」，疑是。

按：宋書卷九六鮮卑吐谷渾傳云「遂得上隴」、「渾既上隴」，疑「徙」字爲贅辭。

829. 度枹罕，

「枹」，百衲本、北監本、殿本、局本、宋書卷九六鮮卑吐谷渾傳、周書卷五〇吐谷渾傳、南史卷七九河南傳、北史卷九六吐谷渾傳、水經注卷二、通典卷一九〇、太平寰宇記卷一八八、通考卷三三四、宋本册府卷九五六同，三朝本、汲本、南監本、册府卷九五六作「抱」。

按：「抱」通「枹」。

830. 至赤水而居之。

周偉洲編吐谷渾資料輯録（第 46 頁）：「此赤水，應即隋河源郡内赤水，在今青海共和。」

831. 其地則張掖之南，隴西之西，在河之南，

「其地」，南史卷七九河南傳作「地」。

「河之南」，册府卷九五八同，南史卷七九河南傳、宋本册府卷九五六、册府卷九五六、宋樓鑰撰攻媿集卷七五跋傅欽甫所藏職貢圖作「河南」。

832. 其界東至疊川，

「疊」，南史卷七九河南傳、册府卷九五八同，百衲本、三朝本、汲本、南監本、北監本、殿本、局本作「壘」。

原校勘記[三一]：「疊」各本譌「壘」，據南史改。

按：百衲本、三朝本、汲本、南監本、北監本、殿本、局本「壘」誤。隋書卷八三吐谷渾傳：「吐谷渾與若洛廆不協，遂西度隴，止于甘松之南，洮水之西，南極白蘭山，數千里之

地。」隋書卷二九地理志上臨洮郡有疊川縣,有洮水、流水,即此地。

833. 西隣于闐,

「隣」,百衲本、三朝本、汲本、南監本、北監本、局本、南史卷七九河南傳同,殿本作「鄰」。

按:「隣」同「鄰」。

834. 方千餘里,

「方千餘里」,南史卷七九河南傳、册府卷九五八同,周書卷五〇吐谷渾傳、北史卷九六吐谷渾傳作「東西三千里,南北千餘里」,隋書卷八三吐谷渾傳作「數千里之地」,舊唐書卷一九八吐谷渾傳、新唐書卷二二一上吐谷渾傳作「地數千里」,通鑑卷九〇晉紀建武元年作「地方數千里」,通鑑卷一五八梁紀大同六年作「其地東西三千里,南北千餘里」,通志卷一九五作「數千里……東西三千里,南北千餘里」。

835. 蓋古之流沙地焉。

南史卷七九河南傳、册府卷九五八同,宋樓鑰撰攻媿集卷七五跋傳欽甫所藏職貢圖作「古之流沙也」。

周偉洲編吐谷渾資料輯録(第 47 頁):「蓋以上敘梁時吐谷渾疆域四至,從其『西鄰于闐,北接高昌』看,時吐谷渾已領鄯善、且末之地。」

836. 有青海方數百里,

「方數百里」,南史卷七九河南傳同,周書卷五〇吐谷渾傳、隋書卷八三吐谷渾傳、北史卷九六吐谷渾傳、通典卷一九〇、太平寰宇記卷一八八、通志卷一九五、通考卷三三四作「周回千餘里」,隋書、通典、太平寰宇記、通考「回」作「迴」;舊唐書卷一九八吐谷渾傳作「周迴八百里」,新唐書卷二二一上吐谷渾傳作「周八九百里」。

837. 放牝馬其側,

「牝馬」,南史卷七九河南傳同,北史卷九六吐谷渾傳作「良牝馬」。

838. 女子披髮爲辮。

「披」,南史卷七九河南傳作「被」。

按:「被」通「披」。

839. 其後吐谷渾孫葉延,

「延」,晉書卷九七吐谷渾傳,宋書卷九六鮮卑吐谷渾傳,魏書卷一〇一吐谷渾傳,北史卷九六吐谷渾傳,宋本册府卷九六七、卷一〇〇〇,册府卷九六二、卷九六七、卷一〇〇〇同;南史卷七九河南傳作「廷」。

清王懋竑撰讀書記疑卷一三南史存校:「廷當作延。」

南史原校勘記[一九]:「葉延」各本作「葉廷」,據梁書、晉書改。

馬宗霍南史校證卷七九:宋書鮮卑吐谷渾傳亦作「業延」,魏書吐谷渾傳同,疑「廷」誤。

按:中華書局點校本南史已改作「延」。

840. 頗識書記，自謂曾祖奕洛干始封昌黎公，

「識書記」，南史卷七九河南傳同，北史卷九六吐谷渾傳作「視書傳」。

「干」，汲本、殿本、局本、南史卷七九河南傳、宋本册府卷九五六、册府卷九五六同，百衲本、三朝本、南監本、北監本作「于」，北史卷九六吐谷渾傳作「韓」。

按：百衲本、三朝本、南監本、北監本「于」字版刻譌誤。

841. 吾蓋公孫之子也。

「吾蓋」，南史卷七九河南傳同，宋本册府卷九五六、册府卷九五六作「蓋」，北史卷九六吐谷渾傳作「吾爲」。

「子也」，南史卷七九河南傳同，北史卷九六吐谷渾傳作「子」。

按：此句語意未完，不宜句斷，原點校本標點有誤。

842. 禮以王父字爲國氏，

「國氏」，南史卷七九河南傳，北史卷九六吐谷渾傳，通鑑卷九四晉紀咸和四年，宋本册府卷九五六、卷九六七，册府卷九五六、卷九六七作「氏」。

北史卷九六吐谷渾傳作「案禮，公孫之子得以王父字爲氏」。

册府卷九六二作「禮云：公孫之子，得以王父字爲氏」。

843. 因姓吐谷渾，

南史卷七九河南傳同，實録卷一六作「以吐渾爲氏」，册府卷九六二作「今以吐谷渾爲氏」，北史卷九六吐谷渾傳作「遂以吐谷渾爲氏焉」。

844. 亦爲國號。

「爲」，南史卷七九河南傳同，宋本册府卷九六七、册府卷九六七作「以爲」。

845. 至其末孫阿豺，始受中國官爵。

「末」，三朝本、汲本、南監本、北監本、殿本、局本、南史卷七九河南傳、宋本册府卷九五六、册府卷九五六同，百衲本作「未」。

「豺」，汲本、局本，南史卷一宋本紀上、卷七九河南傳，北史卷九六吐谷渾傳，通典卷一九〇，實録卷一一，太平寰宇記卷一八八，通志卷一九五，通考卷三三四，宋本册府卷九五六、卷九六七，册府卷九五六、卷九六七同；百衲本、三朝本、北監本、殿本作「犲」；南監本闕；晉書卷一二五乞伏熾磐載記、通鑑卷一一八晉紀義熙十三年作「柴」；宋書卷九六鮮卑吐谷渾傳「犲」、「豺」並見。

「始受中國官爵」，南史卷七九河南傳作「始通江左受官爵」，宋本册府卷九五六、册府卷九五六作「始通江左」。

按：百衲本「未」字版刻譌誤。「犲」同「豺」。

846. 弟子慕延，

「弟子」，南史卷七九河南傳、宋本册府卷九五六、册府卷九五六同，宋本册府卷九六七、册府卷九六七作「母弟」。

「慕延」，南史卷七九河南傳，宋本册府卷九五六、卷九九九，册府卷九五六、卷九六

三、卷九九九同;宋書卷五文帝紀、册府卷九七四、實録卷一二作「慕容延」;宋本册府卷九七四作「慕谷延」;北史卷九六吐谷渾傳、通鑑卷一二〇宋紀元嘉元年、通考卷三三四作「慕利延」;宋本册府卷九六七、册府卷九六七「慕利延」、「慕延」並見;十六國春秋卷八六、卷九四,通鑑卷一二一宋紀元嘉六年作「没利延」。

周偉洲編吐谷渾資料輯録(第48頁):「按北史、宋書均云慕利延(慕延)爲阿豺弟,此云『弟子』,疑『子』衍誤。」

按:宋本册府「谷」字版刻譌誤。宋書卷九六鮮卑吐谷渾傳、北史卷九六吐谷渾傳、通典卷一九〇、太平寰宇記卷一八八、通志卷一九五、通考卷三三四均云慕延(慕利延)爲阿豺弟,「子」字疑衍。又據宋書卷九六鮮卑吐谷渾傳,北史卷九六吐谷渾傳,通典卷一九〇,通鑑卷一二〇宋紀元嘉元年,太平寰宇記卷一八八,通志卷一九五,通考卷三三四,宋本册府卷九六七,册府卷九六三、卷九六七,阿豺與慕延之間,吐谷渾國主尚有慕璝一人,宋文帝元嘉九年封隴西王,梁書失載。慕璝爲阿豺弟,慕延之兄,宋書載慕璝上表云「臣亡兄阿犲」,元嘉七年詔曰「吐谷渾慕璝兄弟慕義」云云,可證。魏書卷一〇一吐谷渾傳謂慕璝爲阿豺兄子,而同傳上文明言樹洛干弟阿豺,樹洛干同母異父弟慕瞶、慕利延,知此四人皆爲兄弟屬,「兄子」之説爲誤。

847. 宋元嘉末又自號河南王。

「自號河南王」,南史卷七九河南傳、宋本册府卷九五六、册府卷九五六同,宋書卷九六鮮卑吐谷渾傳、通鑑卷一二三宋紀元嘉十六年作「改封河南王」,北史卷九六吐谷渾傳作「宋封爲河南王」。

宋書卷五文帝紀:「(元嘉十六年)六月己酉,隴西吐谷渾慕容延改封河南王。」

宋書卷九六鮮卑吐谷渾傳:「(元嘉)十六年,改封河南王。」

册府卷九六三:「(元嘉)十六年六月,改封隴西王吐谷渾慕延爲河南王。」

周偉洲編吐谷渾資料輯録(第48頁):「據宋書鮮卑吐谷渾傳,元嘉十六年宋改封慕利延爲『河南王』,非其自號。」

848. 慕延死,從弟拾寅立,

「拾寅」,南史卷七九河南傳,北史卷九六吐谷渾傳,宋本册府卷九六七、卷九六八、卷九九九;册府卷九六三、卷九六七、卷九六八、卷九九九同,宋書卷九後廢帝紀作「拾夤」。

宋書卷九六鮮卑吐谷渾傳云「慕璝兄樹洛干子拾寅」,通典卷一九〇、太平寰宇記卷一八八、通考卷三三四云「阿豺兄樹洛干子拾寅」,通鑑卷一二六宋紀元嘉二十九年云「樹洛干之子拾寅」。

周偉洲編吐谷渾資料輯録(第48頁):「按北史吐谷渾傳等云拾寅爲樹洛干子,慕利延爲樹洛干弟,此云拾寅爲慕利延『從弟』誤,應爲『兄子』。」

按:阿豺、慕璝爲慕延兄,則拾寅當爲慕延從子;北史卷九六吐谷渾傳、通志卷一九五明言「慕利延兄子拾寅」,梁書「從弟」當作「從子」。

849. 子度易侯立。

「度易侯」,南史卷七九河南傳、北史卷九六吐谷渾傳、宋本册府卷九六七、通鑑卷一三五齊紀建元三年同;南齊書卷五九河南傳,宋本册府卷九九九,册府卷九六三、卷九九九,實録卷一六作「易度侯」;册府卷九六七作「易侯」。

按:册府卷九六七脱「度」字。

850. 易侯死,子休留代立。

「休留代」,南史卷七九河南傳、册府卷九六三同,南齊書卷三武帝紀作「休留成」,南齊書卷五九河南傳、實録卷一六作「休留茂」。①

北史卷九六吐谷渾傳:「度易侯……死,子伏連籌立。」魏書卷一〇一吐谷渾傳同。

通鑑卷一三七齊紀永明八年:「河南王度易侯卒,乙酉,以其世子伏連籌爲秦河二州刺史。」

通鑑考異卷六:「齊書作世子休留成,今從魏書。」

851. 以代爲使持節、都督西秦河沙三州、鎮西將軍、護羌校尉、西秦河二州刺史。

「三州」,南史卷七九河南傳、册府卷九六三同,南齊書卷五九河南傳作「三州諸軍事」。

「護羌」,南史卷七九河南傳、册府卷九六三同,南齊書卷五九河南傳作「領護羌」。

「西秦河二州」,南齊書卷五九河南傳、南史卷七九河南傳、册府卷九六三同,南齊書卷三武帝紀作「秦河二州」。

南齊書武帝紀原校勘記[二五]:「休留成」毛本、殿本、局本作「休留代」,梁書、南史同。河南傳作「休留茂」。通鑑從魏書作「伏連籌」。又「秦、河二州」當依河南傳作「西秦、河二州」。

按:南齊書武帝紀脱「西」字。

852. 梁興,進代爲征西將軍。

梁書卷二武帝紀中:天監元年夏四月戊辰,「鎮西將軍河南王吐谷渾休留代進號征西將軍。」

853. 代死,子伏連籌襲爵位。

「伏連籌」,梁書卷二武帝紀中,周書卷五〇吐谷渾傳,北史卷九六吐谷渾傳,宋本册府卷九六七,册府卷九六三、卷九六七,通鑑卷一三七齊紀永明九年,通志卷一九五同;百衲本、三朝本、汲本、南監本、北監本、殿本、局本、御覽卷七九四引梁書、南史卷七九河南傳、宋本册府卷九九九、册府卷九九九作「休運籌」。

梁書卷二武帝紀中:「(天監)三年九月壬子,以河南王世子伏連籌爲鎮西將軍、西秦河二州刺史、河南王。」

北史卷九六吐谷渾傳:「度易侯……死。子伏連籌立。」

南齊書卷五九河南傳:「易度侯卒,八年,立其世子休留茂爲使持節、督西秦河沙三州

---

① 周偉洲編:吐谷渾資料輯録,第48頁。

諸軍事、鎮西將軍、領護羌校尉、西秦河二州刺史。」

通鑑卷一四五梁紀天監三年:「九月壬子,以吐谷渾王伏連籌爲西秦河二州刺史、河南王。」

宋本册府卷九六七、册府卷九六七:「易侯死,子伏連籌立。」

通志卷一九五:「度易侯卒,子伏連籌立。」

廿二史考異卷二六:「『休運』當作『伏連』。」

丁謙梁書夷貊傳地理考證:「『休運籌』殆『伏連籌』之誤。」

原校勘記[三二]:「伏連」各本作「休運」,據魏書吐谷渾傳、北史吐谷渾傳改。

南史原校勘記[二一]:「伏連籌」各本作「休運籌」,據册府元龜九六七改。錢大昕廿二史考異謂「休運」當作「伏連」。

周偉洲編吐谷渾資料輯録(第 48 頁):「據北史吐谷渾傳,度易侯死,子伏連籌立,南齊書河南傳記,度易侯死,休留茂立,則伏連籌、休留茂(代)應即一人。梁書在休留代後,又云其子伏連籌立,疑誤。因當時吐谷渾與北魏關係更爲密切,故魏書、北史所記理應較確。」

按:百衲本、三朝本、汲本、南監本、北監本、殿本、局本、御覽、南史、宋本册府、册府「休運」誤。又北史、通鑑、册府、通志未載休留代一系。中華書局點校本南史已改作「伏連籌」。

854. 天監十三年,遣使獻金裝馬腦鍾二口,

「金裝馬腦鍾」,南史卷七九河南傳、宋本册府卷九六八、册府卷九六八同,宋樓鑰撰攻媿集卷七五跋傅欽甫所藏職貢圖作「瑪瑙鍾」。

宋樓鑰撰攻媿集卷七五跋傅欽甫所藏職貢圖:「梁天監元年,遣使朝貢,獻瑪瑙鍾。」

按:梁書卷三三張率傳:「(天監)四年三月,禊飲華光殿。其日,河南國獻舞馬……」張率受命作賦,中言「河南又獻赤龍駒」,「維梁受命四載」云云,此爲天監四年河南國獻赤舞龍駒之證。梁書卷四九周興嗣傳:「高祖革命……其年,河南獻儛馬,詔興嗣與待詔到沆、張率爲賦,高祖以興嗣爲工。」此亦當指天監四年河南國獻赤舞龍駒事。此事傳文失載。

855. 十五年,又遣使獻赤舞龍駒及方物。

「十五年」,百衲本、北監本、殿本、御覽卷七九四引梁書、南史卷七九河南傳、宋本册府卷九六八、册府卷九六八同,三朝本、汲本、南監本、局本作「十三年」。

梁書卷二武帝紀中:天監十五年秋八月,「河南遣使獻方物。」

宋書卷九六鮮卑吐谷渾傳:「世祖大明五年,拾寅遣使獻善舞馬,四角羊。皇太子、王公以下上舞馬歌者二十七首。」

北史卷九六吐谷渾傳:「後拾寅……通使於宋,獻善馬、四角羊,宋明帝加之官號。……西魏大統初……於是夸吕再遣使獻能舞馬及羊、牛等。」

北史原校勘記[三六]:獻善馬四角羊　宋書作「善舞馬」,此脱「舞」字。

按:上文已有「十三年」,此處不應再出,三朝本、汲本、南監本、局本「三」字版刻譌誤。

856. 其使或歲再三至，或再歲一至。

南史卷七九河南傳同。

梁書卷二武帝紀中：「（天監十六年）三月丙子，河南王遣使獻方物。」

南史卷六梁本紀上：「（天監十六年）是歲，河南……遣使朝貢。」

857. 其地與益州隣，

「隣」，百衲本、三朝本、汲本、南監本、北監本、局本、南史卷七九河南傳同，殿本作「鄰」。

按：「隣」同「鄰」。

858. 爲之辭譯，

「辭」，汲本、南監本、北監本、殿本、局本同，百衲本、三朝本作「辤」。

按：「辤」同「辭」。

859. 普通元年，又奉獻方物。

「奉」，南史卷七九河南傳作「奉表」。

按：梁書卷三武帝紀下：普通七年二月，「河南王遣使獻方物。」傳文失載。

860. 籌死，子呵羅真立。

「籌」，南史卷七九河南傳同，册府卷九六三作「着」。

「呵羅真」，南史卷七九河南傳、册府卷九六三同，梁書卷三武帝紀下作「阿羅真」。

通鑑卷一五八梁紀大同六年：「伏連籌卒，子夸吕立，始稱可汗……」

北史卷九六吐谷渾傳、宋本册府卷九六七、册府卷九六七：「伏連籌死，子夸吕立，始自號爲可汗。」

隋書卷八三吐谷渾傳：「吕夸在位百年……」

北史卷九六吐谷渾傳：「夸吕在位百年……」

周偉洲編吐谷渾資料輯録（第49頁）：「據北史吐谷渾傳：伏連籌死，子夸吕立。此云呵羅真立，且云於大通三年襲爵，與梁書武帝紀下記同。疑伏連籌即死於此年。」

按：册府「着」字版刻譌誤。

861. 大通三年，詔以爲寧西將軍、護羌校尉、西秦河二州刺史。真死，子佛輔襲爵位，其世子又遣使獻白龍駒於皇太子。

「大通三年」，南史卷七九河南傳同，梁書卷三武帝紀下、册府卷九六三作「中大通元年」。

「護羌」，南史卷七九河南傳同，册府卷九六三作「獲羌」。

「西秦河二州刺史」，南史卷七九河南傳、册府卷九六三同，梁書卷三武帝紀下作「西秦河沙三州刺史」。

册府卷九六三注：「一云西秦河沙三州刺史。」

梁書卷三武帝紀下：中大通元年（529）三月，「以河南王阿羅真爲寧西將軍、西秦河沙三州刺史。」

周偉洲編吐谷渾資料輯録(第 49 頁):「據梁書武帝紀下記:中大通元年(公元 529 年)三月,梁『以河南王阿羅真(即呵羅真之異譯)爲寧西將軍、西秦河沙三州刺史。』次年四月,又『以河南王佛輔爲寧西將軍,西秦河二州刺史。』即是説,呵羅真在位僅一年,其子佛輔即立。至六年(公元 534 年),梁『以行河南王可沓振爲西秦河二州刺史、河南王』。則梁書、南史記伏連籌卒後,吐谷渾王位變動頻繁,與北史記伏連籌子夸吕一直在位百年異。據北史吐谷渾傳云,北魏末年,『自爾以後,關徼不通,貢獻遂絶』,故梁書記載較北史爲確。又北史、周書記夸吕於大統初(公元 535 年左右),始遣使到西魏,興和中(公元 540 年左右)始遣使至東魏,均在可沓振之後。故疑夸吕之立,當在可沓振之後。」

按:册府「獲」字版刻譌誤。大通三年冬十月,改中大通元年,傳文不誤。梁書卷三武帝紀下:中大通二年夏四月,「以河南王佛輔爲寧西將軍、西秦河二州刺史」;中大通五年春正月,「河南國遣使獻方物」;中大通六年三月,「以行河南王可沓振爲西秦河二州刺史、河南王」;大同四年三月,「河南國遣使獻方物」;大同六年五月,「河南王遣使獻馬及方物」。實録卷一七:大同六年五月乙卯,「河南王遣使獻馬及方物,求經論十四條,并請制所定涅槃經、般若、金光明經講疏一百三卷。」宋贊寧等撰宋高僧傳卷二七:「昔梁武世,吐谷渾夸吕可汗使來求佛像及經論十四條,帝與所撰涅槃、般若、金光明等經疏一百三卷付之。」凡此傳文失載。

高昌國

862. 闞氏爲主,

「闞氏」,南史卷七九高昌國傳作「初闞氏」。

863. 其後爲河西王沮渠茂虔弟無諱襲破之,

「茂虔」,南史卷七九高昌國傳,宋本册府卷九五六、卷一〇〇〇,册府卷九五六、卷一〇〇〇同;魏書卷九九盧水胡沮渠蒙遜傳、北史卷九三北凉沮渠氏傳、通鑑卷一二四宋紀元嘉十九年作「牧犍」。

864. 其王闞爽奔于芮芮。無諱據之稱王,

「奔」,南史卷七九高昌國傳,宋本册府卷九五六、卷一〇〇〇,册府卷一〇〇〇同;册府卷九五六作「本」。

「芮芮」,宋本册府卷九五六、卷一〇〇〇,册府卷九五六、卷一〇〇〇同;南史卷七九高昌國傳、册府卷九六六作「蠕蠕」;通鑑卷一二四宋紀元嘉十九年作「柔然」。

馬宗霍南史校證卷七九:蠕芮一聲之轉。

按:册府卷九五六「本」字版刻譌誤。據魏書卷九九盧水胡沮渠蒙遜傳、北史卷九七高昌傳、周書卷五〇高昌傳,闞爽、沮渠無諱俱爲高昌太守,稱高昌王自闞伯周始;通鑑卷一二四宋紀元嘉十九年云闞爽「據高昌,自稱太守」;宋書卷九八胡大且渠蒙遜傳亦云「高昌城主闞爽」,記載有異。北史卷九七高昌傳:「無諱死,弟安周代立。和平元年,爲蠕蠕

所并。蠕蠕以闞伯周爲高昌王，其稱王自此始也。」周書卷五〇高昌傳：「其後有闞爽及沮渠無諱，竝自署爲太守。無諱死，茹茹殺其弟安周，以闞伯周爲高昌王。高昌之稱王，自此始也。」通典卷一九一：「文成帝末，其地又爲蠕蠕所并，立闞伯周爲王。（高昌稱王自此始。）」元和郡縣圖志卷四〇：「無諱死，弟安周代立，爲蠕蠕所併，蠕蠕以闞伯周爲高昌王，高昌之稱王，自此始也。」太平寰宇記卷一八〇：「文成末，其地又爲蠕蠕所并，立闞伯周爲王。（高昌稱王自此始也。）」通鑑卷一二九宋紀大明四年：「柔然攻高昌，殺沮渠安周，灭沮渠氏，以闞伯周爲高昌王。高昌稱王自此始。」通志卷一九六：「張軌、吕光、沮渠蒙遜在河西，皆置太守以統之……後魏太武時，有闞爽者自爲高昌太守……無諱死，弟安周立。文成和平元年，其地爲蠕蠕所并。蠕蠕以闞伯周爲高昌王。高昌稱王，自此始也。」

865. 一世而滅。

宋本册府卷一〇〇〇、册府卷一〇〇〇同，南史卷七九高昌國傳作「一世而滅於魏」。

北史卷九七高昌傳：「真君中，爽爲沮渠無諱所襲，奪據之。無諱死，弟安周代立。」

魏書卷九九盧水胡沮渠蒙遜傳：「五年夏，無諱病死，安周代立。」

宋書卷九八氐胡傳：元嘉十九年，「無諱遣將衛寮夜襲高昌，爽奔芮芮，無諱復據高昌……無諱卒，弟安周立。」

余太山梁書西北諸戎傳（節録）要注：「沮渠氏據有高昌始自真君三年（442年），至和平元年（460年）爲芮芮所滅，凡二世一十九年。本傳稱『一世而滅』不確。（参看松田壽男古代天山の歷史地理的研究，早稻田大學出版社，1970，pp. 127。）」①

按：沮渠氏乃爲芮芮所并，南史誤。

866. 國人又立麴氏爲王，

「國」，南史卷七九高昌國傳作「其國」。

「立」，宋本册府卷九五六、册府卷九五六作「據」，南史卷七九高昌國傳、宋本册府卷一〇〇〇、册府卷一〇〇〇作「推」。

「麴」，南史卷七九高昌國傳、册府卷一〇〇〇同，宋本册府卷一〇〇〇作「麹」。

「氏」，南史卷七九高昌國傳同，宋本册府卷一〇〇〇、册府卷一〇〇〇作「民」。

按：宋本册府、册府「據」、「民」，宋本册府「麹」字版刻譌誤。

867. 元魏授車騎將軍、司空公、都督秦州諸軍事、秦州刺史、金城郡開國公。

「元魏」，南史卷七九高昌國傳作「魏」。

「授」，南史卷七九高昌國傳作「授爲」。

「金城郡開國公」，南史卷七九高昌國傳作「金城郡公」，元和姓纂卷一〇作「金城公」。

北史卷九七高昌傳、通志卷一九六：「延昌中，以嘉爲持節、平西將軍、瓜州刺史、泰臨縣開國伯……嘉死，贈鎮西將軍、涼州刺史。」

册府卷九六六：「延昌中，以嘉爲持節、平西大將軍、瓜州刺史、泰品縣開國伯。」

---

① 余太山：梁書西北諸戎傳（節録）要注，西北民族研究，2004年第2期，第94頁。

按：册府「品」字版刻譌誤。

868. 諡曰昭武王。

「諡」，南史卷七九高昌國傳作「國諡」。

869. 子子堅，

「子堅」，魏書卷一一出帝紀、北史卷五魏本紀五同，魏書卷一〇一高昌傳、北史卷九七高昌傳、周書卷五〇高昌傳、隋書卷八三高昌傳、元和郡縣圖志卷四〇、通志卷一九六、通考卷三三六單名「堅」，無「子」字。①

册府卷九六六：「嘉死，子堅立。」

南史卷七九高昌國傳作「子堅堅嗣位」。

清王懋竑撰讀書記疑卷一三南史存校：「當作子子堅。」

南史原校勘記[三二]：各本作「子堅堅嗣位」，據梁書補正。

馬宗霍南史校證卷七九：按梁書作「子子堅」，不重「堅」字，以下文證之，則「子堅」乃昭武王子之名，疑南史此文當作「子子堅嗣位」。

按：中華書局點校本南史補作「子子堅，子堅嗣位」。按南史原本亦同北史、周書單名「堅」，無「子」字。王、馬二氏説未必是。此處中華書局點校本南史可不補字。

870. 使持節、驃騎大將軍、散騎常侍、都督瓜州諸軍事、瓜州刺史、河西郡開國公、儀同三司高昌王嗣位。

「使持節」，南史卷七九高昌國傳作「魏授使持節」。

「都督瓜州諸軍事瓜州刺史」，南史卷七九高昌國傳作「都督瓜州刺史」。

「河西郡開國公」，南史卷七九高昌國傳作「西平郡公」。

「儀同三司」，南史卷七九高昌國傳作「開府儀同三司」。

魏書卷一一出帝紀：「（永熙二年）冬十月癸未，以衞將軍、瓜州刺史、泰臨縣開國伯、高昌王麴子堅爲儀同三司，進爵郡王。」

魏書卷一〇一高昌傳：「普泰初，堅遣使朝貢，除平西將軍、瓜州刺史、泰臨縣伯，王如故，又加衞將軍。至永熙中，特除儀同三司，進爲郡公。」

北史卷五魏本紀五：「（永熙二年）冬十月癸未，以衞將軍、瓜州刺史、泰臨縣伯、高昌王麴子堅爲儀同三司，進爵郡公。」

北史卷九七高昌傳：「普泰初，堅遣使朝貢，除平西將軍、瓜州刺史，泰臨縣伯，王如故。又加衞將軍。至永熙中，特除儀同三司，進爲郡公。」

魏書出帝紀原校勘記[一三]：北史卷五「王」作「公」。按卷一〇一高昌傳也作「公」。這是由縣伯進封郡公，非指高昌王號。作「公」是。

原校勘記[三三]：南史作「西平郡公」。

南史原校勘記[三三]：魏書、北史並作「平西郡公」。

---

① 参見余太山：梁書西北諸戎傳（節録）要注，西北民族研究，2004 年第 2 期，第 95 頁。

按:疑南史「都督」下脱「瓜州諸軍事」五字。魏書、北史不作「平西郡公」,南史原校勘記有誤。吐魯番出土高昌宁朔將軍麴斌造寺碑(碑陰)載高昌王麴宝茂銜名作「西平郡開國公」[①],延昌三十九年(599年)寫本大品經(摩訶般若波羅蜜經)卷一八高昌王麴乾固題記作「西平軍開國公」[②],「軍」字當爲「郡」之譌寫。

871.其國蓋車師之故地也。

「車師之故地也」,宋本册府卷一〇〇〇,册府卷九六一、卷一〇〇〇同;南史卷七九高昌國傳作「車師之故地」;北史卷九七高昌傳、周書卷五〇高昌傳作「車師前王之故地」;隋書卷八三高昌傳作「漢車師前王庭也」;舊唐書卷四〇地理志三、卷一九八高昌傳作「漢車師前王之庭」;新唐書卷二二一上高昌傳作「漢車師前王廷也」;契丹國志卷二六作「漢車師前王庭也」。

通典卷一七四:「西州(今理高昌縣),漢時車師前王之庭。」

元和郡縣圖志卷四〇:「交河縣……本漢車師前王庭也。」

册府卷九五八:「車師前王國,治交河城。」

872.南接河南,東連燉煌,

「河南」,南史卷七九高昌國傳同,册府卷九五八、卷九六一作「河」。

「連」,册府卷九五八、卷九六一同,南史卷七九高昌國傳作「近」。

清王懋竑撰讀書記疑卷一三南史存校:「近當作連。」

「燉煌」,册府卷九五八、卷九六一同,南史卷七九高昌國傳作「敦煌」。

按:册府脱「南」字。

873.北隣敕勒。

「隣」,百衲本、三朝本、汲本、南監本、北監本、局本、南史卷七九高昌國傳同,殿本作「鄰」。

按:「隣」同「鄰」。

874.置四十六鎮,

「四十六鎮」,南史卷七九高昌國傳,册府卷九五八、卷九六一同。

册府卷九五八又云:「國内總有城一十六(一云有八城)。」

馮承鈞高昌城鎮與唐代蒲昌:「諸史高昌傳著録高昌城鎮之數:魏書卷一〇一與北史卷九七謂『國有八城』;梁書卷五四謂『置四十六鎮』,周書卷五〇謂『國内總有城一十六』;隋書卷八四謂『國内有城十八』;舊唐書卷一九八與新唐書卷二二一上謂『國有二十一城』,然後作『二十二城』。梁周時代相接,高昌城鎮不應多至四十有六,梁書『四』字

---

① 寧朔將軍麴斌造寺碑載黄文弼著:吐魯番考古記,摹文見第54～55頁間插頁,拓片見图版第55～58頁;摹文又見黄烈編:黄文弼歷史考古論集,第195～196頁。

② 釋文見池田温編:中國古代寫本識語集録,第152頁。有關高昌麴氏封號之研究,可參看王素著:高昌史稿統治編,第308～316頁。

疑衍。」①

875. 交河、田地、高寧、臨川、横截、柳婆、洿林、新興、

「柳婆」,南史卷七九高昌國傳,册府卷九五八、卷九六一同。

馮承鈞高昌城鎮與唐代蒲昌:「諸史地名常誤娑爲婆,此名疑是柳娑之誤。」②。

按:「柳婆」地名見於吐魯番出土文書高昌章和十一年都官下柳婆無半鹽城始昌四縣司馬主者符爲檢校失奴事③,馮説誤。

876. 由寧、始昌、篤進、

「由寧」,南史卷七九高昌國傳作「寧由」,册府卷九五八、卷九六一作「繇寧」。

南史原校勘記[三四]:「由寧」各本作「寧由」,據梁書改。

馮承鈞高昌城鎮與唐代蒲昌:「南史卷七九高昌傳作寧由,此二『由』字疑均爲『田』字之誤,史書『田』『由』互誤之例固甚多也。」④

王素據吐魯番出土高昌折衝將軍新興令麴斌芝造寺布施記、高昌洿林等城丁輸木薪額文書等,指出「由寧」、「寧由」、「繇寧」俱爲「寧戎」之譌。⑤

余太山梁書西北諸戎傳(節録)要注:「應即吐魯蕃出土文書所見寧戎。」⑥

按:册府作「繇」,乃明諱「由」字(明熹宗、明思宗名),以「繇」代「由」。中華書局點校本南史已改作「由寧」。馮承鈞説不確。

877. 白力等,皆其鎮名。

「白力」,魏書卷四三唐和傳、北史卷二七唐和傳、通鑑卷一二四宋紀元嘉十九年、大慈恩寺三藏法師傳卷一同;百衲本、三朝本、汲本、南監本、北監本、殿本、局本,册府卷九五八、卷九六一作「白刀」;南史卷七九高昌國傳作「白刃」;北史卷九七高昌傳、通鑑卷一四一齊紀建武四年作「白棘」。

「等皆其鎮名」,册府卷九五八、卷九六一同,南史卷七九高昌國傳作「等鎮」。

馮承鈞高昌城鎮與唐代蒲昌:「魏書卷四三唐和傳與大慈恩寺三藏法師傳卷一,均作

---

① 馮承鈞:高昌城鎮與唐代蒲昌,西域南海史地考證論著匯輯,第84～85頁。

② 馮承鈞:高昌城鎮與唐代蒲昌,西域南海史地考證論著匯輯,第85頁。

③ 圖版見新疆維吾爾自治區博物館等編:吐魯番出土文書[壹],第128頁,「哈拉和卓八九號墓文書」;釋文並見國家文物局古文獻研究室等編:吐魯番出土文書,第二册,第29頁;參見王素著:高昌史稿交通编,第39頁。

④ 馮承鈞:高昌城鎮與唐代蒲昌,西域南海史地考證論著匯輯,第85頁。

⑤ 高昌折衝將軍新興令麴斌芝造寺布施記即寧朔將軍麴斌造寺碑,載黄文弼著:吐魯番考古記,摹文見第54～55頁間插頁,拓片見图版第55～58页,按此碑先有羅振玉釋文,載亞洲學術雜誌,第三期,1922年3月,頁碼另起,第1～8頁,羅氏釋文「戎」字闕,黄氏釋文「寧戎」二字俱闕;高昌洿林等城丁輸木薪額文書圖版見新疆維吾爾自治區博物館等編:吐魯番出土文書[壹],第347頁,「阿斯塔那四八號墓文書」;釋文並見國家文物局古文獻研究室等編:吐魯番出土文書,第三册,第92頁;參見王素著:高昌史稿交通编,第39、42、70～71頁。

⑥ 余太山:梁書西北諸戎傳(節録)要注,第95頁。

白力城。」①

原校勘記[三四]:「柳婆」疑當作「柳娑」。「白力」各本作「白刀」,據唐三藏法師傳改,即魏書高昌傳之白棘城。

南史原校勘記[三四]:……「白力」各本作「白刃」,梁書作「白刀」,蓋即北史之「白棘」、魏書唐和傳之「白力」,「白刃」、「白刀」並譌,今據改。

馬宗霍南史校證卷七九:按「等」字下梁書作「皆其鎮名」,語較明白。

按:百衲本、三朝本、汲本、南監本、北監本、殿本、局本、册府「白刀」誤,中華書局點校本南史已改作「白力」。王素據吐魯番出土北涼玄始十二年兵曹牒,兵曹條往守白芀人名文書一、二等,指出「白刀」、「白刃」、「白力」、「白棘」俱爲「白芀」之譌,地在今鄯善。②

878. 官有四鎮將軍及雜號將軍,長史,司馬,門下校郎,中兵校郎,通事舍人,通事令史,諮議,校尉,主簿。

「及」,南史卷七九高昌國傳作「及置」。

「諮議」下,南史卷七九高昌國傳有「諫議」二字。

按:高昌官制,東宫官職有諮議參軍、諫議郎等,諫議郎省稱諫議。延昌十一年(571年)王元祉墓表:「……諮議參軍轉民部司馬追贈長史王元祉之墓表。」延壽十二年(635)張善哲墓表:「……新除侍郎追贈諫議郎……」③又吐魯番出土文獻所見高昌官銜中,有衆多雜號將軍,似無四鎮將軍。④

879. 國人言語與中國略同。

「國人」上,諸番職貢圖卷有「高昌國去益州一萬二千里」十一字。

「中國」,册府卷九六一同,南史卷七九高昌國傳作「華」,諸番職貢圖卷作「魏」。

「同」,南史卷七九高昌國傳同,諸番職貢圖卷作「仝」。

太平廣記卷八一引梁四公記:「高昌國……文字言語,與梁國畧同。」

按:「仝」同「同」,「仝」爲「同」之古文。

880. 有五經、歷代史、諸子集。

「歷代史諸子集」,南史卷七九高昌國傳、册府卷九六一、諸番職貢圖卷同,通典卷一九一作「歷代子史集」。

「諸子集」下,諸番職貢圖卷有「往往誦讀」四字,周書卷五〇高昌傳、北史卷九七高昌傳作「雖習讀之,而皆爲胡語」。

---

① 馮承鈞:高昌城鎮與唐代蒲昌,西域南海史地考證論著匯輯,第 85 頁。

② 圖版見新疆維吾爾自治區博物館等編:吐魯番出土文書[壹],第 72 頁;釋文並見國家文物局古文獻研究室等編:吐魯番出土文書,第一册,第 64～66、142～144 頁;參見王素著:高昌史稿交通编,第 12、43、66 頁。

③ 參見侯燦著:高昌樓蘭研究論集麴氏高昌王國官制研究,第 59 頁。王元祉墓表釋文見陳國燦著:斯坦因所獲吐魯番文書研究,第 379 頁;張善哲墓表釋文見周紹良主編:全唐文新編,卷九九二,第 13739 頁。

④ 有關高昌官制研究,詳參侯燦著:高昌樓蘭研究論集麴氏高昌王國官制研究,第 1～72 頁。

按:疑通典脱「諸」字。

881. 面貌類高驪,

「面貌」,南史卷七九高昌國傳同,册府卷九六一作「面」。

「高驪」,南史卷七九高昌國傳、通典卷一九一、册府卷九六一、諸番職貢圖卷作「高麗」。

按:册府脱「貌」字。

882. 辮髪垂之於背,

「垂」,南史卷七九高昌國傳、册府卷九六一同,通典卷一九一作「施」。

諸番職貢圖卷作「辮髪爲十條,垂肩項之閒」。

883. 著長身小袖袍、縵襠袴。

「袖」,南史卷七九高昌國傳、册府卷九六一同,諸番職貢圖卷作「褎」。

「縵襠袴」下,諸番職貢圖卷有「金鞵靴無裘履」六字。

按:「褎」同「袖」。「鞵」爲皮革之義。宋丁度等撰集韻卷一〇:「鞵,鞊鞵,皮也。」

884. 女子頭髪辮而不垂,

南史卷七九高昌國傳、册府卷九六一、太平寰宇記卷一八〇同,諸番職貢圖卷作「女子頭髪辮而不垂肩」,通典卷一九一作「女子頭髪辮而垂」,新唐書卷二二一上高昌傳云「俗辮髻垂後」,通志卷一九六作「男女辮髪垂之於背……女子頭髪辮而不垂」,通考卷三三六作「辮髪垂之於背,女子亦然」。

885. 著錦纈纓珞環釧。

「纓珞」,南史卷七九高昌國傳、通志卷一九六作「纓絡」,册府卷九六一、諸番職貢圖卷作「瓔珞」。

886. 姻有六禮。

「姻」,南史卷七九高昌國傳作「昏姻」,册府卷九六一、諸番職貢圖卷作「婚姻」。

「有六禮」,南史卷七九高昌國傳、册府卷九六一同,諸番職貢圖卷作「六禮」。

887. 其地高燥,

南史卷七九高昌國傳、通典卷一九一、册府卷九六一同。

按:王素認爲高昌位於今新疆吐魯番,本爲盆地,有很大部分面積低於海平面,「高燥」二字蓋由「高昌」之「高」字推出,與實際地貌不符,疑當作「乾燥」。[①]

888. 土覆其上。

「土覆」,南史卷七九高昌國傳、册府卷九六一同,諸番職貢圖卷作「覆土」。

889. 備植九穀,

「備」上,諸番職貢圖卷有「有水田」三字。

「植」,南史卷七九高昌國傳、册府卷九六一同,諸番職貢圖卷作「種」。

---

① 王素著:高昌史稿交通编,第 11～14 頁。

890. 人多噉麨及羊牛肉。

「麨」,南史卷七九高昌國傳作「麺」,册府卷九六一、諸番職貢圖卷作「麪」。

「及羊牛肉」,南史卷七九高昌國傳、册府卷九六一作「及牛羊肉」,諸番職貢圖卷作「羊牛」。

按:「麪」同「麺」。「麨」,同「麵」,指炒熟的米、麥等乾糧。玉篇卷一五:「麵,糗也。麨,同麵。」説文:「糗,熬米麥也。」

891. 出良馬、蒲陶酒、石鹽。

「蒲陶酒」,南史卷七九高昌國傳作「蒲桃酒」,册府卷九六一作「葡萄酒」,諸番職貢圖卷作「蒲萄酒」。

892. 草實如薗,薗中絲如細纑,

「草」,南史卷七九高昌國傳作「有草」。

「薗」,百衲本、三朝本、汲本、南監本、北監本、殿本、局本同,南史卷七九高昌國傳作「繭」。

按:「薗」同「繭」,「薗」爲「繭」之俗字。

893. 名爲白疊子,國人多取織以爲布。

「名爲」,南史卷七九高昌國傳作「名曰」。

「疊」,南史卷七九高昌國傳同,册府卷九六一作「氎」。

「多取」,南史卷七九高昌國傳作「取」。

按:疑册府「氎」字版刻譌誤。

894. 布甚軟白,交市用焉。

「布甚」,南史卷七九高昌國傳同,册府卷九六一作「甚」。

諸番職貢圖卷作「交關用布帛」。

按:疑册府脱「布」字。

895. 有朝烏者,

「朝烏」,南史卷七九高昌國傳、册府卷九六一同,御覽卷九二〇引梁書作「烏」。

通志卷一九六作「其使人云:本國有朝烏」。

896. 旦旦集王殿前,

南史卷七九高昌國傳、册府卷九六一同,諸番職貢圖卷作「集主殿前地」。

按:疑諸番職貢圖卷「主」字版刻譌誤。

897. 爲行列,不畏人,

「行列」,南史卷七九高昌國傳同,册府卷九六一作「行」。

按:疑册府脱「列」字。

898. 日出然後散去。

「日出然後」,南史卷七九高昌國傳、册府卷九六一、諸番職貢圖卷同,御覽卷九二〇引梁書作「日出後然後」。

按:御覽前一「後」字衍。

899. 大同中,子堅遣使獻鳴鹽枕、蒲陶、良馬、氍毹等物。

「大同」,南史卷七九高昌國傳、通志卷一九六、太平廣記卷八一引梁四公記同,諸番職貢圖卷作「大通」。

「子堅」,南史卷七九高昌國傳同,通志卷一九六作「堅」。

「鳴鹽枕」,南史卷七九高昌國傳、通志卷一九六同,諸番職貢圖卷作「烏鹽枕」。

「蒲陶」,南史卷七九高昌國傳作「蒲桃」,諸番職貢圖卷作「蒲萄」。

「氍毹」,諸番職貢圖卷同,南史卷七九高昌國傳作「氍氀」。

太平廣記卷八一引梁四公記:「大同中……高昌國遣使獻方物……高昌國遣使貢鹽二顆,顆如大斗,狀白似玉。乾蒲桃、刺蜜、涷酒、白麥麪……」

北史卷九七高昌傳:「出赤鹽,其味甚美。復有白鹽,其形如玉,高昌人取以爲枕,貢之中國……於後十餘遣使獻珠像、白黑貂裘、名馬、鹽枕等。」

元和郡縣圖志卷四〇:「高昌國……有鹽,其狀如玉,取以爲枕,貢之中國。」

通志卷一九六:「地産赤鹽,其色如朱。復有白鹽,其形如玉,高昌人取以爲枕,貢之中國。」

御覽卷七〇七引後漢書曰:「魏高昌有白鹽,其形如玉,高昌人取以爲枕,貢之中國。」

按:疑諸番職貢圖卷「大通」誤。御覽引文出處疑誤,似当作後魏書。

滑　國

900. 滑國者,車師之别種也。

「滑國者」,南史卷七九滑國傳同;宋本册府卷九九五、卷一〇〇〇,册府卷九五八、卷九六一、卷九九五、卷一〇〇〇,宋樓鑰撰攻媿集卷七五跋傅欽甫所藏職貢圖作「滑國」;諸番職貢圖卷作「滑者出自西域」。

「車師之」,南史卷七九滑國傳,宋本册府卷九九五、卷一〇〇〇,册府卷九六一、卷九九五、卷一〇〇〇同;册府卷九五八作「車師」。

「别種也」,南史卷七九滑國傳,宋本册府卷一〇〇〇,册府卷九五八、卷九六一、卷一〇〇〇,諸番職貢圖卷同;宋本册府卷九九五、册府卷九九五、宋樓鑰撰攻媿集卷七五跋傅欽甫所藏職貢圖作「别種」。

901. 漢永建元年,

「漢」,南史卷七九滑國傳同,宋本册府卷九五六、册府卷九五六作「後漢」。

902. 八滑從班勇擊北虜有功,

「北虜」,南史卷七九滑國傳、宋本册府卷九五六、册府卷九五六同,通志卷一九六作「北匈奴」。

903. 勇上八滑爲後部親漢侯。

南史卷七九滑國傳同,梁職貢圖作「勇與八滑爲後部」。

後漢書卷八八西域傳:「順帝永建元年,勇率後王農奇子加特奴及八滑等,發精兵擊北虜呼衍王,破之。勇於是上立加特奴爲後王,八滑爲後部親漢侯。」

按:梁職貢圖有脱誤,「與」疑爲「舉」之譌。

904. 自魏、晉以來,不通中國,

「自魏晉」,南史卷七九滑國傳、諸番職貢圖卷同,梁職貢圖作「魏晉」。

「不通中國」,百衲本、三朝本、汲本、南監本、北監本、殿本、局本、南史卷七九滑國傳、梁職貢圖、諸番職貢圖卷同。

殿本梁書考證:監本「來」字下缺三字,今增入。

按:北監本「來」下不缺字,殿本考證疑誤。

905. 至天監十五年,其王厭帶夷栗陁始遣使獻方物。

「至天監」,南史卷七九滑國傳作「至梁天監」,梁職貢圖、諸番職貢圖卷作「天監」。

「其王」,南史卷七九滑國傳同,梁職貢圖作「國王」。

「厭帶夷栗陁」,南史卷七九滑國傳、宋本册府卷九六八、册府卷九六八、宋樓鑰撰攻媿集卷七五跋傅欽甫所藏職貢圖同,梁職貢圖作「姓厭帶名夷栗陁」,通考卷三三八作「厭帶夷粟陀」。

「始遣使」,南史卷七九滑國傳同,梁職貢圖作「始使」,宋本册府卷九六八、册府卷九六八作「始始遣使」。

梁職貢圖作「天監十五年,國王姓厭帶名夷栗陁,始使蒲多達來獻𦸗賔□䏶名纈□」。

諸番職貢圖卷作「天監十五年,奉表獻貢」。

按:通考「粟」字版刻譌誤。通典卷一九三引劉璠梁典:「滑國姓嚈達,後裔以姓爲國號,轉訛又謂之悒怛焉。」「厭帶」、「嚈噠」、「悒怛」爲一音之異寫。宋本册府、册府「厭帶夷栗陁」下,有两「始」字;下文「又遣使獻黄師子」句,宋本册府卷九六八作「滑國王厭帶夷栗陁始遣使獻黄師子」,册府卷九六八作「滑國王厭帶夷栗陀始遣使獻黄獅子」,似以王名爲「厭帶夷栗陁始」,疑衍一「始」字。又「䏶」字同「㲏」,玉篇卷二六:「㲏,音披,毛也。」

906. 普通元年,又遣使獻黄師子、白貂裘、波斯錦等物。

「又遣」,南史卷七九滑國傳作「遣」。

「師」,百衲本、三朝本、汲本、北監本、殿本、局本、南史卷七九滑國傳、宋本册府卷九六八、梁職貢圖同,南監本、册府卷九六八、通考卷三三八、諸番職貢圖卷作「獅」。

「波斯錦等物」,南史卷七九滑國傳、宋本册府卷九六八、册府卷九六八同,梁職貢圖作「波斯師子錦」,諸番職貢圖卷作「波斯獅子錦」。

梁書卷三〇裴子野傳:「是時西北徼外有白題及滑國,遣使由岷山道入貢。」

按:「師」通「獅」。梁書卷五四白題國傳記「普通三年,遣使獻方物」,裴子野傳所謂滑國入貢,當指此普通元年獻黄師子等物事。

907. 七年,又奉表貢獻。

「表」，百衲本、三朝本、汲本、北監本、殿本、局本、南史卷七九滑國傳同，南監本作「衺」。

按：南監本「衺」字版刻譌誤。梁書卷三武帝紀下：大同元年三月辛未，「滑國王安樂薩丹王遣使獻方物」。大同七年三月，「滑國……遣使獻方物」。實録卷一七：大同元年，「……滑……等國朝貢」。凡此傳文失載。

908. 元魏之居桑乾也，

「元魏」，宋本册府卷九九五、卷一〇〇〇，册府卷九九五、卷一〇〇〇同；南史卷七九滑國傳作「魏」；梁職貢圖作「索虜」；通典卷一九三、太平寰宇記卷一八三、通志卷一九六、通考卷三三八作「後魏」；册府卷九五八作「後漢」。

「之居」，南史卷七九滑國傳、宋本册府卷九九五、卷一〇〇〇，册府卷九九五、卷一〇〇〇同；册府卷九五八作「初居」。

「桑乾也」，宋本册府卷九九五、卷一〇〇〇，册府卷九九五、卷一〇〇〇同；梁職貢圖作「桑乾」，南史卷七九滑國傳、册府卷九五八、通志卷一九六作「代都」。

按：册府卷九五八「漢」字版刻譌誤。

909. 滑猶爲小國，屬芮芮。

「猶爲」，南史卷七九滑國傳，宋本册府卷九九五、卷一〇〇〇，册府卷九九五、卷一〇〇〇同；册府卷九五八、梁職貢圖作「爲」。

「芮芮」，宋本册府卷九九五、卷一〇〇〇，册府卷九九五、卷一〇〇〇，梁職貢圖同；南史卷七九滑國傳、册府卷九五八、通志卷一九六、通考卷三三八作「蠕蠕」。

「芮芮」下，梁職貢圖有「齊時始走莫獻而居」八字。①

910. 後稍强大，

「後稍」，南史卷七九滑國傳，宋本册府卷九九五、卷一〇〇〇，册府卷九五八、卷九九五、卷一〇〇〇同；梁職貢圖作「後」。

「强」，南史卷七九滑國傳，宋本册府卷九九五，册府卷九五八、卷九九五，梁職貢圖同，百衲本、三朝本、汲本、南監本、北監本、殿本、局本、宋本册府卷一〇〇〇、册府卷一〇〇〇作「彊」。

911. 征其旁國波斯、盤盤、罽賓、

「波斯」，南史卷七九滑國傳，宋本册府卷九九五、卷一〇〇〇，册府卷九九五、卷一〇〇〇，通典卷一九三同；梁職貢圖作「破波斯」。

「盤盤」，南史卷七九滑國傳，宋本册府卷九九五、卷一〇〇〇，册府卷九九五、卷一〇〇〇同；梁職貢圖、宋書卷九五索虜傳作「槃槃」，通典卷一九三作「渴槃」，太平寰宇記卷一八三作「竭陁盤」，通志卷一九六作「渴槃陁」，通考卷三三八作「渴槃」。

宋書卷九五索虜傳：「芮芮……其東有槃槃國。」

---

① 参見余太山：梁書西北諸戎傳（節録）要注，第98頁。

南史原校勘記[三五]:「渴盤陀」各本作「盤盤」,據通志改。按盤盤爲海南諸國,與西域諸國不相連。下有渴盤陁國云:「西鄰滑國,南接罽賓。」正與此「旁國」合。

吕思勉著吕思勉讀史札記丙帙滑國考:「渴盤陁,蓋即滑傳之盤盤也。」①

按:中華書局點校本南史已改作「渴盤陀」,中華書局點校本通典卷一九三亦補「陀」字作「渴槃陀」。然南史此校改未必是。梁書、南史作「盤盤」,梁職貢圖、宋書作「槃槃」,梁書、梁職貢圖、宋書爲三種不同史源,而宋書、梁職貢圖尤爲當時人的記録,海南諸國有盤盤,西北諸戎亦不排除有同名之可能,故不必爲誤,亦不必據時代較後之通志改字。

912. 焉耆、龜兹、疏勒、姑墨、于闐、句盤等國,

「焉耆」,南史卷七九滑國傳,宋本册府卷九九五、卷一〇〇〇,册府卷九九五、卷一〇〇〇同;通考卷三三八無此二字。

「疏」,百衲本、三朝本、汲本、南監本、北監本、梁職貢圖,宋本册府卷九九五、卷一〇〇〇,册府卷一〇〇〇作「踈」;殿本、局本、册府卷九九五作「疎」;通考卷三三八作「蘇」。

「姑墨」,南史卷七九滑國傳,宋本册府卷九九五、卷一〇〇〇,册府卷九九五同;册府卷一〇〇〇作「姑黑」,梁職貢圖無此二字。

「于」,三朝本、汲本、北監本、殿本、局本、南史卷七九滑國傳,宋本册府卷九九五、卷一〇〇〇,册府卷九九五、卷一〇〇〇同;南監本作「子」。

「句盤」,宋本册府卷一〇〇〇、册府卷一〇〇〇同,南史卷七九滑國傳、宋本册府卷九九五、册府卷九九五、通志卷一九六作「句般」,梁職貢圖作「勾般」,通考卷三三八無此二字。

按:「踈」、「疎」同「疏」,「踈」、「疎」爲「疏」之俗字。疑通考「蘇」字版刻譌誤。册府「黑」字版刻譌誤。南監本「子」字版刻譌誤。

913. 開地千餘里。

「千餘里」,南史卷七九滑國傳,宋本册府卷九九五、卷一〇〇〇,册府卷九五八、卷九九五、卷一〇〇〇同;梁職貢圖作「千里」。

914. 土地温暖,

「土地」,南史卷七九滑國傳、册府卷九六一同,梁職貢圖作「其土」,諸番職貢圖卷作「其土地」。

「暖」,南史卷七九滑國傳、册府卷九六一、梁職貢圖同,諸番職貢圖卷作「煖」。

按:「煖」同「暖」。

915. 多山川樹木,

「樹木」,册府卷九六一同,梁職貢圖作「少林木」,南史卷七九滑國傳、通志卷一九六、諸番職貢圖卷作「少樹木」。

清王懋竑撰讀書記疑卷一三南史存校:「少字衍文。」

---

① 吕思勉著:吕思勉讀史札記,下册,第889頁。

原校勘記[三五]:「樹」字上,南史有「少」字。

916. 有五穀。

南史卷七九滑國傳同,册府卷九六一作「五穀」。

按:册府脱「有」字。

917. 國人以麨及羊肉爲糧。

「麨」,南史卷七九滑國傳、通志卷一九六作「麪」,册府卷九六一、梁職貢圖作「麫」,諸番職貢圖卷作「麫」。

馬宗霍南史校證卷七九:按「麪」梁書作「麨」,麪即麫之俗,説文:「麫,麥末也。」彌箭切。麨見玉篇:「糗也,光小切。」本草注:「麨即糗,以麥蒸磨成屑。」與麫音别義微異。

「羊肉」,南史卷七九滑國傳、册府卷九六一、梁職貢圖、諸番職貢圖卷同,通志卷一九六作「羊」。

按:通志脱「肉」字。

918. 其獸有師子、兩脚駱駝,

「其獸」,南史卷七九滑國傳、册府卷九六一、諸番職貢圖卷同,梁職貢圖作「獸」。

「師子」,南史卷七九滑國傳、梁職貢圖同,册府卷九六一、諸番職貢圖卷作「獅子」。

「兩脚駱駝」,南史卷七九滑國傳、册府卷九六一、諸番職貢圖卷同,梁職貢圖作「兩脚駱駞」,通典卷一九三、太平寰宇記卷一八三、通考卷三三八作「兩腳駝」,通志卷一九六作「兩腳駞」。

按:太平廣記卷四三六引劉璠梁典云悒怛國「出兩腳駱駝」。① 榎一雄滑國に關する梁職貢圖の記事について疑爲「兩峰駱駞」傳聞之誤記。

919. 人皆善射,

「皆善」,南史卷七九滑國傳、册府卷九六一、諸番職貢圖卷同,梁職貢圖作「善」。

「射」,南史卷七九滑國傳、册府卷九六一、梁職貢圖、諸番職貢圖卷、通典卷一九三、太平寰宇記卷一八三、通志卷一九六、通考卷三三八作「騎射」。

920. 著小袖長身袍,

「長身袍」,南史卷七九滑國傳、册府卷九六一、梁職貢圖同,諸番職貢圖卷、通典卷一九三、太平寰宇記卷一八三、通志卷一九六、通考卷三三八作「長袍」。

921. 用金玉爲帶。

「用金玉」,南史卷七九滑國傳、册府卷九六一、諸番職貢圖卷同,梁職貢圖作「金玉」。

「爲帶」,南史卷七九滑國傳、册府卷九六一同,梁職貢圖作「爲絡帶」,諸番職貢圖卷作「絡帶」。

922. 女人被裘,

「女人」,南史卷七九滑國傳、册府卷九六一同,梁職貢圖作「如人」,諸番職貢圖卷作

① 「怛」,太平廣記原文誤作「恒」,今正。悒怛國爲滑國别稱。

「女子」。

「衺」，南史卷七九滑國傳、册府卷九六一、梁職貢圖同，諸番職貢圖卷作「褢」。

按：梁職貢圖「如」誤。「褢」同「裹」，「褢」爲「裹」之俗字。

923. 長六尺，

「六尺」，南史卷七九滑國傳、梁職貢圖、諸番職貢圖卷同，通典卷一九三、太平寰宇記卷一八三、通志卷一九六、通考卷三三八作「六寸」，册府卷九六一作「六人」。

按：册府「人」字版刻譌誤。北魏楊衒之撰洛陽伽藍記卷五引宋雲行記云「嚈噠國王妃……頭帶一角，長三尺」，據此，疑通典、太平寰宇記、通志、通考「六寸」誤。

924. 以金銀飾之。

「以金銀」，南史卷七九滑國傳、册府卷九六一同，諸番職貢圖卷作「以金玉銀」，梁職貢圖作「金銀」。

925. 少女子，兄弟共妻。

「共」，南史卷七九滑國傳同，册府卷九六一作「在」。

按：册府「在」字版刻譌誤。

926. 其王坐金牀，

「牀」，殿本、南史卷七九滑國傳、册府卷九六一、諸番職貢圖卷同，百衲本、三朝本、汲本、南監本、北監本、局本、梁職貢圖作「床」。

「其王」上，御覽卷七〇六引梁書有「西域龜茲等國」六字。

按：「床」同「牀」，「床」爲「牀」之俗字。又此滑國事，疑御覽有譌誤。

927. 隨太歲轉，

「太歲轉」，南史卷七九滑國傳、梁職貢圖同，册府卷九六一作「大歲轉」，諸番職貢圖卷作「太歲」。

按：疑諸番職貢圖卷脱「轉」字。

928. 與妻並坐接客。

「並坐接客」，南史卷七九滑國傳、册府卷九六一同，梁職貢圖作「並坐接賓客」，諸番職貢圖卷作「並坐」。

按：疑諸番職貢圖卷有脱誤。

929. 以木爲契。

「契」下，梁職貢圖有「刻之約物數」五字①，諸番職貢圖卷有「刻之以約物數」六字。

930. 與旁國通，則使旁國胡爲胡書，

「旁國胡」，南史卷七九滑國傳、梁職貢圖同，通考卷三三八作「國中」。

册府卷九六一作「與旁國胡爲胡書」。

按：册府脱「通則使旁國」五字。

① 參見余太山：梁書西北諸戎傳(節録)要注，第 99 頁。

931. 羊皮爲紙。

「羊」，南史卷七九滑國傳同，册府卷九六一作「革」。

932. 無職官。

「職官」，南史卷七九滑國傳、册府卷九六一、梁職貢圖同，太平寰宇記卷一八三作「官職」。

「職官」下，梁職貢圖有「所降小國使其王爲奴隸」十字。[①]

933. 事天神、火神，

「天神火神」，南史卷七九滑國傳、册府卷九六一同，梁職貢圖作「天神」。

934. 其跪一拜而止。

「止」，南史卷七九滑國傳同，册府卷九六一作「起」。

「止」下，梁職貢圖有「止即嗚其王手足賤者嗚王衣」十二字。[②]

按：「嗚」意爲親吻，此六朝人習語，如世説新語惑溺：「充自外還，乳母抱兒在中庭，兒見充喜踊，充就乳母手中嗚之。」余嘉錫箋疏引周祖謨曰：「『嗚之』者，親之也。」

935. 葬以木爲槨。

「葬」，南史卷七九滑國傳、册府卷九六一、諸番職貢圖卷同，梁職貢圖漫漶不清（似作「葬」），通典卷一九三、太平寰宇記卷一八三、通考卷三三八作「死」。

936. 其子截一耳，

「其子」，南史卷七九滑國傳、册府卷九六一、諸番職貢圖卷同，梁職貢圖作「子」。

937. 葬訖即吉。

「葬訖即吉」，南史卷七九滑國傳、册府卷九六一同，梁職貢圖作「葬已即去」。

按：梁書卷四七孝行荀匠傳云「匠雖即吉」，知「即吉」不誤；疑梁職貢圖「去」字爲「吉」之譌。

938. 其言語待河南人譯然後通。

「言語」，南史卷七九滑國傳、册府卷九六一同，梁職貢圖作「語言」。

「待」，南史卷七九滑國傳、册府卷九六一同，梁職貢圖作「則」。

「河南人」，南史卷七九滑國傳、册府卷九六一、梁職貢圖同，通考卷三三八無此三字。

「譯然後通」，南史卷七九滑國傳、册府卷九六一同，梁職貢圖作「重譯而通焉」。

周古柯國

939. 周古柯國，

「周」，南史卷七九滑國傳、宋本册府卷九六八、册府卷九六八、梁職貢圖、諸番職貢圖卷同，宋樓鑰撰攻媿集卷七五跋傳欽甫所藏職貢圖作「因」，册府卷九六一脱此字。

---

① 参見余太山：梁書西北諸戎傳（節録）要注，第 99 頁。

② 参見余太山：梁書西北諸戎傳（節録）要注，第 100 頁。

攻媿集注:「案:梁書及南史竝作周古柯國,此因字似誤。」

940.使使隨滑來獻方物。

「滑」,宋本册府卷九六八、册府卷九六八同,南史卷七九滑國傳、梁職貢圖、諸番職貢圖卷作「滑使」,宋樓鑰撰攻媿集卷七五跋傳欽甫所藏職貢圖作「滑國使」。

「獻方物」,宋本册府卷九六八、册府卷九六八、宋樓鑰撰攻媿集卷七五跋傳欽甫所藏職貢圖同,南史卷七九滑國傳作「貢獻方物」,梁職貢圖、諸番職貢圖卷作「朝貢」。

按:梁書本卷呵跋檀國傳、胡蜜丹國傳皆作「使使隨滑使來獻方物」,疑此處「滑」下脱「使」字。

呵跋檀國

941.呵跋檀國,

「呵」,南史卷七九滑國傳、宋本册府卷九六八、册府卷九六八、梁職貢圖、諸番職貢圖卷同,通志卷一九六、通考卷三三八作「阿」。

「國」,宋本册府卷九六八,册府卷九六一、卷九六八同;諸番職貢圖卷作「者」;梁職貢圖無此字。

册府卷九六一作「檀國」。

按:册府脱「呵跋」二字。

942.亦滑旁小國也。

「滑旁」,南史卷七九滑國傳,宋本册府卷九六八,册府卷九六一、卷九六八,梁職貢圖、諸番職貢圖卷同;宋樓鑰撰攻媿集卷七五跋傳欽甫所藏職貢圖作「滑國之旁」。

943.使使隨滑使來獻方物。

「來獻方物」,宋本册府卷九六八、册府卷九六八、宋樓鑰撰攻媿集卷七五跋傳欽甫所藏職貢圖同,南史卷七九滑國傳作「來貢獻方物」,梁職貢圖作「入貢」,諸番職貢圖卷作「來貢」。

胡蜜丹國

944.胡蜜丹國,

「蜜」,宋本册府卷九六八、梁職貢圖、諸番職貢圖卷同;南史卷七九滑國傳,册府卷九六一、卷九六八,宋樓鑰撰攻媿集卷七五跋傳欽甫所藏職貢圖、通志卷一九六、通考卷三三八作「密」。

「丹」,南史卷七九滑國傳,宋本册府卷九六八,册府卷九六一、卷九六八,梁職貢圖,宋樓鑰撰攻媿集卷七五跋傳欽甫所藏職貢圖同;諸番職貢圖卷作「檀」。

945.亦滑旁小國也。

「滑旁」，南史卷七九滑國傳，宋本册府卷九六八，册府卷九六一、卷九六八，梁職貢圖、諸番職貢圖卷同；宋樓鑰撰攻媿集卷七五跋傳欽甫所藏職貢圖作「滑國之旁」。

946. 使使隨滑使來獻方物。

「來獻方物」，宋本册府卷九六八、宋樓鑰撰攻媿集卷七五跋傳欽甫所藏職貢圖同，册府卷九六八作「求獻方物」，南史卷七九滑國傳作「來貢獻方物」，梁職貢圖作「來朝」，諸番職貢圖卷作「來朝貢」。

按：册府「求」字版刻譌誤。

白題國

947. 白題國，

「白題」，南史卷七九白題國傳，册府卷九五八、卷九六一，梁職貢圖，宋樓鑰撰攻媿集卷七五跋傳欽甫所藏職貢圖、諸番職貢圖卷同；實録卷一七作「白堤」。

按：文淵閣四庫全書本實録卷一七仍作「白題」，疑實録「堤」字版刻譌誤。

948. 王姓支名史稽毅，

「名史稽毅」，南史卷七九白題國傳同，通志卷一九六作「字史稽毅」，梁職貢圖作「名使稽毅」，諸番職貢圖卷作「史稽毅」。

按：疑梁職貢圖「使」誤，諸番職貢圖卷脱「名」字。

949. 其先蓋匈奴之别種胡也。

「别種胡」，南史卷七九白題國傳、梁職貢圖、宋樓鑰撰攻媿集卷七五跋傳欽甫所藏職貢圖、諸番職貢圖卷同，宋本册府卷九五六、册府卷九五六作「别」，通志卷一九六作「别種」。

梁職貢圖作「匈奴旁别種胡也」，宋樓鑰撰攻媿集卷七五跋傳欽甫所藏職貢圖作「匈奴之别種胡也」，諸番職貢圖卷作「舊匈奴别種胡也」。

按：宋本册府、册府有脱誤。

950. 漢灌嬰與匈奴戰，斬白題騎一人。

「漢」，南史卷七九白題國傳、宋樓鑰撰攻媿集卷七五跋傳欽甫所藏職貢圖同，梁職貢圖、諸番職貢圖卷作「漢初」。

「一人」，南史卷七九白題國傳作「一人是也」。

史記卷九五灌嬰傳：「復從擊韓信胡騎晉陽下，所將卒斬胡白題將一人。」

漢書卷九五灌嬰傳畧同。

951. 今在滑國東。去滑六日行，

「今在」，梁職貢圖、諸番職貢圖卷同；南史卷七九白題國傳，册府卷九五八、卷九六一作「在」。

「六日」，南史卷七九白題國傳，册府卷九五八、卷九六一，諸番職貢圖卷同；梁職貢圖作「六十日」。①

梁職貢圖作「今在滑國東六十日行」,諸番職貢圖卷作「今在滑國六日行」。

按:諸番職貢圖卷有脱誤。

952. 西極波斯。

「波斯」,南史卷七九白題國傳,册府卷九五八、卷九六一同;梁職貢圖作「波斯二十日行」,諸番職貢圖卷作「波斯廿日行」。

953. 土地出粟、麥、瓜菓,

「麥」,南史卷七九白題國傳、諸番職貢圖卷同,梁職貢圖作「麦」。

「瓜菓」,南史卷七九白題國傳、諸番職貢圖卷作「瓜果」,梁職貢圖作「菓」。

按:梁職貢圖「麦」誤,又疑梁職貢圖脱「瓜」字。

954. 食物略與滑同。

「食物」,南史卷七九白題國傳、册府卷九六一同,梁職貢圖作「食衣物」,諸番職貢圖卷作「食物衣服」。

「略與滑同」,南史卷七九白題國傳、諸番職貢圖卷同,梁職貢圖作「與滑國畧同」。

955. 遣使獻方物。

「獻」,南史卷七九白題國傳同,宋樓鑰撰攻媿集卷七五跋傳欽甫所藏職貢圖作「來獻」。

梁職貢圖作「白題道釋氊獨活使安遠憐伽到京師貢獻」,諸番職貢圖卷作「白題道釋氈獨活使安遠惱伽到京就貢獻」。

按:諸番職貢圖卷「就」字版刻譌誤。

龜　茲

956. 龜茲者,西域之舊國也。

「者」,南史卷七九龜茲傳同,宋本册府卷九五六、册府卷九五六作「國者」,宋樓鑰撰攻媿集卷七五跋傳欽甫所藏職貢圖、諸番職貢圖卷作「國」。

「舊國也」,南史卷七九龜茲傳同,宋樓鑰撰攻媿集卷七五跋傳欽甫所藏職貢圖作「舊國」,諸番職貢圖卷作「舊世」。

梁職貢圖作「龜茲西域」。

按:諸番職貢圖卷「世」字疑爲「國」之譌。梁職貢圖有脱誤。

957. 國人又殺則羅。

「國人」,宋本册府卷九九五、册府卷九九五同,宋本册府卷九五六、册府卷九五六作「國」。

按:宋本册府卷九五六、册府卷九五六脱「人」字。

① 參見余太山:梁書西北諸戎傳(節録)要注,第101頁。

958. 然龜茲在漢世常爲大國，所都曰延城。

「所都」，梁職貢圖、諸番職貢圖卷作「所居」。

北史卷九七龜茲傳作「都延城，漢時舊國也」，册府卷九五八作「龜茲國王治居延城」。

959. 秦主苻堅遣將吕光伐西域，

「苻」，三朝本、汲本、南監本、北監本、殿本、局本、魏書卷九五略陽氐吕光傳同，百衲本、宋本册府卷一〇〇〇、册府卷一〇〇〇、通考卷三三六作「符」。

「伐」，魏書卷九五略陽氐吕光傳作「討」。

按：「符」同「苻」。

960. 龜茲王帛純載寶出奔，

「帛純」，晉書卷一二二吕光載記、御覽卷一二五引十六國春秋、魏書卷九五略陽氐吕光傳、通鑑卷一〇五晉紀太元九年、册府卷九五八同；高僧傳卷二鳩摩羅什傳，晉書卷九五鳩摩羅什傳、卷九七龜茲國傳，宋本册府卷一〇〇〇，册府卷一〇〇〇，太平寰宇記卷一八一，通志卷一九六，通考卷三三六作「白純」；周書卷五〇龜茲國傳、隋書卷八三龜茲傳、北史卷九七龜茲傳云「其王姓白」；舊唐書卷一九八龜茲國傳云「其王姓白氏」；新唐書卷二二一上龜茲傳云「惟君……姓白氏」。

册府卷九六六：「隋大業中，其王姓白氏……」

按：「白」、「帛」音同。

961. 自此與中國絶不通。

「與中國」，册府卷九五八作「中國」。

南史卷七九龜茲傳、宋樓鑰撰攻媿集卷七五跋傅欽甫所藏職貢圖作「自晉度江不通」，攻媿集「度」作「渡」；諸番職貢圖卷作「與中國不通」。

梁職貢圖：「歷魏晉至梁，歲來獻名馬。」

按：册府脱「與」字。

962. 普通二年，王尼瑞摩珠那勝遣使奉表貢獻。

「王尼瑞摩珠那勝」，南史卷七九白題國傳、宋本册府卷九六八同（册府卷九六八脱此條），諸番職貢圖卷作「亀茲王尼瑞」。

「那」，汲本、局本、南史卷七九白題國傳同，百衲本、三朝本、南監本、北監本作「郍」，殿本作「邮」。

梁職貢圖作「普通二年，遣使康石憶丘波郍奉表入朝」。

按：「郍」、「那」、「邮」同。又梁書卷二武帝紀中：天監二年秋七月，「龜茲……遣使獻方物。」南史卷六梁本紀上：天監二年秋七月，「龜茲……遣使朝貢」。宋樓鑰撰攻媿集卷七五跋傅欽甫所藏職貢圖：「天監元年，遣使朝貢。」按天監二年龜茲貢獻事，傳文失載。疑攻媿集「元年」誤。

于闐國

963. 于闐國,西域之屬也。

「于闐國」,南史卷七九于闐傳作「于闐者」。

「西域之屬」,南史卷七九于闐傳、諸番職貢圖卷作「西域之舊國」。

諸番職貢圖卷作「于闐,漢西域之舊國也」。

964. 王俞爲莎車王賢所破,

「俞」,後漢書卷八八于寘國傳、莎車國傳,宋本册府卷九九五,册府卷九九五,通典卷一九二,太平寰宇記卷一八一,通志卷一九六、通考卷三三七作「俞林」。

原校勘記[三六]:「俞」後漢書西域于闐國傳、莎車國傳並作「俞林」。

965. 以其弟君得爲于闐王,

「其弟君得」,通典卷一九二、太平寰宇記卷一八一、通考卷三三七作「莎車將軍居德」,通鑑卷四四漢紀永平三年作「其將君德」。

原校勘記[三七]:「君得」後漢書西域于闐國傳作「位侍」。

按:後漢書卷八八莎車國傳作「立其弟位侍爲于寘王」,又云「莎車將君得在于寘暴虐」;宋本册府卷九九五、册府卷九九五作「立其弟位侍爲于闐王」,宋本册府「闐」譌作「寘」;通鑑卷四四漢紀永平三年:「莎車王賢以兵威逼奪于寘……使其將守之。于寘人殺其將君德……」凡此皆與梁書不同。

966. 永平中,其種人都末殺君得,

「種人」,後漢書卷八八莎車國傳作「大人」。

類聚卷九四引張璠漢紀曰:「莎車王殺于闐王。于闐大都末出城,見野豕,欲搏之,乃人語曰:『無殺我,我爲汝殺莎車將軍。』都末異之,即與兄弟共殺莎車王。」

御覽卷九〇三引張璠漢紀曰:「莎車王殺于寘王。于寘大人都末出城,見野豕,欲射之,豕乃語曰:『無殺我,我爲汝殺莎車將軍。』都末異之,即與先共殺莎車王。」

967. 大人休莫霸又殺都末,自立爲王。

「大人」,宋本册府卷九九五、册府卷九九五作「于闐將」,宋本册府「闐」譌作「寘」。

968. 霸死,兄子廣得立,

「廣得」,後漢書卷八八于寘國傳、莎車國傳,通典卷一九二,宋本册府卷九九五,册府卷九六六、卷九九五,通鑑卷四四漢紀永平三年,太平寰宇記卷一八一,通志卷一九六,通考卷三三七作「廣德」。

969. 遂爲强國,

「强」,百衲本、三朝本、汲本、南監本、北監本、殿本、局本作「彊」。

970. 其地多水潦沙石,

「其地」,通典卷一九二、太平寰宇記卷一八一同,册府卷九六〇、諸番職貢圖卷、通志卷一九六作「地」。

「多」，册府卷九六〇作「多有」。

「沙」，册府卷九六〇、諸番職貢圖卷同，通典卷一九二作「砂」。

971. 氣温，宜稻、麥、蒲桃。

「氣温」，册府卷九六〇、諸番職貢圖卷同，通典卷一九二、太平寰宇記卷一八一、通志卷一九六作「氣候温」。

「宜」，册府卷九六〇同，諸番職貢圖卷作「有」。

「蒲桃」，册府卷九六〇同，諸番職貢圖卷作「多蒲萄」。

972. 有水出玉，名曰玉河。

册府卷九六〇同。

册府卷九五七：「國城之東有曰白玉河，西有緑玉河，次西有烏玉河，其源同出崑崙山。」

973. 國人善鑄銅器。

「善」，册府卷九六〇同，諸番職貢圖卷作「喜」。

974. 其治曰西山城。

「西山城」，册府卷九六〇、新唐書卷二二一上于闐傳、通典卷一九二、太平寰宇記卷一八一、通考卷三三七同，漢書卷九六上于闐國傳、水經注卷二、通志卷一九六、册府卷九五七作「西城」。

975. 尤敬佛法。

「敬」，册府卷六六二、卷九六〇作「信」。

南齊書卷五九芮芮虜傳：「于闐尤信佛法。」

976. 王所居室，加以朱畫。

「王所居室」，册府卷九六〇同，諸番職貢圖卷作「王居室」，通典卷一九二、通志卷一九六作「王所居」。

977. 王冠金幘，如今胡公帽。

「王」，南監本、北監本、殿本、册府卷九六〇、諸番職貢圖卷同，百衲本、三朝本、汲本、局本作「玉」。

「如今」，册府卷九六〇作「如金」。

北史卷九七于闐國傳：「其王……練錦帽，金鼠冠」。

洛陽伽藍記卷五引宋雲行記云：「王頭著金冠，似鷄幘，頭後垂二尺生絹，廣五寸，以爲飾。」

按：百衲本、三朝本、汲本、局本「玉」字版刻譌誤。疑册府「金」字版刻譌誤。

978. 國中婦人皆辮髮，衣裘袴。

「國中婦人」，册府卷九六〇同，諸番職貢圖卷作「婦女」。

「衣裘袴」，册府卷九六〇同，諸番職貢圖卷作「裘袴」。

洛陽伽藍記卷五引宋雲行記云：「其俗婦人袴衫束帶，乘馬馳走，與丈夫無異。」

979.其人恭，

「恭」，通典卷一九二、太平寰宇記卷一八一、册府卷九六〇作「恭敬」，通考卷三三七作「貌恭謹」。

980.戴於首而後開札。

「戴」，册府卷九六〇作「載」。

「開札」，册府卷九六〇同，通典卷一九二、太平寰宇記卷一八一、通志卷一九六、海録碎事卷四上作「開封」。

按：疑册府「載」字版刻譌誤。

981.魏文帝時，王山習獻名馬。

諸番職貢圖卷作「魏文帝時，獻名馬」。

三國志魏書卷二文帝紀：「（延康元年三月），濊貊、扶餘單于，焉耆、于闐王皆各遣使奉獻。……（黄初三年）二月，鄯善、龜兹、于闐王各遣使奉獻。」

類聚卷九一：「魏文帝詔朝臣曰：『前于闐王山習所上孔雀尾萬枚，文彩五色，以爲金根車蓋，遥望曜人眼。』」

北史卷四七祖瑩傳：「孝昌中，於廣平王第掘得古玉印，敕召瑩與黄門侍郎李琰之辨之。瑩云：『此是于闐國王晉太康中所獻。』乃以墨塗字觀之，果如瑩言，時人稱爲博物。」

按：晉太康中于闐國王獻玉印事，梁書傳文失載。又新疆民豐縣尼雅遺址出土晉代684號與678號木簡文義相連，寫有于闐和西域其他諸國受封晉朝官銜的内容：「晉守侍中大都尉奉晉大侯親晉鄯善、焉耆、龜兹、疏勒」、「于寘王寫下詔書到□」[①]，凡此皆爲舊史所闕載。

982.天監九年，遣使獻方物。

「九年」下，南史卷七九于闐傳有「始通江左」四字。

「遣使獻方物」，南史卷七九于闐傳同，諸番職貢圖卷作「獻織成氍毹」。

983.又獻波羅婆步鄣。

「波羅婆步鄣」，南史卷七九于闐傳同，宋本册府卷九六八、册府卷九六八作「波羅婆步障」，御覽卷七九二引梁書作「娑羅婆步鄣」，諸番職貢圖卷作「婆羅等障」。

按：疑御覽「娑羅婆」版刻譌誤。

984.又獻瑠璃罌。

「瑠璃」，南史卷七九于闐傳、宋本册府卷九六八、册府卷九六八同，御覽卷七九二引梁書作「瑠琉」，諸番職貢圖卷、通考卷三三七作「琉璃」。

「罌」，御覽卷七九二引梁書、南史卷七九于闐傳、宋本册府卷九六八、册府卷九六八、諸番職貢圖卷、通考卷三三七作「甖」。

---

① 史樹青：談新疆民豐尼雅遺址，文物，1962年第7～8期，第23頁；林梅村編：樓蘭尼雅出土文書，第5、86頁；參見李吟屏著：佛國于闐，第68頁。

按：御覽「瑠琉」版刻譌誤。「罌」同「甖」。

渴盤陁國

985. 渴盤陁國，

「渴」，南史卷七九渴盤陁國傳、諸番職貢圖卷同，册府卷九六〇作「湯」。

「盤」，南史卷七九渴盤陁國傳，册府卷九五八、卷九六〇，宋樓鑰撰攻媿集卷七五跋傳欽甫所藏職貢圖同；諸番職貢圖卷、通志卷一九六引梁史作「槃」。

「陁」，南史卷七九渴盤陁國傳，册府卷九五八、卷九六〇同；宋樓鑰撰攻媿集卷七五跋傳欽甫所藏職貢圖、諸番職貢圖卷作「陀」。

按：册府「湯」字版刻譌誤。

986. 于闐西小國也。

「西」，南史卷七九渴盤陁國傳，册府卷九五八、卷九六〇，諸番職貢圖卷同；通志卷一九六引梁史作「西之」，宋樓鑰撰攻媿集卷七五跋傳欽甫所藏職貢圖作「中」。

按：攻媿集「中」誤。

987. 西隣滑國，

「隣」，百衲本、三朝本、汲本、南監本、北監本、局本、南史卷七九渴盤陁國傳同，殿本作「鄰」。

按：「隣」同「鄰」。

988. 北連沙勒國。所治在山谷中。

「沙勒國」，南史卷七九渴盤陁國傳、册府卷九五八同，通典卷一九二、太平寰宇記卷一八五、通考卷三三九作「踈勒國」，通志卷一九六作「疏勒國」。

「所治」，册府卷九五八同，南史卷七九渴盤陁國傳、通志卷一九六引梁史作「都」。

馬宗霍南史校證卷七九：南史避「治」字改。

諸番職貢圖卷作「在山谷中平地」。

989. 城周迴十餘里，

「迴」，南史卷七九渴盤陁國傳、通志卷一九六引梁史作「回」，册府卷九五八作「廻」，諸番職貢圖卷作「圍」。

「十餘里」，南史卷七九渴盤陁國傳、諸番職貢圖卷同，通志卷一九六引梁史作「四十餘里」。

按：疑通志衍「四」字。

990. 國有十二城。

南史卷七九渴盤陁國傳、通志卷一九六引梁史、册府卷九五八同，諸番職貢圖卷作「國内凡十二城」。

991. 風俗與于闐相類。

「相類」，南史卷七九渴盤陁國傳、册府卷九六〇同，諸番職貢圖卷作「合」。

992. 衣古貝布，

「吉」，百衲本、三朝本、汲本、南監本、北監本、殿本、局本、通志卷一九六引梁史同，南史卷七九渴盤陁國傳、册府卷九六〇、諸番職貢圖卷作「古」。

993. 著長身小袖袍，小口袴。

「袖」，南史卷七九渴盤陁國傳、册府卷九六〇、通志卷一九六引梁史同，諸番職貢圖卷作「裒」。

「袴」下，諸番職貢圖卷有「深壅皮靴」四字。

按：「裒」同「袖」。

994. 地宜小麥，

南史卷七九渴盤陁國傳、册府卷九六〇、通志卷一九六引梁史同，諸番職貢圖卷作「種大小麥」。

995. 多牛馬駱馳羊等。

「駱馳」，册府卷九六〇同，南史卷七九渴盤陁國傳、通志卷一九六引梁史作「駱駝」。

諸番職貢圖卷作「多牛馬」。

按：「馳」、「駝」同。

996. 出好氈、金、玉。

「玉」，百衲本、汲本、南監本、北監本、殿本、局本同，三朝本作「王」。

南史卷七九渴盤陁國傳作「出好旣」，通志卷一九六引梁史、諸番職貢圖卷作「出好氈」，册府卷九六〇作「出好檀」。

按：三朝本「王」字版刻譌誤。册府「檀」字版刻譌誤。

997. 王姓葛沙氏。

「王」，南史卷七九渴盤陁國傳同，諸番職貢圖卷作「渴槃陀王」，通志卷一九六引梁史作「時王」。

「姓」，通志卷一九六引梁史同，南史卷七九渴盤陁國傳、諸番職貢圖卷作「今姓」。

「葛沙氏」，南史卷七九渴盤陁國傳、諸番職貢圖卷同，通志卷一九六引梁史作「沙葛氏」。

按：通志「沙葛氏」誤倒。

998. 中大同元年，遣使獻方物。

「中大同」，南史卷七九渴盤陁國傳、宋樓鑰撰攻媿集卷七五跋傅欽甫所藏職貢圖同，通志卷一九六引梁史、諸番職貢圖卷作「大同」。

「元年」，宋樓鑰撰攻媿集卷七五跋傅欽甫所藏職貢圖同，通志卷一九六引梁史作「初」，南史卷七九渴盤陁國傳、諸番職貢圖卷作「七年」。

南史原校勘記[三六]：「中大同元年」各本作「中大同七年」，據梁書改。按中大同只一年。

馬宗霍南史校證卷七九：按「七年」梁書作「元年」，中大同紀號止一年，次年即改「太清」，此當從梁書作「元年」爲是，元刊本南史亦誤「元」爲「七」。

「元年」下，南史卷七九渴盤陁國傳有「始通江左」四字。

「遣使」，南史卷七九渴盤陁國傳、宋樓鑰撰攻媿集卷七五跋傳欽甫所藏職貢圖作「遣」，諸番職貢圖卷作「遣使史蕃匿」。

「獻方物」，南史卷七九渴盤陁國傳、宋樓鑰撰攻媿集卷七五跋傳欽甫所藏職貢圖同，諸番職貢圖卷作「奉表貢獻」。

按：通志、諸番職貢圖卷脱「中」字。中華書局點校本南史已改作「元年」。又疑南史、攻媿集脱「使」字。

末　國

999. 漢世且末國也。

丁謙梁書夷貊傳地理考證：「漢且末國或作沮末，或作左末，從未有節去『且』字，但稱末國者。又其國三國時已爲鄯善所併，宋初鄯善王比龍率四千家走且末，仍屬役鄯善，是且末不成爲國已久，史有明徵，安得復有勝兵萬餘，於梁世入貢？況下云『東與白題，西與波斯接』，白題、波斯均在蔥嶺以西，視且末天各一方，傳乃硬合爲一，謬甚。竊謂『末』者『米』之轉音也。」

1000. 東與白題，

「白題」，南史卷七九末國傳同，梁職貢圖作「白題接」。

1001. 土人剪髮，

「剪」，南史卷七九末國傳、梁職貢圖同，册府卷九六〇作「翦」。

1002. 多牛羊騾驢。

「騾驢」，南史卷七九末國傳、梁職貢圖同，册府卷九六〇作「驢騾」。

1003. 其王安末深盤，普通五年，遣使來貢獻。

「王」，北監本、殿本、南史卷七九末國傳同，百衲本、三朝本、汲本、南監本、局本作「主」。

「安末深盤」，南史卷七九末國傳同，宋本册府卷九六八、册府卷九六八作「安未深盤」，通志卷一九六、通考卷三三六作「安末染盤」，梁職貢圖作「姓安名末深盤」。

「五年」下，南史卷七九末國傳有「始通江左」四字。

按：百衲本、三朝本、汲本、南監本、局本「主」字版刻譌誤。宋本册府、册府「未」，通志、通考「染」字版刻譌誤。

波斯國

1004. 波斯國，其先有波斯匿王者，

南史卷七九波斯國傳同，梁職貢圖作「波斯盖波斯匿王之後也」。

按:學者指出,波斯匿王(Prasenajit)爲天竺拘薩羅國國王,佛經記載他與釋迦牟尼同日生,王子名祇陀(Jeta),釋迦牟尼曾長期在拘薩羅國都城舍衛城説法。波斯匿王與波斯國並無關係,此爲誤記。①

1005. 子孫以王父字爲氏,

「子孫」,南史卷七九波斯國傳同,梁職貢圖作「王子祇陁之子孫」。

1006. 因爲國號。

「國號」,南史卷七九波斯國傳同,梁職貢圖作「國稱」。

1007. 國有城,周迴三十二里。

「國有」,南史卷七九波斯國傳同,册府卷九五八作「有」。

梁職貢圖作「城周回三十二里」,諸番職貢圖卷作「其城周迴三十里」,北史卷九七波斯國傳作「城方十里」,周書卷五〇波斯國傳作「城方十餘里」,隋書卷八三波斯傳作「都城方十餘里」,通志卷一九六作「所都城方十里」。

1008. 皆有樓觀。

南史卷七九波斯國傳、册府卷九五八同,梁職貢圖作「皆築土爲基,城門皆有樓觀」,諸番職貢圖卷作「皆築土爲基,並無碑磲,城上有樓觀」。

1009. 城内屋宇數百千間,

「城内」,南史卷七九波斯國傳、册府卷九五八、梁職貢圖同,諸番職貢圖卷作「内」。

「數百千間」,南史卷七九波斯國傳、册府卷九五八同,梁職貢圖作「數百間」,諸番職貢圖卷作「有數千閒」。

1010. 城外佛寺二三百所。

南史卷七九波斯國傳同,梁職貢圖作「城外有寺□□百」。

1011. 西去城十五里有土山,

「西去城」,南史卷七九波斯國傳同,梁職貢圖作「西」。

「土山」,南史卷七九波斯國傳、梁職貢圖、册府卷九六一同,諸番職貢圖卷作「山」。

1012. 山非過高,

南史卷七九波斯國傳同,通典卷一九三、太平寰宇記卷一八五、通志卷一九六作「周迴高大」,通考卷三三九作「山周迴高大」。

1013. 中有鷲鳥噉羊,

「中有」,南史卷七九波斯國傳同,梁職貢圖、册府卷九六一作「山中有」,諸番職貢圖卷作「山有」。

「噉羊」下,梁職貢圖有「時時下地銜羊而去」八字,諸番職貢圖卷有「時時下地銜羊飛去」八字。

1014. 土人極以爲患。

---

① 參見哈磊:雜阿含經中的波斯匿王,宗教學研究,2001 年第 1 期。

「極以爲患」,南史卷七九波斯國傳同,梁職貢圖作「患之」。

1015. 國中有優鉢曇花,

「國中有」,南史卷七九波斯國傳同,梁職貢圖作「有」。

「優鉢曇花」,南史卷七九波斯國傳、梁職貢圖、諸番職貢圖卷同,册府卷九六一作「優鉢曇華」,南齊書卷四〇竟陵文宣王子良傳作「優曇鉢華」,南史卷四四竟陵文宣王子良傳作「優曇鉢花」。

熊清元疑當作「優曇鉢花」。①

余太山梁書西北諸戎傳(節録)要注:「一説『優鉢曇』應讀作『優鉢[羅]』、『曇花』,『優鉢[羅]』乃 utpala 之對譯。(小田義久(南史)卷七十九夷貊下西域傳譯注稿,載内田吟風中國正史西域傳の譯注,京都龍谷大學文學部,河北印刷株式會社,1980,pp. 35～40。)」

按:「優鉢曇」、「優曇鉢」二者皆不誤。清吴升撰大觀録卷一七著録元畫家倪瓚有優鉢曇花圖。

1016. 鮮華可愛。

「鮮華」,南史卷七九波斯國傳、册府卷九六一同,諸番職貢圖卷作「鮮麗」。

1017. 鹹池生珊瑚樹,

「鹹池」,梁職貢圖作「别有鹹池」,南史卷七九波斯國傳、册府卷九六一作「鹹地」。

「珊瑚樹」,南史卷七九波斯國傳、諸番職貢圖卷同,梁職貢圖作「珊瑚」。

諸番職貢圖卷作「波斯國土産珊瑚樹」。

南史原校勘記[三七]:「鹹池」各本作「鹹地」,據梁書改。

馬宗霍南史校證卷七九:疑「池」字是。

按:中華書局點校本南史已改作「池」。

1018. 長一二尺。

南史卷七九波斯國傳、册府卷九六一同,諸番職貢圖卷作「遠長丈一二尺」。

1019. 亦有琥珀、馬腦、真珠、玫珂等,

「亦有」,南史卷七九波斯國傳、册府卷九六一同,諸番職貢圖卷作「又有」。

「琥珀」,諸番職貢圖卷、册府卷九六一同,南史卷七九波斯國傳作「武魄」,梁職貢圖作「虎魄」。

「馬腦」,南史卷七九波斯國傳、梁職貢圖同,册府卷九六一、諸番職貢圖卷作「瑪瑙」。

「玫珂」,梁職貢圖同,南史卷七九波斯國傳、册府卷九六一、諸番職貢圖卷作「玫瑰」。

「等」,册府卷九六一同,梁職貢圖、諸番職貢圖卷作「等寶」。

南史原校勘記[三八]:「武魄」本字「虎魄」,此避唐諱改。

馬宗霍南史校證卷七九:元刊本南史「虎魄」之「虎」又作「武」,蓋原文避唐諱改,殿本作「虎」,校者改回。

---

① 參見熊清元:中華書局本梁書補校 35 例,黄岡師範學院學報,2005 年第 5 期,第 24 頁。

1020. 國内不以爲珍。

南史卷七九波斯國傳同,梁職貢圖作「土人不甚珎」。

1021. 市買用金銀。

南史卷七九波斯國傳、册府卷九六一同,梁職貢圖作「交易用金銀」,諸番職貢圖卷作「市買交關,並是金銀博换」。

1022. 婚姻法:下聘訖,女壻將數十人迎婦,

「婚」,册府卷九六一同,南史卷七九波斯國傳作「昏」。

「下」,南史卷七九波斯國傳、册府卷九六一同,御覽卷六八九引梁書作「一」。

「聘」,册府卷九六一同,御覽卷六八九引梁書作「聘財」,南史卷七九波斯國傳作「娉財」。

馬宗霍南史校證卷七九:「娉」本字,「聘」通用字。

「壻」,南史卷七九波斯國傳同,册府卷九六一作「婿」。

梁職貢圖作「婚禮以金帛、奴婢、牛馬羊等,以四疋馬爲轝,五彩爲蓋迎婦」,諸番職貢圖卷作「俗人婚姻,下聘用金銀、絲帛、奴婢、牛馬、駱駝、騾羊」。

按:御覽「一」字版刻譌誤。

1023. 壻著金線錦袍,

「線」,南史卷七九波斯國傳、册府卷九六一同,御覽卷六八九引梁書作「綖」。

按:「線」、「綖」同。

1024. 戴天冠,

「天」,百衲本、三朝本、北監本、殿本、南史卷七九波斯國傳、册府卷九六一同,汲本、南監本、局本作「大」。

1025. 婦兄弟便來捉手付度,

「婦兄弟」,南史卷七九波斯國傳同,梁職貢圖作「兄弟」。

「捉手」,南史卷七九波斯國傳、册府卷九六一同,梁職貢圖作「把手」。

「付度」,南史卷七九波斯國傳、梁職貢圖同,册府卷九六一作「付託」。

梁職貢圖作「兄弟把手付度」。

1026. 國東與滑國,西及南俱與婆羅門國,北與汎慄國接。

「國東與滑國西及南」,册府卷九五八作「東與滑國西及南」,南史卷七九波斯國傳作「國西及南」。

「婆羅門國」,梁職貢圖同,南史卷七九波斯國傳作「娑羅門國」,册府卷九五八作「婆羅門」。

「汎」,册府卷九五八同,南史卷七九波斯國傳作「泛」。

「慄」,百衲本、汲本、南監本、北監本、殿本、局本、南史卷七九波斯國傳、册府卷九五八同,三朝本作「㡯」。

「汎慄國」,册府卷九五八同,抱朴子序述太清金液神丹經卷下作「拂林」,通典卷一九

三、太平寰宇記卷一八五、舊唐書卷一九八波斯國傳、新唐書卷二二一下波斯傳、通志卷一九六、通考卷三三九作「拂菻」，梁職貢圖作「沉壞國」，法苑珠林卷二九作「拂壈」，釋迦方誌卷下作「撝懔」。

梁職貢圖作「國東萬五千里滑國，西萬里極婆羅門國，南萬里有又婆羅門國，北萬里即沉壞國」。

清王懋竑撰讀書記疑卷一三南史存校：「下當有東與滑國四字。」

南史原校勘記[三九]：「東與滑國」各本脱，據梁書補。

馬宗霍南史校證卷七九：按此上梁書有「國東與滑」四字，南史無之，則四界不全，疑傳寫誤奪，非延壽原文，當依梁書補。

按：中華書局點校本南史已補「東與滑國」四字。疑南史「娑」誤。三朝本「懔」字版刻譌誤。又釋迦方誌卷下引梁貢職圖作「波羅斯西一萬里極婆羅門國，南一萬里又是婆羅門」，可知梁職貢圖「有又」二字有譌誤，當作「又是」。

1027. 中大通二年，遣使獻佛牙。

「中大通二年」，南史卷七九波斯國傳同，宋樓鑰撰攻媿集卷七五跋傅欽甫所藏職貢圖作「中大通五年」，梁職貢圖作「大通二年」，諸番職貢圖卷作「大通三年」。

「二年」下，南史卷七九波斯國傳有「始通江左」四字。

「遣使獻佛牙」，南史卷七九波斯國傳、宋樓鑰撰攻媿集卷七五跋傅欽甫所藏職貢圖同，梁職貢圖作「遣中至安馬越奉表獻佛牙」，諸番職貢圖卷作「貢獻伏牙」。

按：疑攻媿集「五年」、諸番職貢圖卷「三年」版刻譌誤，梁職貢圖、諸番職貢圖卷脱「中」字。錢伯泉謂梁職貢圖割裱時誤置「中」字於下句①，此説可從。諸番職貢圖卷「伏」字版刻譌誤。又梁書卷三武帝紀下：中大通五年八月甲子，「波斯國遣使獻方物」。實録卷一七：中大通五年，「……波斯……遣使朝貢」。傳文失載。梁書卷三武帝紀下：大同元年夏四月庚子，「波斯國獻方物」。實録卷一七：大同元年，「……波斯……等國朝貢。」凡此傳文失載。

宕昌國

1028. 宕昌國，在河南之東南，益州之西北，隴西之西，羌種也。

「河南之東南」，南史卷七九宕昌國傳下作「河南國之東」，册府卷九六一作「河南國東」，宋本册府卷九五六、册府卷九五六作「河南國之東南」，諸番職貢圖卷作「河南虜東南」。

「隴西之西羌種也」，南史卷七九宕昌國傳下作「隴西之地西羌種也」，諸番職貢圖卷作「隴西之地」，實録卷一六作「西羌種也」，宋樓鑰撰攻媿集卷七五跋傅欽甫所藏職貢圖作「西羌種」，册府卷九六一作「本西羌種也」。

---

① 錢伯泉：職貢圖與南北朝時期的西域，新疆社會科學，1988 年第 3 期，第 81 頁。

通鑑卷一二〇宋紀元嘉元年:「宕昌,羌之别種也。」

清王懋竑撰讀書記疑卷一三南史存校:「地字衍。」

馬宗霍南史校證卷七九:按梁書「東」下有「南」字,「隴西」下無「地」字,則當以「隴西之西」爲句,「羌種也」三字爲句,與南史微異。

按:「隴西之西」點斷語義不通,後一「西」字當屬下讀,原點校本標點有誤。

1029. 宋孝武世,其王梁㺯忽始獻方物。

「㺯忽」,百衲本、三朝本、南監本、殿本同,汲本、北監本、局本作「㺯忽」,宋書卷六孝武帝紀作「瑾葱」,南史卷七九宕昌國傳作「瑾忽」,諸番職貢圖卷作「謹忽」。

「獻」,南史卷七九宕昌國傳、諸番職貢圖卷同,梁職貢圖作「貢」。

魏書卷四下世祖紀下云太平真君九年「宕昌豪酋梁瑾慈遣使内附」,周書卷四九宕昌傳、北史卷九六宕昌傳云魏太武時(424～452)有宕昌王梁彌忽,通典卷一九〇、通考卷三三四作「彌忩」,通志卷一九五作「彌悤」。

册府卷九六三:「(宋孝武帝大明)五年正月,以宕昌國王梁唐子爲河州刺史。」

册府卷九六六:「懃孫彌忩,太武初遣子彌黄奉表求内附,拜爲宕昌王。」

馬宗霍南史校證卷七九:「㺯」與「瑾」、「忽」與「忽」形近易混,未詳孰是。

按:「忩」、「悤」同「匆」。元和郡縣圖志卷三九、太平寰宇記卷一八八亦作「梁彌忽」,通鑑卷一二〇宋紀元嘉元年作「梁彌忽」。魏太武世(424－452)与宋孝武世(454～465)相近,太平真君九年爲西元 448 年,梁彌忽、梁彌忽、梁瑾葱、梁瑾忽、梁㺯忽、梁瑾慈當爲同一人,「忽－忽－葱－慈」和「瑾－㺯」兩組字爲傳抄刊刻中的書寫差錯。①

1030. 天監四年,王梁彌博來獻甘草、當歸,

「四年」,南史卷七九宕昌國傳、宋樓鑰撰攻媿集卷七五跋傅欽甫所藏職貢圖同,宋本册府卷九六八、册府卷九六八作「四年四月」,梁職貢圖、諸番職貢圖卷作「十年」。

「王」,南史卷七九宕昌國傳同,宋樓鑰撰攻媿集卷七五跋傅欽甫所藏職貢圖作「其王」。

「來獻」,南史卷七九宕昌國傳、宋樓鑰撰攻媿集卷七五跋傅欽甫所藏職貢圖同,梁職貢圖作「表獻」,宋本册府卷九六八、册府卷九六八、諸番職貢圖卷作「獻」。

通鑑卷一四六梁紀天監四年:「夏四月丁巳,以行宕昌王梁彌博爲河涼二州刺史、宕昌王。」

廿二史考異卷二六:「按武帝紀:『天監元年,安西將軍宕昌王梁彌頜進號鎮西將軍。』此在弥博之前,而傳不及之。」

清王懋竑撰讀書記疑卷八南史:「宕昌傳止載彌博及子彌泰,而無彌頡、彌邕,殆不可詳考。」

按:梁書卷二武帝紀中記天監四年「以行宕昌王梁彌博爲安西將軍、河涼二州刺史、宕昌王」,十年「宕昌國遣使獻方物」。疑梁職貢圖「表」字爲「來」之譌。又梁書卷二武帝

① 參見劉仲文:宕昌國考辨,蘭州大學學報(社會科學版),1988 年第 1 期,第 50 頁。

紀中:天監元年夏四月戊辰,「安西將軍宕昌王梁彌頷進號鎮西將軍」。天監元年閏月丁酉,「以行宕昌王梁彌邕爲安西將軍、河凉二州刺史,正封宕昌王」。天監四年夏四月丁巳,「以行宕昌王梁彌博爲安西將軍、河凉二州刺史、宕昌王」。天監十年,「宕昌國遣使獻方物」。天監十一年九月辛亥,「宕昌國遣使獻方物」。凡此傳文失載。

1031.詔以爲使持節、都督河涼二州諸軍事、安西將軍、東羌校尉、河涼二州刺史、隴西公、宕昌王,

「使持節都督河涼二州諸軍事安西將軍東羌校尉河涼二州刺史隴西公宕昌王」,南史卷七九宕昌國傳、册府卷九六三同,梁書卷二武帝紀中作「安西將軍河涼二州刺史宕昌王」,梁職貢圖作「(上闕)州安西軍護羌授尉河涼二州刺史隴西公」,諸番職貢圖卷作「使持節都督河涼二州刺史隴西公」。

按:梁職貢圖脱「將」字,「授」字爲「校」之譌。

1032.佩以金章。

「章」,南史卷七九宕昌國傳同,册府卷九六三作「印」。

1033.彌博死,子彌泰立,

「彌博」,南史卷七九宕昌國傳同,周書卷四九宕昌傳、通鑑卷一五八梁紀大同七年作「佡定」。

「子彌泰」,南史卷七九宕昌國傳同,周書卷四九宕昌傳、通鑑卷一五八梁紀大同七年作「弟彌定」,册府卷九六三作「梁彌秦」。

梁書卷三武帝本紀下:「大同七年二月乙巳,以行宕昌王梁彌泰爲平西將軍、河涼二州刺史、宕昌王。」

通鑑卷一五八梁紀大同七年:「宕昌王梁佡定爲其下所殺,弟彌定立。二月乙巳,以彌定爲河梁二州刺史、宕昌王。」

通典卷一九〇、太平寰宇記卷一八八、通考卷三三四:「七葉孫彌秦……永熙末,種人企定……企定弟彌定……」

通志卷一九五:「彌博死,子彌泰立……孝武永熙末,種人企定……企定死,弟彌定立……」

周書卷四九宕昌傳原校勘記[三四]:梁書局本卷五四宕昌傳云:「彌博死,子彌泰立。大同十年,復授以父爵位。」按大同十年即西魏大統十年五四四年,則此彌博即佡定,彌泰即彌定,但名既不同,周書作「弟」,梁書作「子」也不同。通鑑卷一五八四九〇七頁亦作「彌定」,考異云:「梁帝紀作『彌泰』,今從典略。」

按:册府「秦」字版刻譌誤。梁書卷五四宕昌傳云「彌博死,子彌泰立。大同十年,復授以父爵位」,乃言大同十年授梁彌泰爵位,非謂梁彌博至大同十年方歿,周書原校勘記理解有誤。通鑑卷一四六梁紀天監四年有宕昌王梁彌博,通鑑卷一五八梁紀大同七年有宕昌王梁佡定,二者並見,知温公之意,並不以梁彌博與梁佡定爲同一人,周書原校勘記謂「此彌博即佡定」,不確;疑梁彌博爲梁佡定父輩,故梁書云「彌博死,子彌泰立」,周書卷

四九宕昌傳、通鑑卷一五八梁紀大同七年則謂「佡定爲其下所殺」，弟彌定立，乃記載角度不同，意均可通。

1034. 大同七年，復授以父爵位。

「七年」，百衲本、梁書卷三武帝紀下、南史卷七九宕昌國傳、通鑑卷一五八梁紀大同七年同，三朝本、汲本、南監本、北監本、殿本、局本作「十年」。

「授」，南史卷七九宕昌國傳作「策授」。

張元濟梁書校勘記：「殿(本)誤，見本紀三。」

梁書卷三武帝本紀下：「大同七年二月乙巳，以行宕昌王梁彌泰爲平西將軍、河涼二州刺史、宕昌王。」

羅振玉梁書斠議：「十年當據紀作七年。」又梁彌博將軍號爲「安西將軍」，父子署異。

按：三朝本、汲本、南監本、北監本、殿本、局本「十」字版刻譌誤。又梁書卷三武帝本紀下：大同七年三月乙亥，「宕昌王遣使獻馬及方物」。實録卷一七：大同七年，「宕昌……遣使貢物」。傳文失載。

1035. 其衣服、風俗與河南略同。

「其衣服風俗」，南史卷七九宕昌國傳同，梁職貢圖作「衣服風俗」，諸番職貢圖卷作「其風俗衣服」。

「河南」，南史卷七九宕昌國傳、諸番職貢圖卷同，梁職貢圖作「河南國」。

「略同」，南史卷七九宕昌國傳、梁職貢圖同，諸番職貢圖卷作「仝」。

鄧至國

1036. 鄧至國，居西涼州界，羌别種也。

「鄧至國」，南史卷七九鄧至國傳，册府卷九五八、卷九六一，諸番職貢圖卷同；宋本册府卷九五六、册府卷九五六作「鄧至羌者」，梁職貢圖作「鄧至」。

「西涼州」，南史卷七九鄧至國傳、册府卷九六一、梁職貢圖同，册府卷九五八作「涼州」。

「界」，南史卷七九鄧至國傳，梁職貢圖，册府卷九五八、卷九六一同；諸番職貢圖卷作「豙」。

「羌别種」，南史卷七九鄧至國傳，册府卷九五八、卷九六一，諸番職貢圖卷同；梁職貢圖作「善别種」；宋本册府卷九五六，册府卷九五六作「羌之種」；通典卷一九〇作「羌之别種」。

按：册府卷九五八脱「西」字。諸番職貢圖卷「豙」字版刻譌誤。梁職貢圖「善」誤。

1037. 宋文帝時，

「時」，南史卷七九鄧至國傳同，梁職貢圖、諸番職貢圖卷作「世」。

1038. 王象屈耽遣使獻馬。

「象」，南史卷七九鄧至國傳、梁職貢圖、諸番職貢圖卷同，通志卷一九五作「像」。

「耽」，南史卷七九鄧至國傳、諸番職貢圖卷、通志卷一九五同，百衲本、三朝本、汲本、南監本、北監本、殿本、局本、梁職貢圖作「躭」。

「遣使獻馬」，南史卷七九鄧至國傳同，梁職貢圖作「遣其所置黑水鎮將象破羌上書獻駿馬」，諸番職貢圖卷作「遣其所置里水鎮將象破虜上書獻駿馬」。

按：「躭」同「耽」，「躭」爲「耽」之俗字。又水經注卷二〇記羌中有鄧至城、黑水城，可證諸番職貢圖卷「里水」爲誤。

1039. 詔以鄧至王象舒彭爲督西凉州諸軍事，號安北將軍。

「象舒彭」，梁書卷二武帝紀中，南史卷六梁本紀上、卷七九鄧至國傳，宋本册府卷九六八，册府卷九六八，梁職貢圖，諸番職貢圖卷，北史卷四魏本紀四，舊唐書卷四一地理志四，元和郡縣圖志卷三二同；南齊書卷三武帝紀、卷五九宕昌傳，册府卷九六三，魏書卷七下高祖紀下、卷八世宗紀，通鑑卷一三八齊紀永明十一年、通志卷一九五作「像舒彭」。周書卷四九鄧至傳、北史卷九六鄧至傳有「像舒治」，通典卷一九〇、通考卷三三四有「像舒理」、「舒彭」，太平寰宇記卷八一引後魏書鄧至傳有「像舒治」、「舒彭」。

太平寰宇記原校：「……諸書既不一，疑各有所本，而今記隨事因之，遂不暇細考，惟以舒彭爲舒治之子，莫知其何所據？若以史爲正，則治與彭同時，疑『治』即『彭』而訛耳，然未有考正。」

「號」，南史卷七九鄧至國傳作「進號」。

「安北將軍」，南史卷七九鄧至國傳同，梁書卷二武帝紀中、南史卷六梁本紀上作「安西將軍」。

按：梁書、南史均載象舒彭原爲「平北將軍」，則其所陞任者，自當以「安北將軍」爲是。梁書卷二武帝紀中、南史卷六梁本紀上「安西將軍」誤。

1040. 舒彭遣使獻黄耆四百斤，

「遣使」，南史卷七九鄧至國傳、宋本册府卷九六八、册府卷九六八同，梁職貢圖、諸番職貢圖卷作「遣厲僧崇」。

1041. 其俗呼帽曰突何。

「突何」，南史卷七九鄧至國傳、册府卷九六一同，御覽卷六八七引梁書作「災何」，梁職貢圖、諸番職貢圖卷作「突阿」。

按：疑御覽「災」字版刻譌誤。

1042. 其衣服與宕昌同。

「同」，南史卷七九鄧至國傳同，册府卷九六一同，梁職貢圖作「畧同」，諸番職貢圖卷作「略仝」。

通典卷一九〇：「風土習俗，與宕昌同。」

武興國

1043. 武興國，本仇池。

「武興國」，南史卷七九武興國傳、册府卷九六一同，宋樓鑰撰攻媿集卷七五跋傳欽甫所藏職貢圖作「武興蕃國」，諸番職貢圖卷作「武興番」。

「本仇池」，南史卷七九武興國傳、册府卷九六一、宋樓鑰撰攻媿集卷七五跋傳欽甫所藏職貢圖同，諸番職貢圖卷作「本是仇池國」，册府卷九五八作「本仇池地」。

諸番職貢圖卷：「武興蕃本是仇池國。國王姓楊。」

1044. 楊難當自立爲秦王，宋文帝遣裴方明討之，

南史卷七九武興國傳同。

宋書卷九八氐胡傳：「元嘉十三年三月，楊難當自立爲大秦王……十七年，其國大旱，多災異，降大秦王復爲武都王……十九年正月，太祖遣龍驤將軍裴方明……討難當。」北史卷九六氐傳同。裴方明討楊難當事，宋書卷五文帝紀、通鑑卷一二三宋紀繫於元嘉十八年十二月。是宋文帝遣裴方明等攻伐，已在楊難當稱秦王後多年，時已復改號爲武都王。

1045. 其兄子文德又聚衆茄盧，宋因授以爵位，

「兄子」，南史卷七九武興國傳、宋本册府卷九五六、册府卷九五六同，南齊書卷五九氐傳作「從兄子」。

「又聚」，南史卷七九武興國傳同，宋本册府卷九五六、册府卷九五六作「聚」。

「茄盧」，宋本册府卷九五六、册府卷九五六同，宋書卷九八氐胡傳、南齊書卷五九氐傳、太平寰宇記卷一七六作「茄蘆」，水經注卷三二、魏書卷四下世祖紀下、南史卷七九武興國傳、北史卷九六氐傳、通鑑卷一二四宋紀元嘉二十年作「葭蘆」，元和郡縣圖志卷二二作「茹盧」，下同。

按：據宋書卷九八氐胡傳，文德爲難當兄玄子保宗之弟，故以「兄子」爲是。又北史卷九六氐傳：「氐、羌立文德，屯于濁水。……求援於宋，封文德爲武都王……齊逆擊……文德奔守葭蘆，武都、陰平氐多歸之。」是楊文德始屯濁水，守葭蘆在宋封武都王後，與梁書不同。

1046. 文德奔漢中。從弟僧嗣又自立，復戍茄盧。

「戍」，南史卷七九武興國傳同，宋本册府卷九五六、册府卷九五六作「盛」。

「茄盧」，南史卷七九武興國傳、册府卷九六六作「葭蘆」。

宋書卷八明帝紀：泰始二年秋七月丁酉，「以仇池太守楊僧嗣爲北秦州刺史、武都王。」泰始三年夏四月乙未，「冠軍將軍、北秦州刺史楊僧嗣進號征西將軍。」

按：宋本册府、册府「盛」字版刻譌誤。又宋書卷九八氐胡傳：「文德……奔于漢中……使文德從祖兄頭戍茄蘆……其後立元和爲武都王……元和從弟僧嗣，復自立，還戍茄蘆」。是知文德與僧嗣之間，尚有頭、元和二人相繼主武都國政。

1047. 文德弟文度立，

「弟」，南史卷七九武興國傳同，宋書卷九八氐胡傳、南齊書卷五九氐傳作「從弟」。

「文度」，宋書卷九八氐胡傳、南史卷七九武興國傳同，南齊書卷五九氐傳作「文慶」。

通典卷一八九、通考卷三三三云「難當從弟文度」，宋書卷九八氐胡傳、册府卷九六六、通鑑卷一三三宋紀元徽元年謂僧嗣从弟文度。

宋書卷九後廢帝紀：元徽四年夏五月，「以寧朔將軍武都王楊文度爲北秦州刺史。」

宋書卷一〇順帝紀：昇明元年閏月辛丑，「宁朔將軍、北秦州刺史武都王楊文度進號征西將軍。」

宋書順帝紀原校勘記[六]：「楊文度」各本並譌作「楊文慶」，據氐傳改。

按：疑南齊書「慶」字誤。

1048. 以弟文洪爲白水太守，

「弟」，宋書卷九八氐胡傳、南史卷七九武興國傳、宋本册府卷九五六、册府卷九五六同，南齊書卷五九氐傳作「從弟」。

「文洪」，南史卷七九武興國傳、宋本册府卷九五六、册府卷九五六同，宋書卷九八氐胡傳、南齊書卷五九氐傳、册府卷九六三、通典卷一八九、實録卷一四、通鑑卷一三四宋紀昇明元年、通考卷三三三作「文弘」。

通鑑考異卷六：「(文弘)，魏書本紀作楊鼠，氐傳作鼠。皆避顯祖諱也。」

宋書原校勘記[一八]：「文弘」魏書本紀作「楊鼠」，氐傳作「楊鼠」。蓋魏獻文帝名弘，魏史臣避諱改之。

南史原校勘記[二四]：「文弘」各本作「文洪」，據宋書、南齊書改。通鑑考異：「楊文弘，魏書本紀作楊鼠，氐傳作鼠。皆避顯祖諱也。」按魏顯祖名弘，故爲諱改，則字本作「弘」，作「洪」者非。

按：北魏顯祖獻文帝名弘。今本魏書卷七上高祖紀上、卷五一皮喜傳、卷九八島夷蕭道成傳並作「楊鼠」。中華書局點校本南史此處已改作「弘」，然下文「文洪死」一句仍舊未改。

1049. 宋世以爲武都王。

宋書卷一〇順帝紀：昇明二年六月丁酉，「以輔國將軍楊文弘爲北秦州刺史、武都王。」

1050. 難當族弟廣香又攻殺文度，自立爲陰平王、茄盧鎮主。

「陰平王」，南齊書卷二高帝紀下作「陰平公」，同書卷五九氐傳「陰平公」、「陰平郡公」並見；魏書卷七上高祖紀上作「陰平太守」。

「茄盧」，南齊書卷五九氐傳作「茄蘆」，南史卷七九武興國傳作「葭蘆」。

通鑑卷一三四宋紀昇明元年：「魏以楊難當族弟廣香爲陰平公、葭蘆戍主」。

按：北史卷九六氐傳：魏孝文帝太和元年，「征西將軍皮歡喜攻葭蘆破之，斬文度首。」通鑑卷一三四宋紀昇明元年：十二月壬寅，「魏皮歡喜拔葭蘆，斬文度」。與梁書不同。

1051. 卒，子炅立。

「卒」，南史卷七九武興國傳作「死」。

1052. 齊永明中，魏氏南梁州刺史仇池公楊靈珍據泥功山歸款，

「齊永明中」,南史卷七九武興國傳同,南齊書卷六明帝紀、卷五九氐傳作齊明帝建武四年,宋本册府卷九七七、册府卷九七七作「南齊太祖建元四年」。

「魏氏」,南史卷七九武興國傳作「魏」。

「泥功山」,三朝本、汲本、南監本、局本同,百衲本、北監本、殿本、南史卷七九武興國傳作「泥切山」,南齊書卷五九氐傳作「泥山」,南齊書卷五七魏虜傳、元和郡縣圖志卷二二作「泥公山」。

「歸款」,南史卷七九武興國傳作「歸齊」。

南史原校勘記[二五]:「泥功山」各本作「泥切山」,據梁書改。

按:疑梁書、南史「齊永明中」,宋本册府、册府「南齊太祖建元四年」皆誤。又百衲本、北監本、殿本、南史「切」字版刻譌誤,中華書局點校本南史已改作「功」。

1053. 齊世以靈珍爲北梁州刺史、仇池公。

「齊世」,南史卷七九武興國傳作「齊武帝」。

「北梁州」,南齊書卷五九氐傳、南史卷七九武興國傳同,南齊書卷六明帝紀、通鑑卷一四一齊紀建武四年作「北秦州」。

通鑑考異卷六:「齊氐傳作北梁州,今從帝紀。」

「仇池公」,南史卷七九武興國傳同,南齊書卷六明帝紀作「仇池公武都公」,南齊書卷五九氐傳、通鑑卷一四一齊紀建武四年作「仇池公武都王。」

按:疑南齊書卷六明帝紀「武都公」誤,此建武四年(497)事。南齊書卷五九氐傳云永明四年(486)封集始爲武都王,「永元二年(500),復以集始爲使持節、督秦雍二州軍事、輔國將軍、平羌校尉、北秦州刺史」,則集始至是削武都王號。

1054. 文洪死,以族人集始爲北秦州刺史、武都王。

「北秦州」,百衲本、汲本、南監本、北監本、殿本、局本、南史卷七九武興國傳同,三朝本作「比秦州」。

梁書卷二三長沙嗣王業傳:「(蕭)懿又遣氐帥楊元秀攻魏歷城、皐蘭、駱谷、坑池等六戍,剋之,魏人震懼,邊境遂寧。」

按:三朝本「比」字版刻譌誤。又北史卷九六氐傳云「文度弟弘,小名鼠……鼠子集始」,元和郡縣圖志卷二二亦云「鼠子集始」,通鑑卷一三五齊紀建元四年云「文弘子集始」,通鑑卷一三六齊紀永明四年云「集始,文弘之子也」,知集始爲文洪子,梁書謂集始爲文洪族人,疑誤。

1055. 天監初,以集始爲使持節、都督秦雍二州諸軍事、輔國將軍、平羌校尉、北秦州刺史、武都王;

「使持節」,南史卷七九武興國傳作「持節」。

馬宗霍南史校證卷七九:按「持節」上梁書有「使」字,當時官制,「持節」次於「使持節」,「使持節」得殺二千石以下,「持節」殺無官位人,若軍事得與「使持節」同,此一字有無,權位隨之輕重,似不可忽。

梁書卷二武帝紀中：天監元年六月庚戌，「以行北秦州刺史楊紹先爲北秦州刺史、武都王」。

按：通鑑卷一四五梁紀天監二年：「武興安王楊集始卒。己未，魏立其世子紹先爲武興王。紹先幼，國事決於二叔父集起、集義。」是天監元年，楊集始尚在世。① 此處本紀、傳文不同，似當以傳文爲是。

1056. 靈珍爲冠軍將軍；

北史卷四五夏侯道遷傳：「先是，仇池鎮將楊靈珍反叛南奔，梁以靈珍爲征虜將軍，假武都王……」

北史原校勘記[七]：按南齊書卷五九氐傳，靈珍入南，是在南齊時。此官亦是南齊所授，非授于梁。

按：魏書卷七一夏侯道遷傳：「先是，仇池鎮將楊靈珍阻兵反叛，戰敗南奔。衍以靈珍爲征虜將軍，假武都王……」通鑑卷一四六梁紀天監四年：「先是，魏仇池鎮将楊靈珍叛魏來奔，朝廷以爲征虜将軍、假武都王……」此與梁書記載不同。

1057. 孟孫爲假節、督沙州刺史、陰平王。

「沙州刺史」上，南史卷七九武興國傳有「沙州諸軍事平羌校尉」九字。

按：疑梁書此處有脱誤。

1058. 集始死，子紹先襲爵位。

梁書卷二武帝紀中：天監元年六月庚戌，「以行北秦州刺史楊紹先爲北秦州刺史、武都王」。

梁書卷三武帝紀下：中大通六年八月己未，「以南梁州刺史、武興王楊紹先爲秦南秦二州刺史」；大同元年十二月戊戌，「以平西將軍、秦南秦二州刺史、武興王楊紹先進號車騎將軍。」

通鑑卷一五六梁紀中大通六年：八月己未，「武興王楊紹先爲秦南秦二州刺史」。

按：梁書卷四六杜崱傳：「大同初……懷寶復進督華州。值秦州所部武興氐王楊紹反，懷寶擊破之。」此武興氐王當即楊紹先，杜崱傳脱一「先」字。又梁書卷三武帝紀下原校勘記[二四]：「本書諸夷傳，楊紹先以天監十年死，子智慧，以大同初自魏歸梁，則此年當是紹先子智慧，非紹先。」實則大同初，紹先尚存。梁書本卷本傳下文云：「十年，孟孫死，詔贈安沙將軍、北雍州刺史。子定襲封爵。紹先死，子智慧立。」並非言紹先死在天監十年，此处原點校本誤校。又通典卷一八九、通考卷三三三云「弟文弘自爲武都王。至孫紹先」云云，以紹先爲文弘孫。

1059. 二年，以靈珍爲持節、督隴右諸軍事、左將軍、北梁州刺史、仇池王。

「北梁州」，南史卷六梁本紀上同，南史卷七九武興國傳作「北凉州」。

南史卷六梁本紀上：天監二年春正月庚辰，「以仇池公楊靈珍爲北梁州刺史，封仇

---

① 參見李祖桓著：仇池國志，第 121～122 頁。

池王。」

南史卷七九武興國傳:「(天監)二年,以靈珍爲持節、督隴右諸軍事、左將軍、北凉州刺史、仇池王。」

張森楷南史校勘記:森楷案:諸夷傳以此爲楊紹先事。據南齊書氐傳言靈珍爲魏所殺,夏侯道遷傳亦言殺楊靈珍事,疑當以傳爲是,紀文失之。①

南史卷六原校勘記[二四]:張森楷梁書校勘記:「諸夷傳(謂夷貊西戎武興傳)以此爲楊紹先事。據南齊書氐傳言靈珍爲魏所殺;夏侯道遷傳亦言殺楊靈珍事,疑當以傳爲是,紀文失之。」

按:南史武興國傳「北凉州」版刻譌誤。南史原校勘記録張森楷南史校勘記,云出梁書校勘記,誤。

1060. 紹先死,子智慧立。大同元年,剋復漢中,智慧遣使上表,求率四千户歸國,詔許焉,即以爲東益州。

「智慧」,南史卷七九武興國傳同,諸番職貢圖卷作「知慧」,周書卷一一叱羅協傳、卷四九氐傳,北史卷九六氐傳、通典卷一八九、册府卷九六六、通考卷三三三作「辟邪」。

梁書卷三武帝紀下:大同元年十一月,「壬戌,北梁州刺史蘭欽攻漢中,剋之,魏梁州刺史元羅降。癸亥,賜梁州歸附者復除有差。雄勇將軍、北益州刺史陰平王楊法深進號平北將軍。」

諸番職貢圖卷:「知慧大同元年,遣使符道安、楊頍等送啓,乞歸其國。」

廿二史考異卷二六:「按武帝紀:『大同元年十二月,以平西將軍、秦南秦二州刺史、武興王楊紹先進號車騎將軍,平北將軍、北益州刺史、陰平王楊法深進號驃騎將軍。』則大同初,紹先尚存。楊法深當是楊定之後襲封者,而傳不及之,皆史之踳駮也。」

清王懋竑撰讀書記疑卷八南史:「按陰平、宕昌,大抵皆附於魏,江左時通貢獻,特羈縻而已,故其事不詳。而南史傳所載,與各紀且有異同,殆不可考,缺之可也。」

1061. 西接宕昌,

「宕」,南史卷七九武興國傳、册府卷九六一同,册府卷九五八作「石」。

按:册府卷九五八「石」字版刻譌誤。

1062. 去宕昌八百里,

「宕」,册府卷九六一同,册府卷九五八作「巖」。

按:册府卷九五八「巖」字版刻譌誤。

1063. 南去漢中四百里,

册府卷九五八、卷九六一同,諸番職貢圖卷作「南接梁漢」。

1064. 北去岐州三百里,

---

① 見唐唯目編:張森楷史學遺著輯略,第142頁。編者注:「摘選南京圖書館藏,張森楷南史校勘記手稿本。」

册府卷九五八、卷九六一同，諸番職貢圖卷作「北接岐州」。

1065. 東去長安九百里。

「東去」，册府卷九五八、卷九六一，諸番職貢圖卷作「去」。

1066. 本有十萬户，

「本有」，册府卷九六一同，諸番職貢圖卷作「國有」。

1067. 世世分減。

「分減」下，諸番職貢圖卷有「今已半矣」四字。

1068. 其大姓有苻氏、姜氏。

「苻」，南史卷七九武興國傳、册府卷九六一、實録卷一六同，百衲本、三朝本、汲本、南監本、北監本、殿本、局本作「符」。

「姜氏」，册府卷九六一同，南史卷七九武興國傳作「姜氏梁氏」。

通典卷一八九云「楊氏與苻氏同出略陽」。

實録卷一六云「氐楊氏、苻氏同出略陽」，「苻」字原作「符」，中華書局點校本實録卷一六已改作「苻」。

原校勘記[三八]:「苻」各本皆譌「符」，據南史改正。按:「姜氏」下，南史有「梁氏」。

按:「符」同「苻」。

1069. 言語與中國同。

「同」，南史卷七九武興國傳、册府卷九六一同，諸番職貢圖卷作「略同」。

1070. 著烏皁突騎帽，

「皁」，汲本、北監本、殿本、局本、南史卷七九武興國傳、諸番職貢圖卷同，百衲本、三朝本、南監本、册府卷九六一作「皂」。

按:「皂」同「皁」。

1071. 小口袴，皮韡。

「韡」，南史卷七九武興國傳、册府卷九六一同，諸番職貢圖卷作「靴」。

按:「韡」同「靴」。

1072. 地植九穀。

南史卷七九武興國傳、册府卷九六一同，册府「穀」作「穀」。

諸番職貢圖卷作「種五穀」。

按:「穀」同「穀」，「穀」爲「穀」之俗字。

1073. 知書疏。

「書疏」，南史卷七九武興國傳、册府卷九六一同，諸番職貢圖卷作「詩書」。

1074. 出紬、絹、精布、漆、蠟、椒等。

「精布」，南史卷七九武興國傳作「布」，册府卷九六一作「精紈」。

芮芮國

1075. 芮芮國,蓋匈奴别種。

「芮芮」,宋本册府卷九九五、卷一〇〇〇,册府卷九六一、卷九九五,册府卷一〇〇〇同;南史卷七九蠕蠕傳、宋本册府卷九五六、册府卷九五六作「蠕蠕」。

「芮芮國」,南史卷七九波斯國傳作「蠕蠕爲族」。

「匈奴」,宋本册府卷一〇〇〇、册府卷一〇〇〇同,南史卷七九蠕蠕傳、宋本册府卷九五六、册府卷九五六作「匈奴之」。

「别種」,宋本册府卷一〇〇〇、册府卷一〇〇〇同,南史卷七九蠕蠕傳作「别種也」。

清王懋竑撰讀書記疑卷八南史:「柔然,魏改作蠕蠕,周、隋多作茹茹,宋、齊、梁又作芮芮,當以蠕蠕爲正。若其自稱,當曰柔然,必不以蠕蠕爲號也。」

馬宗霍南史校證卷七九:按宋書有索虜傳,傳末附芮芮,索虜即北魏也,南齊書作魏虜,而别立芮芮虜傳。梁書諸夷傳以奉正朔修貢職者爲限。故不及元魏,其於北方,止立芮芮一傳。李延壽尊魏者也,自不儕魏於夷貊,故南史于北狄亦僅傳「蠕蠕」,「蠕蠕」即「芮芮」,蓋仍梁書之舊也。王鳴盛商榷曰:「芮芮本號爲柔然,魏人改稱爲蠕蠕,周隋多作茹茹,宋齊梁則作芮芮,蓋皆取其音近。」

1076. 自元魏南遷,

「自元魏」,南史卷七九蠕蠕傳作「魏自」,宋本册府卷一〇〇〇、册府卷一〇〇〇作「自孝武」。

1077. 因擅其故地。無城郭,

「故地」,宋本册府卷一〇〇〇、册府卷一〇〇〇同,南史卷七九蠕蠕傳作「地故」。

南史原校勘記[四〇]:「故地」各本互倒作「地故」,據梁書乙正。

馬宗霍南史校證卷七九:按梁書「故」字在「地」字上,謂芮芮擅有元魏之故地也,此似當從梁書。

按:中華書局點校本南史已改作「故地」。

1078. 以穹廬爲居。

「穹廬」,南史卷七九蠕蠕傳、册府卷九六一同,宋書卷九五索虜傳作「氈帳」。

「爲居」,册府卷九六一同,南史卷七九蠕蠕傳作「居」。

馬宗霍南史校證卷七九:按「居」上梁書有「爲」字,似不當省。

1079. 辮髮,衣錦,

「辮髮」,南史卷七九蠕蠕傳、册府卷九六一同,南齊書卷五九芮芮虜傳、實録卷一六作「編髮」。

1080. 宋昇明中,遣王洪軌使焉,

「昇明中」,南史卷七九蠕蠕傳、宋本册府卷一〇〇〇、册府卷一〇〇〇同,南齊書卷五九芮芮虜傳作「昇明二年」,通考卷三四二作「昇平中」。

「洪」,百衲本、汲本、南監本、北監本、殿本、局本、南史卷七九蠕蠕傳同,三朝本作「浜」。

「王洪軌」,宋書卷七四沈攸之傳,南齊書卷四九張沖傳、卷五九芮芮虜傳,南史卷七〇王洪軌傳、卷七七杜文謙傳、卷七九蠕蠕傳,宋本册府卷九二六、卷一〇〇〇,册府卷九二六、卷一〇〇〇,通考卷三四二同;南齊書卷六明帝紀、卷一八祥瑞志、卷二四柳世隆傳、卷四二江祏傳、卷五七魏虜傳,南史卷四齊本紀上、卷四七江祏傳,實録卷一六,通鑑卷一三五齊紀建元元年作「王洪範」,下同。

通鑑考異卷六:「齊書作『王洪軌』,今從齊紀。」

南齊書卷四九張沖傳原校勘記[一七]:按芮芮傳作「王洪軌」。南史循吏傳、蠕蠕傳亦作「王洪軌」。然明帝紀、柳世隆傳、江祏傳、魏虜傳及南史齊高帝紀、江祏傳皆作「王洪範」。通鑑齊高帝建元元年「帝遣王洪範約柔然寇魏」。考異云:「齊書作『王洪軌』,今從齊紀。」今依通鑑改爲「王洪範」。下同。

南史卷七〇王洪軌傳原校勘記[二一]:「王洪範」各本及本書蠕蠕傳作「王洪軌」。南齊書張沖傳、芮芮傳亦作「王洪軌」。然本書齊高帝紀、江祏傳及南齊書明帝紀建武元年、柳世隆傳、江祏傳、魏虜傳悉作「王洪範」。通鑑齊高帝建元元年「帝遣王洪範約柔然寇魏」,考異云:「齊書作『王洪軌』,今從齊紀。」今依通鑑一律改爲「王洪範」。

南史卷七九蠕蠕傳原校勘記[四一]:「王洪範」各本作「王洪軌」,據通鑑齊高帝建元元年紀改。説見卷七十循吏傳校勘記第二十一條。

按:南朝宋無「昇平」年號,通考誤。又三朝本「浜」字版刻譌誤,下文「洪軌始至其國」,三朝本亦作「洪」。中華書局點校本宋書卷七四沈攸之傳,中華書局點校本南齊書卷四九張沖傳、卷五九芮芮虜傳,中華書局點校本南史卷七〇王洪軌傳、卷七七杜文謙傳、卷七九蠕蠕傳俱已改作「王洪範」。

1081. 引之共伐魏。

「伐魏」,宋本册府卷一〇〇〇、册府卷一〇〇〇同,南史卷七九蠕蠕傳、通考卷三四二作「謀魏」。

1082. 齊建元元年,洪軌始至其國,

「建元元年」,宋本册府卷一〇〇〇、册府卷一〇〇〇同,南史卷七九蠕蠕傳、通考卷三四二作「建元三年」,實録卷一六作「建元二年」。

馬宗霍南史校證卷七九:按「三年」梁書作「元年」,檢南齊書芮芮虜傳,則王洪軌始至之時,當在建元元年,梁書是也。二年,三年,芮芮主頻遣使貢獻,南史以始至通使並在三年,似未允。

按:南史、通考「三年」,實録「二年」誤。

1083. 國王率三十萬騎,

「三十萬」,南齊書卷五九芮芮虜傳、宋本册府卷一〇〇〇、册府卷一〇〇〇同,實録卷一六作「四十萬」,魏書卷七上高祖紀上、通鑑卷一三五齊紀建元元年作「十餘萬」。

魏書卷七上高祖紀上:太和三年十一月,「蠕蠕率騎十餘萬南寇,至塞而還。」

通鑑卷一三五齊紀建元元年:「柔然十餘萬騎寇魏,至塞上而還。」

按:太和三年即南齊建元元年(479)。

1084. 出燕然山東南三千餘里,

「三千」,宋本册府卷一〇〇〇、册府卷一〇〇〇作「二千」。

南齊書卷五九芮芮虜傳作「去平城七百里」。

1085. 更爲小國而南移其居。

「南移」,宋本册府卷九九五、册府卷九九五同,南史卷七九蠕蠕傳作「移」。

南史原校勘記[四二]:「南」字各本並脱,據梁書補。

馬宗霍南史校證卷七九:按「而」字下梁書有「南」字,不當删。

按:中華書局點校本南史已補「南」字。

1086. 始破丁零,

「始破」,宋本册府卷九九五、册府卷九九五作「破」。

1087. 十四年,遣使獻烏貂裘。

「烏」,南史卷七九蠕蠕傳作「馬」。

原校勘記[三九]:「烏」南史作「馬」。

按:似「烏」字義長,唐劉禹錫武昌老人説笛歌詩云:「當時買材恣搜索,典卻身上烏貂裘。」北史卷九七高昌傳:「於後十餘遣使獻珠像、白黑貂裘、名馬、鹽枕等,款誠備至。」周偉洲則取「馬」字。① 又梁書卷二武帝紀中:天監十五年秋八月,「芮芮……遣使獻方物。」傳文失載。

1088. 是後數歲一至焉。

「一」,三朝本、汲本、南監本、北監本、殿本、局本、南史卷七九蠕蠕傳同,百衲本作「二」。

梁書卷三武帝紀下:大通二年(528)春正月乙酉,「芮芮國遣使獻方物」;中大通元年(529)二月辛丑,「芮芮國遣使獻方物」;大同四年(538)三月癸未,「芮芮國遣使獻方物」。

實録卷一七:中大通元年十一月,「……蠕蠕國……遣使朝貢」;大同四年三月,「……蠕蠕國朝貢」。

按:百衲本「二」字版刻譌誤。

1089. 又獻馬一匹,

「匹」,百衲本、三朝本、汲本、北監本、殿本、局本、南史卷七九蠕蠕傳同,南監本作「疋」。

按:「疋」同「匹」。

---

① 周偉洲著:敕勒與柔然,第139頁。

1090. 其國能以術祭天而致風雪，

「其國」，南史卷七九蠕蠕傳同，册府卷九六一作「國人」。

1091. 則曀而不雨，

册府卷九六一同，南史卷七九蠕蠕傳作「則不能雨」。

1092. 問其故，以暝云。

「以」，南史卷七九蠕蠕傳、册府卷九六一作「蓋以」，册府「蓋」作「葢」。

「暝」，南史卷七九蠕蠕傳、文淵閣四庫全書本册府卷九六一同，册府卷九六一作「懦」。

按：「葢」同「蓋」。又册府「懦」字版刻譌誤。

1093. 各有疆域。

「疆」，百衲本、三朝本、汲本、殿本、局本同，南監本、北監本作「彊」。

按：「彊」同「疆」。

1094. 往牒不記，

「牒」，百衲本、三朝本、汲本、南監本、北監本、殿本、局本作「諜」。

按：「諜」通「牒」。

[附録]梁書諸夷傳新校本

梁書卷五十四　列傳第四十八

諸　夷

海南　東夷　西北諸戎

海南諸國,大抵在交州南及西南大海洲上,相去近者三五千里,遠者二三萬里,其西與西域諸國接。漢元鼎中,遣伏波將軍路博德開百越[一],置日南郡。其徼外諸國,自武帝以來皆獻見[二]。後漢桓帝世,大秦、天竺皆由此道遣使貢獻[三]。及吴孫權時[四],遣宣化從事朱應、中郎康泰通焉[五]。其所經及傳聞,則有百數十國,因立記傳[六]。晉代通中國者蓋尠[七],故不載史官。及宋、齊,至者有十餘國,始爲之傳。自梁革運,其奉正朔,脩貢職,航海歲至,踰於前代矣。今採其風俗粗著者,綴爲海南傳云。

林邑國者,本漢日南郡象林縣,古越裳之界也。伏波將軍馬援開漢南境,置此縣。其地縱廣可六百里,城去海百二十里,去日南界四百餘里,北接九德郡。其南界,水步道二百餘里,有西國夷亦稱王[八],馬援植兩銅柱表漢界處也。其國有金山,石皆赤色,其中生金。金夜則出飛,狀如螢火。又出瑇瑁、貝齒、吉貝、沉木香。吉貝者,樹名也。其華成時如鵝毳,抽其緒紡之以作布,潔白與紵布不殊,亦染成五色,織爲班布也。沉木者,土人斫斷之,積以歲年,朽爛而心節獨在,置水中則沉[九],故名曰沉香。次不沉不浮者,曰𥰭香也。

漢末大亂,功曹區逵殺縣令[一〇],自立爲王。傳數世,其後王無嗣,立外甥范熊[一一]。熊死,子逸嗣。晉成帝咸康三年[一二],逸死,奴文篡立。文本日南西捲縣夷帥范稚家奴,常牧牛於山澗,得鱧魚二頭,化而爲鐵,因以鑄刀。鑄成,文向石而呪曰:「若斫石破者,文當王此國。」因舉刀斫石,如斷芻藁,文心獨異之。范稚常使之商賈,至林邑,因教林邑王作宮室及兵車器械,王寵任之。後乃讒王諸子,各奔餘國。及王死無嗣,文僞於隣國迓王子,置毒於漿中而殺之,遂脅國人自立。舉兵攻旁小國,皆吞滅之,有衆四五萬人。時交州刺史姜莊使所親韓戢、謝稚，前後監日南郡，並貪殘，諸國患之。穆帝永和三年，臺遣夏侯覽爲太守，侵刻尤甚。林邑先無田土，貪日南地肥沃，常欲略有之，至是，因民之怨，遂舉兵襲日南，殺覽，以其屍祭天。留日南三年，乃還林邑。交州刺史朱藩後遣督護劉雄戍日南[一三]，文復屠滅之。進寇九德郡，殘害吏民。遣使告藩，願以日南北境横山爲界，藩不許，又遣督護陶緩、李衢討之[一四]。文歸林邑，尋復屯日南。五年，文死，子佛立，猶屯日南。征西將軍桓温遣督護滕畯[一五]、九真太守灌邃帥交、廣州兵討之，佛嬰城固守。邃令畯盛兵於前，邃帥勁卒七百人，自後踰壘而入，佛衆驚潰奔走，邃追至林邑，佛乃請降。穆帝升平初，復爲寇暴，刺史温放之討破之[一六]。安帝隆安三年，佛孫須達復寇日南[一七]，執太守炅源，又進寇九德，執太守曹炳。交趾太守杜瑗遣都護鄧逸等擊破之，即以瑗爲刺史。義熙三年，須達復寇日南，殺長史，瑗遣海邏督護阮斐討破之，斬獲甚衆。九年，須達復寇九真，行郡事杜慧期與戰，斬其息交龍王甄知及其將范健等，生俘須達息鄃能，及虜獲百餘人。自瑗卒後，林邑無歲不寇日南、九德諸郡，殺蕩甚多[一八]，交州遂致虛弱。

須達死，子敵真立，其弟敵鎧攜母出奔。敵真追恨不能容其母弟，捨國而之天竺，禪位於其甥，國相藏驎固諫不從。其甥既立而殺藏驎，驎子又攻殺之，而立敵鎧同母異父之弟曰文敵。文敵後爲扶南王子當根純所殺，大臣范諸農平其亂，而自立爲王。諸農死，子陽邁立。宋永初二年，遣使貢獻，以陽邁爲林邑王。陽邁死，子咄立，慕其父[一九]，復曰陽邁。

其國俗，居處爲閣，名曰干闌，門户皆北向；書樹葉爲紙；男女皆以横幅吉貝繞腰以下，謂之干漫，亦曰都漫；穿耳貫小鐶；貴者著革屣，賤者跣行。自林邑、扶南以南諸國皆然也。

其王著法服，加瓔珞，如佛象之飾。出則乘象，吹螺擊鼓，罩吉貝繖，以吉貝爲幡旗。國不設刑法，有罪者使象踏殺之。其大姓號婆羅門。嫁娶必用八月，女先求男，由賤男而貴女也。同姓還相婚姻，使婆羅門引壻見婦，握手相付，呪曰「吉利吉利」，以爲成禮。死者焚之中野，謂之火葬。其寡婦孤居，散髮至老。國王事尼乾道，鑄金銀人像，大十圍。

元嘉初，陽邁侵暴日南、九德諸郡，交州刺史杜弘文建牙欲討之[二〇]，聞有代乃止。八年，又寇九德郡[二一]，入四會浦口，交州刺史阮彌之遣隊主相道生帥兵赴討[二二]，攻區粟城不剋[二三]，乃引還。爾後頻年遣使貢獻[二四]，而寇盜不已。二十三年，使交州刺史檀和之、振武將軍宗慤伐之。和之遣司馬蕭景憲爲前鋒，陽邁聞之懼，欲輸金一萬斤，銀十萬斤，還所略日南民户，其大臣𧄼僧達諫止之，乃遣大帥范扶龍戍其北界區粟城。景憲攻城，剋之，斬扶龍首，獲金銀雜物，不可勝計。乘勝逕進，即剋林邑。陽邁父子並挺身逃奔。獲其珍異，皆是未名之寶。又銷其金人，得黄金數十萬斤[二五]。和之後病死，見胡神爲祟。

孝武孝建、大明中[二六]，林邑王范神成累遣長史奉表貢獻。明帝泰豫元年，又遣使獻方物。齊永明中，范文贊累遣使貢獻。天監九年，文贊子天凱奉獻白猴，詔曰：「林邑王范天凱介在海表，乃心款至，遠脩職貢，良有可嘉。宜班爵號，被以榮澤。可持節、督緣海諸軍事、威南將軍、林邑王。」十年[二七]，十三年，天凱累遣使獻方物。俄而病死，子弼毳跋摩立，奉表貢獻。普通七年，王高式勝鎧遣使獻方物，詔以爲持節、督緣海諸軍事、綏南將軍、林邑王。大通元年，又遣使貢獻。中大通二年，行林邑王高式律陁羅跋摩遣使貢獻，詔以爲持節、督緣海諸軍事、綏南將軍、林邑王。六年，又遣使獻方物。

扶南國，在日南郡之南，海西大灣中，去日南可七千里，在林邑西南三千餘里。城去海五百里。有大江廣十里，西北流，東入於海。其國輪廣三千餘里，土地洿下而平博，氣候、風俗大較與林邑同。出金、銀、銅、錫、沉木香、象牙、孔翠、五色鸚鵡。

其南界三千餘里有頓遜國，在海崎上，地方千里，城去海十里。有五王，並羈屬扶南。頓遜之東界通交州，其西界接天竺、安息徼外諸國，往還交市。所以然者，頓遜迴入海中千餘里，漲海無崖岸，船舶未曾得逕過也。其市，東西交會，日有萬餘人。珍物寶貨，無所不有。又有酒樹，似安石榴，采其花汁停瓮中，數日成酒。

頓遜之外，大海洲中，又有毗騫國，去扶南八千里。傳其王身長丈二，頸長三尺[二八]，自古來不死，莫知其年。王神聖，國中人善惡及將來事，王皆知之，是以無敢欺者。南方號曰長頸王。國俗，有室屋、衣服，噉粳米。其人言語，小異扶南。有山出金，金露生石上，無所限也。國法刑罪人，並於王前噉其肉。國内不受估客，有往者亦殺而噉之，是以商旅不敢至。王常樓居，不血食，不事鬼神。其子孫生死如常人，唯王不死。扶南王數遣使與書相報答，常遺扶南王純金五十人食器，形如圓盤，又如瓦塸，名爲多羅，受五升，又如椀者，受一升。王亦能作天竺書，書可三千言，説其宿命所由，與佛經相似，並論善事。

又傳扶南東界即大漲海，海中有大洲，洲上有諸薄國，國東有馬五洲。復東行漲海千餘里，至自然大洲。其上有樹生火中，洲左近人剥取其皮，紡績作布，極得數尺以爲手巾，與焦麻無異而色微青黑；若小垢洿，則投火中，復更精潔。或作燈炷，用之不知盡。

扶南國俗本躶體，文身被髮[二九]，不制衣裳。以女人爲王，號曰柳葉。年少壯健，有似男子。其南有徼國，有事鬼神者字混填，夢神賜之弓，乘賈人舶入海。混填晨起即詣廟，於神樹下得弓，便依夢乘船入海，遂入扶南外邑。柳葉人衆見舶至，欲取之，混填即張弓射其舶，穿度一面，矢及侍者，柳葉大懼，舉衆降混填。混填乃教柳葉穿布貫頭，形不復露，遂治其國，納柳葉爲妻，生子分王七邑。其後王混盤況以詐力間諸邑，令相疑阻，因舉兵攻并之，乃遣子孫中分治諸邑，號曰小王。

盤況年九十餘乃死，立中子盤盤，以國事委其大將范蔓[三〇]。盤盤立三年死，國人共舉蔓爲王。蔓勇健有權略，復以兵威攻伐旁國，咸服屬之[三一]，自號扶南大王。乃治作大船，窮漲海，攻屈都昆、九稚、典孫等十餘國，開地五六千里。次當伐金隣國，蔓遇疾，遣太子金生代行。蔓姊子旃，時爲二千人將，因篡蔓自立，遣人詐金生而殺之。蔓死時，有乳下兒名長，在民間，至年二十，乃結國中壯士襲殺旃，旃大將范尋又殺長而自立。更繕治國内,起觀閣遊戲之,朝旦中晡三四見客。民人以焦蔗龜鳥爲禮。國法無牢獄。有罪者,先齋戒三日,乃燒斧極赤,令訟者捧行七步。又以金鐶、雞卵投沸湯中,令探取之,若無實者,手即焦爛,有理者則不。又於城溝中養鰐魚,門外圈猛獸,有罪者,輒以餵猛獸及鰐魚,魚獸不食爲無罪,三日乃放之。鰐大者長二丈餘,狀如鼉,有四足,喙長六七尺,兩邊有齒,利如刀劍,常食魚,遇得麞鹿及人亦噉之[三二],自蒼梧以南及外國皆有之。

吴時,遣中郎康泰、宣化從事朱應使於尋國,國人猶裸,唯婦人著貫頭。泰、應謂曰:「國中實佳,但人褻露可怪耳。」尋始令國内男子著横幅。横幅,今干漫也。大家乃截錦爲之,貧者乃用布。

晉武帝太康中,尋始遣使貢獻。穆帝升平元年,王竺旃檀奉表獻馴象。詔曰:「此物勞費不少,駐令勿送。」其後王憍陳如,本天竺婆羅門也。有神語曰「應王扶南」,憍陳如心悦,南至盤盤,扶南人聞之,舉國欣戴,迎而立焉。復改制度,用天竺法。憍陳如死,後王持梨陁跋摩,宋文帝世奉表獻方物。齊永明中,王闍邪跋摩遣使貢獻。

天監二年,跋摩復遣使送珊瑚佛像,并獻方物。詔曰:「扶南王憍陳如闍邪跋摩,介居海表,世纂南服,厥誠遠著,重譯獻賝。宜蒙酬納,班以榮號。可安南將軍、扶南王。」

今其國人皆醜黑,拳髮。所居不穿井,數十家共一池引汲之。俗事天神,天神以銅爲像,二面者四手,四面者八手,手各有所持,或小兒,或鳥獸,或日月。其王出入乘象,嬪侍亦然。王坐則偏踞翹膝,垂左膝至地,以白疊敷前,設金盆、香鑪於其上。國俗,居喪則剃除鬚髮。死者有四葬:水葬則投之江流,火葬則焚爲灰燼,土葬則瘞埋之,鳥葬則棄之中野。人性貪吝,無禮義,男女恣其奔隨。

十年[三三],十三年,跋摩累遣使貢獻。其年死,庶子留陁跋摩殺其嫡弟自立。十六年,遣使竺當抱老奉表貢獻。十八年,復遣使送天竺旃檀瑞像、婆羅樹葉,并獻火齊珠、鬱金、蘇合等香。普通元年,中大通二年,大同元年,累遣使獻方物。五年,復遣使獻生犀。又言其國有佛髮,長一丈二尺,詔遣沙門釋雲寶隨使往迎之。

先是,三年八月,高祖改造阿育王寺塔,出舊塔下舍利及佛爪髮,髮青紺色,衆僧以手伸之,隨手長短,放之則旋屈爲蠡形。案僧伽經云:「佛髮青而細,猶如藕莖絲。」佛三昧經云:「我昔在宫沐頭,以尺量髮,長一丈二尺,放已右旋,還成蠡文。」則與高祖所得同也。

阿育王即鐵輪王,王閻浮提,一天下。佛滅度後,一日一夜,役鬼神造八萬四千塔,此即其一也。吴時有尼居其地,爲小精舍,孫綝尋毁除之,塔亦同泯。吴平後,諸道人復於舊處建立焉。晉中宗初渡江,更脩飾之,至簡文咸安中,使沙門安法師程造小塔[三四],未及成而亡,弟子僧顯繼而修立。至孝武太元九年,上金相輪及承露。

其後西河離石縣有胡人劉薩何遇疾暴亡,而心下猶暖,其家未敢便殯,經十日更蘇[三五]。説云:「有兩吏見録,向西北行,不測遠近,至十八地獄,隨報重輕,受諸楚毒。見觀世音語云:『汝緣未盡,若得活,可作沙門。洛下、齊城、丹陽、會稽並有阿育王塔,可往禮拜。若壽終,則不墮地獄。』語竟,如墮高巖,忽然醒寤。」因此出家,名慧達。遊行禮塔,次至丹陽,未知塔處,乃登越城四望,見長干里有異氣色,因就禮拜,果是阿育王塔所[三六],屢放光明。由是定知必有舍利,乃集衆就掘之,入一丈,得三石碑,並長六尺。中一碑有鐵函,函中又有銀函,函中又有金函,盛三舍利及爪髮各一枚,髮長數尺。即遷舍利近北,對簡文所造塔西,造一層塔。十六年,又使沙門僧尚加爲三層[三七],即高祖所開者也。初穿土四尺,得龍窟及昔人所捨金、銀、鐶、釧、釵、鑷等諸雜寶物[三八]。可深九尺許,方至石磉,磉下有石函,函内有鐵壺,以盛銀坩,坩内有金鏤罂,盛三舍利,如粟粒大,圓正光潔。函内又有琉璃椀,内得四舍利及髮爪,爪有四枚,並爲沉香色。至其月二十七日,高祖又到寺禮拜,設無大會,大赦天下。是日,以金鉢盛水泛舍利,其最小者隱鉢不出,高祖禮數十拜,舍利乃於鉢内放光,旋回久之,乃當鉢中而止。高祖問大僧正慧念[三九]:「今日見不可思議事不?」慧念答曰:「法身常住,湛然不動。」高祖曰:「弟子欲請一舍利還臺供養。」至九月五日,又於寺設無㝵大會,遣皇太子王侯朝貴等奉迎。是日,風景明和,京師傾屬,觀者百數十萬人。所設金銀供具等物,並留寺供養,并施錢一千萬爲寺基業。至四年九月十五日,高祖又至寺設無㝵大會,豎二剎,各以金罂,次玉罂,重盛舍利及爪髮,内七寶塔中。又以石函盛寶塔,分入兩剎下,及王侯妃主百姓富室所捨金、銀、鐶、釧等珍寶充積。

十一年十一月二日,寺僧又請高祖於寺發般若經題,爾夕二塔俱放光明。敕鎮東將軍邵陵王綸製寺大功德碑文。

先是,二年,改造會稽鄮縣塔,開舊塔出舍利,遣光宅寺釋敬脱等四僧及舍人孫照暫迎還臺,高祖禮拜竟,即送還縣入新塔下,此縣塔亦是劉薩何所得也。

晉咸和中,丹陽尹高悝行至張侯橋,見浦中五色光長數尺,不知何怪,乃令人於光處掊視之,得金像,未有光趺。悝乃下車,載像還,至長干巷首,牛不肯進,悝乃令馭人任牛所之,牛徑牽車至寺,悝因留像付寺僧。每至中夜,常放光明,又聞空中有金石之響。經一歲,捕魚人張係世,於海口忽見有銅花趺浮出水上,係世取送縣,縣以送臺,乃施像足,宛然合會。簡文咸安元年,交州合浦人董宗之採珠没水,於底得佛光豔,交州押送臺,以施像,又合焉。自咸和中得像,至咸安初,歷三十餘年[四〇],光趺始具。

初,高悝得像後,西域胡僧五人來詣悝,曰:「昔於天竺得阿育王造像,來至鄴下,值胡亂,埋像於河邊,今尋覓失所。」五人嘗一夜俱夢見像曰:「已出江東,爲高悝所得。」悝乃送此五僧至寺,見像噓欷涕泣,像便放光,照燭殿宇。又瓦官寺慧邃欲模寫像形,寺主僧尚慮虧損金色,謂邃曰:「若能令像放光,回身西向,乃可相許。」慧邃便懇到拜請,其夜像即轉坐放光,回身西向,明旦便許模之。像趺先有外國書,莫有識者,後有三藏求那跋摩識之[四一],云是阿育王第四女所造也[四二]。及大同中,出舊塔舍利,敕市寺側數百家宅地,以廣寺域,造諸堂殿并瑞像周回閣等,窮於輪奐焉。其圖諸經變,並吴人張繇運手[四三]。繇丹青之工,一時冠絶。

盤盤國，宋文帝元嘉，孝武孝建、大明中，並遣使貢獻。大通元年，其王使使奉表曰：「揚州閻浮提震旦天子：萬善莊嚴，一切恭敬，猶如天淨無雲，明耀滿目，天子身心清淨，亦復如是。道俗濟濟，並蒙聖王光化，濟度一切，永作舟航，臣聞之慶善。我等至誠敬禮常勝天子足下，稽首問訊。今奉薄獻，願垂哀受。」中大通元年五月，累遣使貢牙像及塔，并獻沉檀等香數十種。六年八月[四四]，復使送菩提國真舍利及畫塔，并獻菩提樹葉、詹糖等香。

丹丹國，中大通二年，其王遣使奉表曰[四五]：「伏承聖主至德仁治，信重三寶，佛法興顯，衆僧殷集，法事日盛，威嚴整肅。朝望國執，慈愍蒼生，八方六合，莫不歸服。化隣諸天，非可言喻。不任慶善，若暫奉見尊足。謹奉送牙像及塔各二軀，并獻火齊珠、古貝、雜香藥等[四六]。」大同元年，復遣使獻金、銀、瑠璃、雜寶、香藥等物。

干陁利國，在南海洲上。其俗與林邑、扶南略同。出班布、古貝、檳榔。檳榔特精好，爲諸國之極。宋孝武世，王釋婆羅那憐陁遣長史竺留陁獻金銀寶器。

天監元年，其王瞿曇脩跋陁羅以四月八日夢見一僧，謂之曰：「中國今有聖主，十年之後，佛法大興。汝若遣使貢奉敬禮，則土地豐樂，商旅百倍；若不信我，則境土不得自安。」脩跋陁羅初未能信，既而又夢此僧曰：「汝若不信我，當與汝往觀之。」乃於夢中來至中國，拜覲天子。既覺，心異之。陁羅本工畫，乃寫夢中所見高祖容質，飾以丹青，仍遣使并畫工奉表獻玉盤等物。使人既至，模寫高祖形以還其國，比本畫則符同焉。因盛以寶函，日加禮敬[四七]。後跋陁死，子毗邪跋摩立。十七年，遣長史毗員跋摩奉表曰[四八]：「常勝天子陛下：諸佛世尊，常樂安樂，六通三達，爲世間尊[四九]，是名如來。應供正覺，遺形舍利，造諸塔像，莊嚴國土，如須彌山。邑居聚落，次第羅滿，城郭館宇，如忉利天宫。具足四兵，能伏怨敵。國土安樂，無諸患難，人民和善，受化正法，慶無不通。猶處雪山[五〇]，流注雪水，八味清淨，百川洋溢，周回屈曲，順趨大海，一切衆生，咸得受用。於諸國土，殊勝第一，是名震旦。大梁揚都天子[五一]，仁廕四海，德合天心，雖人是天，降生護世，功德寶藏，救世大悲，爲我尊主[五二]，威儀具足。是故至誠敬禮天子足下，稽首問訊。奉獻金芙蓉、雜香藥等，願垂納受。」普通元年，復遣使獻方物。

狼牙脩國，在南海中。其界東西三十日行，南北二十日行，去廣州二萬四千里。土氣物産，與扶南略同[五三]，偏多𥴩、沉、婆律香等。其俗男女皆袒而被髮，以古貝爲干縵。其王及貴臣乃加雲霞布覆胛，以金繩爲絡帶，金鐶貫耳。女子則被布，以瓔珞繞身。其國累塼爲城[五四]，重門樓閣。王出乘象，有幡毦旗鼓，罩白蓋[五五]，兵衛甚設。國人說，立國以來四百餘年，後嗣衰弱，王族有賢者，國人歸之。王聞知，乃加囚執，其鏁無故自斷，王以爲神，因不敢害，乃斥逐出境，遂奔天竺，天竺妻以長女。俄而狼牙王死，大臣迎還爲王。二十餘年死，子婆伽達多立。天監十四年，遣使阿撤多奉表曰[五六]：「大吉天子足下：離淫怒癡，哀愍衆生，慈心無量。端嚴相好，身光明朗，如水中月，普照十方。眉間白毫，其白如雪，其色照曜，亦如月光。諸天善神之所供養，以垂正法寶，梵行衆增[五七]，莊嚴都邑。城閣高峻，如乾陁山。樓觀羅列，道途平正。人民熾盛，快樂安穩。著種種衣，猶如天服。於一切國，爲極尊勝。天王愍念羣生，民人安樂，慈心深廣，律儀清浄，正法化治，供養三寶，名稱宣揚，布滿世界，百姓樂見，如月初生。譬如梵王，世界之主，人天一切[五八]，莫不歸依。敬禮大吉天子足下，猶如現前，忝承先業，慶嘉無量。今遣使問訊大家[五九]。意欲自往，復畏大海風波不達。今奉薄獻，願大家曲垂領納。」

婆利國，在廣州東南海中洲上。去廣州二月日行。國界東西五十日行，南北二十日行。有一百三十六聚。土氣暑熱，如中國之盛夏。穀一歲再熟，草木嘗榮。海出文螺、紫貝。有石名蚶貝羅，初採之柔軟，及刻削爲物乾之，遂大堅彊。其國人披古貝如帊，及爲都縵。王乃用班絲布，以瓔珞繞身，頭著金冠高尺餘，形如弁，綴以七寶之飾。帶金裝劍，偏坐金高坐，以銀蹬支足。侍女皆爲金花雜寶之飾，或持白毦拂及孔雀扇。王出，以象駕輿，輿以雜香爲之，上施羽蓋珠簾，其導從吹螺擊鼓。王姓憍陳如，自古未通中國。問其先及年數不能記焉，而言白浄王夫人即其國女也。

天監十六年，遣使奉表曰：「伏承聖王信重三寶，興立塔寺，校飾莊嚴，周徧國土。四衢平坦，清浄無穢。臺殿羅列，狀若天宫，壯麗微妙，世無與等。聖主出時，四兵具足，羽儀導從，布滿左右。都人士女，麗服光飾。市廛豐富，充積珍寶。王法清整，無相侵奪。學徒皆至，三乘競集，敷説正法，雲布雨潤。四海流通，交會萬國。長江眇漫，清泠深廣，有生咸資，莫能消穢。陰陽和暢，災厲不作。大梁揚都聖王無等，臨覆上國，有大慈悲，子育萬民。平等忍辱，怨親無二。加以周窮，無所藏積。靡不照燭，如日之明；無不受樂，猶如浄月。宰輔賢良，羣臣貞信，盡忠奉上，心無異想。伏惟皇帝是我真佛，臣是婆利國主，今敬稽首禮聖王足下，惟願大王知我此心。此心久矣，非適今也。山海阻遠，無緣自達，今故遣使獻金席等，表此丹誠。」普通三年，其王頻伽復遣使珠貝智貢白鸚鵡[六〇]、青蟲、兜鍪、瑠璃器、古貝、螺杯、雜香藥等數十種。

中天竺國，在大月支東南數千里，地方三萬里，一名身毒。漢世張騫使大夏，見卭竹杖、蜀布，國人云市之身毒。身毒即天竺，蓋傳譯音字不同，其實一也。從月支、高附以西，南至西海，東至槃越，列國數十，每國置王，其名雖異，皆身毒也。漢時羈屬月支，其俗土著與月支同，而卑濕暑熱，民弱畏戰，弱於月支。國臨大江，名新陶，源出崐崘，分爲五江，總名曰恒水。其水甘美，下有真鹽，色正白如水精。土俗出犀、象、貂、鼲、瑇瑁、火齊、金、銀、鐵、金縷織成、金皮罽、細摩白疊、好裘、毾。火齊狀如雲母，色如紫金，有光耀，別之則薄如蟬翼，積之則如紗縠之重沓也。其西與大秦、安息交市海中，多大秦珍物，珊瑚、琥珀、金碧珠璣、琅玕、鬱金、蘇合。蘇合是合諸香汁煎之，非自然一物也。又云大秦人採蘇合，先笮其汁以爲香膏，乃賣其滓與諸國賈人，是以展轉來達中國，不大香也。鬱金獨出罽賓國，華色正黄而細，與芙蓉華裏被蓮者相似。國人先取以上佛寺，積日香槁，乃糞去之，賈人從寺中徵雇，以轉賣與佗國也。

漢桓帝延熹九年，大秦王安敦遣使自日南徼外來獻，漢世唯一通焉。其國人行賈，往往至扶南、日南、交趾，其南徼諸國人少有到大秦者。孫權黄武五年，有大秦賈人字秦論來到交趾，交趾太守吴邈遣送詣權[六一]，權問方土謠俗，論具以事對。時諸葛恪討丹陽，獲黝、歙短人，論見之曰：「大秦希見此人。」權以男女各十人，差吏會稽劉咸送論，咸於道物故，論乃徑還本國。

漢和帝時，天竺數遣使貢獻，後西域反叛，遂絶。至桓帝延熹二年，四年，頻從日南徼外來獻。魏、晉世，絶不復通。唯吴時扶南王范旃遣親人蘇物使其國，從扶南發投拘利口，循海大灣中正西北入，歷灣邊數國，可一年餘，到天竺江口，逆水行七千里，乃至焉。天竺王驚曰：「海濱極遠，猶有此人。」即呼令觀視國内，仍差陳、宋等二人以月支馬四匹報旃，遣物等還，積四年方至。其時吴遣中郎康泰使扶南，及見陳、宋等，具問天竺土俗，云佛道所興國也。人民敦厖，土地饒沃。其王號茂論。所都城郭，水泉分流，繞于渠壍，下注大江[六二]。其宫殿皆雕文鏤刻，街曲市里，屋舍樓觀，鍾鼓音樂，服飾香華，水陸通流，百賈交會，奇玩珍瑋，恣心所欲。左右嘉維、舍衛、葉波等十六大國，去天竺或二三千里，共尊奉之，以爲在天地之中也。

天監初，其王屈多遣長史竺羅達奉表曰：「伏聞彼國據江傍海，山川周固，衆妙悉備，莊嚴國土，猶如化城。宫殿莊飾，街巷平坦，人民充滿，歡娱安樂。大王出遊[六三]，四兵隨從，聖明仁愛，不害衆生。國中臣民，循行正法，大王仁聖，化之以道，慈悲羣生，無所遺棄。常修净戒，式導不及，無上法船，沉溺以濟。百官氓庶，受樂無恐。諸天護持，萬神侍從，天魔降服，莫不歸仰。王身端嚴，如日初出，仁澤普潤，猶如大雲，於彼震旦，最爲殊勝。臣之所住國土，首羅天守護，令國安樂。王王相承，未曾斷絶。國中皆七寶形像，衆妙莊嚴，臣自脩檢，如化王法。臣名屈多，奕世王種。惟願大王聖體和平。今以此國羣臣民庶，山川珍重，一切歸屬，五體投地，歸誠大王。使人竺達多由來忠信，是故今遣。大王若有所須珍奇異物，悉當奉送。此之境土，便是大王之國，王之法令善道，悉當承用。願二國信使往來不絶。此信返還，願賜一使，具宣聖命，備勑所宜。款至之誠，望不空返，所白如允，願加採納。今奉獻琉璃唾壺、雜香、古貝等物。」

師子國，天竺旁國也。其地和適，無冬夏之異。五穀隨人所種，不須時節[六四]。其國舊無人民，止有鬼神及龍居之。諸國商估來共市易，鬼神不見其形，但出珍寶，顯其所堪價，商人依價取之。諸國人聞其土樂，因此競至，或有停住者，遂成大國。

晉義熙初，始遣獻玉像，經十載乃至。像高四尺二寸，玉色潔潤，形製殊特，殆非人工。此像歷晉、宋世在瓦官寺，寺先有徵士戴安道手製佛像五軀，及顧長康維摩畫圖，世人謂爲三絶。至齊東昏，遂毁玉像，前截臂，次取身，爲嬖妾潘貴妃作釵釧。宋元嘉六年[六五]，十二年，其王刹利摩訶遣使貢獻。

大通元年，後王伽葉伽羅訶梨邪使奉表曰：「謹白大梁明主：雖山海殊隔，而音信時通。伏承皇帝道德高遠，覆載同於天地，明照齊乎日月，四海之表，無有不從，方國諸王，莫不奉獻，以表慕義之誠。或泛海三年，陸行千日，畏威懷德，無遠不至。我先王以來，唯以脩德爲本，不嚴而治，奉事正法，道天下[六六]，欣人爲善，慶若己身，欲與大梁共弘三寶，以度難化。信還，伏聽告敕。今奉薄獻，願垂納受。」

東夷之國，朝鮮爲大，得箕子之化，其器物猶有禮樂云。魏時，朝鮮以東，馬韓、辰韓之屬，世通中國。自晉過江，泛海東使，有高句驪、百濟，而宋、齊間常通職貢，梁興又有加焉。扶桑國，在昔未聞也。普通中[六七]，有道人稱自彼而至，其言元本尤悉，故并録焉。

高句驪者，其先出自東明。東明本北夷櫜離王之子。離王出行，其侍兒於後任娠，離王還，欲殺之。侍兒曰：「前見天上有氣如大鷄子，來降我，因以有娠。」王囚之，後遂生男。王置之豕牢，豕以口氣嘘之，不死，王以爲神，乃聽收養。長而善射，王忌其猛，復欲殺之，東明乃奔走，南至淹滯水，以弓擊水，魚鼈皆浮爲橋，東明乘之得渡，至夫餘而王焉。其後支別爲句驪種也。其國，漢之玄菟郡也。在遼東之東，去遼東千里。漢、魏世，南與朝鮮、穢貊，東與沃沮，北與夫餘接。漢武帝元封四年，滅朝鮮，置玄菟郡，以高句驪爲縣以屬之。

句驪地方可二千里，中有遼山，遼水所出。其王都於丸都之下，多大山深谷，無原澤，百姓依之以居，食澗水。雖土著，無良田，故其俗節食。好治宫室。於所居之左立大屋[六八]，祭鬼神，又祠零星、社稷。人性凶急，喜寇抄。其官有相加、對盧、沛者、古鄒加、主簿、優台、使者、皁衣先人，尊卑各有等級。言語諸事，多與夫餘同；其性氣、衣服有異。本有五族，有消奴部[六九]、絶奴部[七〇]、慎奴部[七一]、雚奴部、桂婁部。本消奴部爲王，微弱，桂婁部代之。漢時賜衣幘、朝服、鼓吹，常從玄菟郡受之。後稍驕，不復詣郡，但於東界築小城以受之，至今猶名此城爲幘溝婁。「溝婁」者，句驪名「城」也。其置官，有對盧則不置沛者，有沛者則不置對盧。其俗喜歌儛，國中邑落男女，每夜羣聚哥戲。其人潔清自喜，善藏釀，跪拜申一脚[七二]，行步皆走。以十月祭天大會，名曰「東明」。其公會衣服皆錦繡，金銀以自飾。大加、主簿頭所著似幘而無後；其小加著折風，形如弁。其國無牢獄，有罪者，則會諸加評議殺之，没入妻子。其俗好淫，男女多相奔誘。已嫁娶，便稍作送終之衣。其死葬，有椁無棺。好厚葬，金銀財幣盡於送死。積石爲封，列植松柏。兄死妻嫂。其馬皆小，便登山。國人尚氣力，便弓矢刀矛。有鎧甲，習戰鬪。沃沮、東穢皆屬焉。

王莽初，發高驪兵以伐胡，不欲行，彊迫遣之，皆亡出塞爲寇盜。州郡歸咎於句驪侯騶[七三]，嚴尤誘而斬之，王莽大悦，更名高句驪爲下句驪，當此時爲侯矣。光武八年，高句驪王遣使朝貢，始稱王。至殤、安之間，其王名宫，數寇遼東、玄菟，太守蔡風討之不能禁[七四]。宫死，子伯固立。順、和之間[七五]，復數犯遼東寇抄。靈帝建寧二年，玄菟太守耿臨討之，斬首虜數百級，伯固乃降屬遼東。公孫度之雄海東也，伯固與之通好。伯固死,子伊夷摸立。伊夷摸自伯固時已數寇遼東,又受亡胡五百餘户。建安中,公孫康出軍擊之,破其國,焚燒邑落,降胡亦叛伊夷摸,伊夷摸更作新國。其後伊夷摸復擊玄菟,玄菟與遼東合擊,大破之。

伊夷摸死,子位宫立。位宫有勇力,便鞍馬,善射獵。魏景初二年,遣太傅司馬宣王率衆討公孫淵,位宫遣主簿、大加將兵千人助軍。正始三年,位宫寇西安平[七六],五年,幽州刺史毌丘儉將萬人出玄菟討位宫,位宫將步騎二萬人逆軍,大戰於沸流。位宫敗走,儉軍追至峴[七七],懸車束馬,登丸都山,屠其所都,斬首虜萬餘級,位宫單將妻息遠竄。六年,儉復討之,位宫輕將諸加奔沃沮,儉使將軍王頎追之,絶沃沮千餘里,到肅慎南界,刻石紀功;又到丸都山[七八],銘不耐城而還。其後,復通中夏。

晉永嘉亂,鮮卑慕容廆據昌黎大棘城,元帝授平州刺史。句驪王乙弗利頻寇遼東,廆不能制。弗利死,子釗代立[七九],康帝建元元年[八〇],慕容廆子晃率兵伐之,釗與戰,大敗,單馬奔走。晃乘勝追至丸都,焚其宫室,掠男子五萬餘口以歸[八一]。孝武太元十年,句驪攻遼東、玄菟郡,後燕慕容垂遣弟農伐句驪[八二],復二郡。垂死,子寶立,以句驪王安爲平州牧,封遼東、帶方二國王。安始置長史、司馬、參軍官,後略有遼東郡。至孫高璉,晉安帝義熙中,始奉表通貢職,歷宋、齊並授爵位,年百餘歲死。子雲[八三],齊隆昌中,以爲使持節、散騎常侍、都督營平二州、征東大將軍、樂浪公[八四]。高祖即位,進雲車騎大將軍。天監七年,詔曰:「高驪王樂浪郡公雲,乃誠款著,貢驛相尋,宜隆秩命,式弘朝典。可撫東大將軍、開府儀同三司,持節、常侍、都督、王並如故。」十一年,十五年,累遣使貢獻。十七年,雲死,子安立。普通元年,詔安纂襲封爵,持節、督營平二州諸軍事、寧東將軍。七年,安卒,子延立,遣使貢獻,詔以延襲爵。中大通四年,六年,大同元年,七年,累奉表獻方物。太清二年,延卒,詔以其子襲延爵位。

百濟者,其先東夷有三韓國,一曰馬韓,二曰辰韓,三曰弁韓。弁韓、辰韓各十二國。馬韓有五十四國,大國萬餘家,小國數千家,總十餘萬户,百濟即其一也。後漸彊大,兼諸小國。其國本與句驪在遼東之東,晉世句驪既略有遼東,百濟亦據有遼西、晉平二郡地矣,自置百濟郡。晉太元中,王須[八五],義熙中,王餘映[八六],宋元嘉中,王餘毗,並遣獻生口。餘毗死,立子慶。慶死,子牟都立。都死,立子牟太。齊永明中,除太都督百濟諸軍事、鎮東大將軍、百濟王。天監元年,進太號征東將軍。尋爲高句驪所破,衰弱者累年,遷居南韓地。普通二年,王餘隆始復遣使奉表,稱「累破句驪,今始與通好,而百濟更爲彊國」。其年,高祖詔曰:「行都督百濟諸軍事、鎮東大將軍百濟王餘隆,守藩海外,遠脩貢職,廼誠款到,朕有嘉焉。宜率舊章,授茲榮命。可使持節、都督百濟諸軍事、寧東大將軍、百濟王。」五年,隆死,詔復以其子明爲持節、督百濟諸軍事、綏東將軍、百濟王。

號所治城曰固麻,謂邑曰檐魯,如中國之言郡縣也。其國有二十二檐魯,皆以子弟宗族分據之。其人形長,衣服净潔。其國近倭,頗有文身者。今言語服章略與高驪同,行不張拱,拜不申足則異。呼帽曰冠,襦曰複衫[八七],袴曰褌。其言參諸夏,亦秦韓之遺俗云。

中大通六年，大同七年，累遣使獻方物；并請涅盤等經義、毛詩博士，并工匠、畫師等，敕並給之。太清三年，不知京師寇賊，猶遣使貢獻；既至，見城闕荒毀，並號慟涕泣。侯景怒，囚執之，及景平，方得還國。

新羅者，其先本辰韓種也。辰韓亦曰秦韓，相去萬里，傳言秦世亡人避役來適馬韓，馬韓亦割其東界居之，以秦人，故名之曰秦韓。其言語名物有似中國人，名國爲邦，弓爲弧，賊爲寇，行酒爲行觴。相呼皆爲徒，不與馬韓同。又辰韓王常用馬韓人作之，世相係，辰韓不得自立爲王，明其流移之人故也，恒爲馬韓所制。辰韓始有六國，稍分爲十二，新羅則其一也。其國在百濟東南五千餘里〔八八〕。其地東濱大海，南北與句驪、百濟接。魏時曰新盧，宋時曰新羅，或曰斯羅。其國小，不能自通使聘。普通二年，王募名秦〔八九〕，始使使隨百濟奉獻方物。

其俗呼城曰健牟羅，其邑在内曰啄評〔九〇〕，在外曰邑勒，亦中國之言郡縣也。國有六啄評，五十二邑勒。土地肥美，宜植五穀。多桑麻，作縑布。服牛乘馬。男女有别。其官名有子賁旱支、齊旱支〔九一〕、謁旱支、壹告支〔九二〕、奇貝旱支。其冠曰遺子禮，襦曰尉解，袴曰柯半，靴曰洗。其拜及行與高驪相類。無文字，刻木爲信。語言待百濟而後通焉。

倭者，自云太伯之後。俗皆文身。去帶方萬二千餘里，大抵在會稽之東，相去絶遠。從帶方至倭，循海水行，歴韓國，乍東乍南，七千餘里始度一海。海闊千餘里，名瀚海，至一支國。又度一海千餘里，名未盧國〔九三〕。又東南陸行五百里，至伊都國。又東南行百里，至奴國。又東行百里，至不彌國。又南水行二十日，至投馬國。又南水行十日，陸行一月日，至邪馬臺國〔九四〕，即倭王所居。其官有伊支馬〔九五〕，次曰彌馬獲支，次曰奴佳鞮〔九六〕。民種禾稻紵麻，蠶桑織績。有薑、桂、橘、椒、蘇。出黑雉、真珠、青玉。有獸如牛，名山鼠。又有大蛇吞此獸。蛇皮堅不可斫，其上有孔，乍開乍閉，時或有光，射之中，蛇則死矣。物産略與儋耳、朱崖同。地溫暖，風俗不淫。男女皆露紒〔九七〕。富貴者以錦繡雜采爲帽，似中國胡公頭。食飲用籩豆。其死有棺無槨，封土作冢。人性皆嗜酒。俗不知正歲，多壽考，多至八九十，或至百歲。其俗女多男少，貴者至四五妻，賤者猶兩三妻。婦人無婬妒。無盜竊，少諍訟。若犯法，輕者没其妻子，重則滅其宗族。

漢靈帝光和中，倭國亂，相攻伐歴年，乃共立一女子卑彌呼爲王。彌呼無夫壻，挾鬼道，能惑衆，故國人立之。有男弟佐治國。自爲王，少有見者，以婢千人自侍，唯使一男子出入傳教令。所處宮室，常有兵守衛。至魏景初三年，公孫淵誅後，卑彌呼始遣使朝貢，魏以爲親魏王，假金印紫綬。正始中，卑彌死，更立男王，國中不服，更相誅殺，復立卑彌呼宗女臺與爲王〔九八〕。其後復立男王，並受中國爵命。晉安帝時，有倭王贊。贊死，立弟彌〔九九〕。彌死，立子濟。濟死，立子興。興死，立弟武。齊建元中，除武持節、督倭新羅任那伽羅秦韓慕韓六國諸軍事、鎮東大將軍。高祖即位，進武號征東大將軍〔一〇〇〕。

其南有朱儒國，人長三四尺。又南黑齒國、裸國，去倭四千餘里，船行可一年至。又西南萬里有海人，身黑眼白，裸而醜，其肉美，行者或射而食之。

文身國，在倭國東北七千餘里。人體有文如獸，其額上有三文，文直者貴，文小者賤[一〇一]。土俗歡樂，物豐而賤，行客不齎糧。有屋宇，無城郭。其王所居，飾以金銀珍麗。繞屋爲塹，廣一丈，實以水銀，雨則流于水銀之上。市用珍寶。犯輕罪者則鞭杖；犯死罪則置猛獸食之，有枉則猛獸避而不食，經宿則赦之。

大漢國，在文身國東五千餘里。無兵戈，不攻戰。風俗並與文身國同，而言語異。

扶桑國者，齊永元元年，其國有沙門慧深來至荆州[一〇二]，説云：「扶桑在大漢國東二萬餘里，地在中國之東，其土多扶桑木，故以爲名。扶桑葉似桐，而初生如笋，國人食之，實如梨而赤，績其皮爲布，以爲衣，亦以爲綿。作板屋。無城郭。有文字，以扶桑皮爲紙。無兵甲，不攻戰。其國法，有南北獄。若犯輕者入南獄，重罪者入北獄。有赦則赦南獄，不赦北獄。在北獄者[一〇三]，男女相配，生男八歲爲奴，生女九歲爲婢。犯罪之身，至死不出。貴人有罪，國乃大會，坐罪人於坑，對之宴飲，分訣若死别焉。以灰繞之，其一重則一身屏退，二重則及子孫，三重則及七世。名國王爲乙祁；貴人第一者爲大對盧，第二者爲小對盧，第三者爲納咄沙。國王行有鼓角導從。其衣色隨年改易，甲乙年青，丙丁年赤，戊己年黄，庚辛年白，壬癸年黑。有牛角長，以角載物，至勝二十斛。車有馬車、牛車、鹿車。國人養鹿，如中國畜牛，以乳爲酪。有桑梨，經年不壞。多蒲桃。其地無鐵有銅，不貴金銀。市無租估。其婚姻，壻往女家門外作屋，晨夕灑掃，經年而女不悦，即驅之，相悦乃成婚。婚禮大抵與中國同。親喪，七日不食；祖父母喪，五日不食；兄弟伯叔姑姊妹，三日不食。設靈爲神像，朝夕拜奠，不制縗絰。嗣王立，三年不視國事。其俗舊無佛法，宋大明二年，罽賓國嘗有比丘五人游行至其國，流通佛法、經像，教令出家，風俗遂改。」

慧深又云：「扶桑東千餘里有女國，容貌端正，色甚潔白，身體有毛，髮長委地。至二、三月，競入水則任娠，六七月産子。女人胸前無乳，項後生毛，根白，毛中有汁，以乳子，一百日能行，三四年則成人矣。見人驚避，偏畏丈夫。食鹹草如禽獸。鹹草葉似邪蒿，而氣香味鹹。」

天監六年，有晉安人渡海，爲風所飄，至一島，登岸，有人居止。女則如中國，而言語不可曉；男則人身而狗頭，其聲如犬。其食有小豆。其衣如布。築土爲墻，其形圓，其户如竇云。

西北諸戎，漢世張騫始發西域之迹，甘英遂臨西海，或遣侍子，或奉貢獻，於時雖窮兵極武，僅而克捷，比之前代，其略遠矣。魏時三方鼎跱，日事干戈，晉氏平吴以後，少獲寧息，徒置戊己之官，諸國亦未賓從也。繼以中原喪亂，胡人遞起，西域與江東隔礙，重譯不交。吕光之涉龜茲，亦猶蠻夷之伐蠻夷，非中國之意也。自是諸國分并，勝負强弱，難得詳載。明珠翠羽，雖仞於後宫；蒲梢龍文，希入於外署。有梁受命，其奉正朔而朝闕庭者，則仇池、宕昌、高昌、鄧至、河南、龜茲、于闐、滑諸國焉。今綴其風俗，爲西北戎傳云。

河南王者，其先出自鮮卑慕容氏。初，慕容奕洛干有二子，庶長曰吐谷渾，嫡曰廆。洛干卒，廆嗣位，吐谷渾避之西徙。廆追留之，而牛馬皆西走，不肯還，因遂西上隴，度枹罕，出凉州西南，至赤水而居之。其地則張掖之南，隴西之西，在河之南，故以爲號。其界東至疊川[一〇四]，西鄰于闐，北接高昌，東北通秦嶺，方千餘里，蓋古之流沙地焉。乏草木，少水潦，四時恒有冰雪，唯六七月雨雹甚盛。若晴則風飄沙礫，常蔽光景。其地有麥無穀。有青海方數百里，放牝馬其側，輒生駒，土人謂之龍種，故其國多善馬。有屋宇，雜以百子帳，即穹廬也。著小袖袍，小口袴，大頭長裙帽。女子披髮爲辮。

其後吐谷渾孫葉延，頗識書記，自謂曾祖奕洛干始封昌黎公，吾蓋公孫之子也，禮以王父字爲國氏，因姓吐谷渾，亦爲國號。至其末孫阿豺，始受中國官爵。弟子慕延[一〇五]，宋元嘉末又自號河南王。慕延死，從弟拾寅立[一〇六]，乃用書契，起城池，築宫殿，其小王並立宅。國中有佛法。拾寅死，子度易侯立[一〇七]。易侯死，子休留代立[一〇八]。齊永明中，以代爲使持節、都督西秦河沙三州、鎮西將軍、護羌校尉、西秦河二州刺史。

梁興，進代爲征西將軍。代死，子伏連籌襲爵位[一〇九]。天監十三年，遣使獻金裝馬腦鍾二口，又表於益州立九層佛寺，詔許焉。十五年，又遣使獻赤舞龍駒及方物。其使或歲再三至，或再歲一至。其地與益州鄰，常通商賈，民慕其利，多往從之，教其書記，爲之辭譯，稍桀黠矣。普通元年，又奉獻方物。籌死，子呵羅真立。大通三年，詔以爲寧西將軍、護羌校尉、西秦河二州刺史。真死，子佛輔襲爵位，其世子又遣使獻白龍駒於皇太子。

高昌國，闞氏爲主，其後爲河西王沮渠茂虔弟無諱襲破之，其王闞爽奔于芮芮。無諱據之稱王，一世而滅。國人又立麴氏爲王，名嘉，元魏授車騎將軍、司空公、都督秦州諸軍事、秦州刺史、金城郡開國公。在位二十四年卒，謚曰昭武王。子子堅[一一〇]，使持節、驃騎大將軍、散騎常侍、都督瓜州諸軍事、瓜州刺史、河西郡開國公[一一一]、儀同三司、高昌王嗣位。

其國蓋車師之故地也。南接河南，東連燉煌，西次龜茲，北鄰敕勒。置四十六鎮[一一二]，交河、田地、高寧、臨川、横截、柳婆、洿林、新興、由寧[一一三]、始昌、篤進、白力等[一一四]，皆其鎮名。官有四鎮將軍及雜號將軍，長史，司馬，門下校郎，中兵校郎，通事舍人，通事令史，諮議[一一五]，校尉，主簿。國人言語與中國略同。有五經、歷代史、諸子集。面貌類高驪，辮髮垂之於背，著長身小袖袍、縵襠袴。女子頭髮辮而不垂，著錦纈纓珞環釧。姻有六禮。其地高燥，築土爲城，架木爲屋，土覆其上。寒暑與益州相似。備植九穀，人多噉麨及羊牛肉。出良馬、蒲陶酒、石鹽。多草木，草實如繭，繭中絲如細纑，名爲白疊子，國人多取織以爲布。布甚軟白，交市用焉。有朝烏者，旦旦集王殿前，爲行列，不畏人，日出然後散去。

大同中，子堅遣使獻鳴鹽枕、蒲陶、良馬、氍毹等物。

滑國者，車師之別種也。漢永建元年，八滑從班勇擊北虜有功，勇上八滑爲後部親漢侯。自魏、晉以來，不通中國，至天監十五年，其王厭帶夷栗陁始遣使獻方物。普通元年，又遣使獻黄師子、白貂裘、波斯錦等物。七年，又奉表貢獻。

元魏之居桑乾也，滑猶爲小國，屬芮芮。後稍彊大，征其旁國波斯、盤盤[一一六]、罽賓、焉耆、龜茲、疏勒、姑墨、于闐、句盤等國，開地千餘里。土地温暖，多山川樹木[一一七]，有五穀。國人以麨及羊肉爲糧。其獸有師子、兩脚駱駝，野驢有角。人皆善射，著小袖長身袍，用金玉爲帶。女人被裘，頭上刻木爲角，長六尺，以金銀飾之。少女子，兄弟共妻。無城郭，氈屋爲居，東向開户。其王坐金牀，隨太歲轉，與妻並坐接客。無文字，以木爲契。與旁國通，則使旁國胡爲胡書，羊皮爲紙。無職官。事天神、火神，每日則出户祀神而後食。其跪一拜而止。葬以木爲槨。父母死，其子截一耳，葬訖即吉[一一八]。其言語待河南人譯然後通。

周古柯國，滑旁小國也。普通元年，使使隨滑來獻方物。

呵跋檀國，亦滑旁小國也。凡滑旁之國，衣服容貌皆與滑同。普通元年，使使隨滑使來獻方物。

胡蜜丹國，亦滑旁小國也。普通元年，使使隨滑使來獻方物。

白題國，王姓支名史稽毅，其先蓋匈奴之別種胡也。漢灌嬰與匈奴戰，斬白題騎一人。今在滑國東。去滑六日行，西極波斯。土地出粟、麥、瓜菓，食物略與滑同。普通三年，遣使獻方物。

龜茲者，西域之舊國也。後漢光武時，其王名弘，爲莎車王賢所殺，滅其族。賢使其子則羅爲龜茲王，國人又殺則羅。匈奴立龜茲貴人身毒爲王，由是屬匈奴。然龜茲在漢世常爲大國，所都曰延城。魏文帝初即位，遣使貢獻。晉太康中，遣子入侍。太元七年，秦主苻堅遣將吕光伐西域，至龜茲，龜茲王帛純載寶出奔，光入其城。城有三重，外城與長安城等。室屋壯麗，飾以琅玕金玉。光立帛純弟震爲王而歸，自此與中國絶不通。普通二年，王尼瑞摩珠那勝遣使奉表貢獻。

于闐國，西域之屬也。後漢建武末，王俞爲莎車王賢所破[一一九]，徙爲驪歸王，以其弟君得爲于闐王[一二〇]，暴虐，百姓患之。永平中，其種人都末殺君得，大人休莫霸又殺都末，自立爲王。霸死，兄子廣得立，後擊虜莎車王賢以歸，殺之，遂爲彊國，西北諸小國皆服從。

其地多水潦沙石，氣溫，宜稻、麥、蒲桃。有水出玉，名曰玉河。國人善鑄銅器。其治曰西山城。有屋室市井。菓蓏菜蔬與中國等。尤敬佛法。王所居室，加以朱畫。王冠金幘，如今胡公帽。與妻並坐接客。國中婦人皆辮髮，衣裘袴。其人恭，相見則跪，其跪則一膝至地。書則以木爲筆札，以玉爲印。國人得書，戴於首而後開札。

魏文帝時，王山習獻名馬。天監九年，遣使獻方物。十三年，又獻波羅婆步鄣。十八年，又獻瑠璃罌。大同七年，又獻外國刻玉佛。

渴盤陁國，于闐西小國也。西鄰滑國，南接罽賓國，北連沙勒國。所治在山谷中。城周迴十餘里，國有十二城。風俗與于闐相類。衣古貝布，著長身小袖袍，小口袴。地宜小麥，資以爲糧。多牛、馬、駱駞、羊等。出好氈、金、玉。王姓葛沙氏。中大同元年，遣使獻方物。

末國，漢世且末國也。勝兵萬餘户。北與丁零，東與白題，西與波斯接。土人剪髮，著氈帽，小袖衣，爲衫則開頸而縫前。多牛羊騾驢。其王安末深盤，普通五年，遣使來貢獻。

波斯國，其先有波斯匿王者，子孫以王父字爲氏，因爲國號。國有城，周迴三十二里。城高四丈，皆有樓觀。城内屋宇數百千間，城外佛寺二三百所。西去城十五里有土山，山非過高，其勢連接甚遠，中有鷲鳥噉羊，土人極以爲患。國中有優鉢曇花，鮮華可愛。出龍駒馬。鹹池生珊瑚樹，長一二尺。亦有琥珀、馬腦、真珠、玫瑰等，國内不以爲珍。市買用金銀。婚姻法：下聘訖，女壻將數十人迎婦，壻著金線錦袍，師子錦袴，戴天冠，婦亦如之。婦兄弟便來捉手付度，夫婦之禮，於兹永畢。國東與滑國，西及南俱與婆羅門國，北與汎慄國接。中大通二年，遣使獻佛牙。

宕昌國，在河南之東南[一二一]，益州之西北，隴西之西羌種也。宋孝武世，其王梁瑾忽始獻方物[一二二]。天監四年，王梁彌博來獻甘草、當歸，詔以爲使持節、都督河涼二州諸軍事、安西將軍、東羌校尉、河涼二州刺史、隴西公、宕昌王，佩以金章。彌博死[一二三]，子彌泰立[一二四]，大同七年，復授以父爵位。其衣服、風俗與河南略同。

鄧至國，居西涼州界，羌别種也。世號持節、平北將軍、西涼州刺史。宋文帝時，王象屈耽遣使獻馬。天監元年，詔以鄧至王象舒彭爲督西涼州諸軍事，號安北將軍。五年，舒彭遣使獻黄耆四百斤，馬四匹。其俗呼帽曰突何。其衣服與宕昌同。

武興國，本仇池。楊難當自立爲秦王，宋文帝遣裴方明討之，難當奔魏。其兄子文德又聚衆茄盧，宋因授以爵位，魏又攻之，文德奔漢中。從弟僧嗣又自立，復戍茄盧。卒，文德弟文度立，以弟文洪爲白水太守，屯武興，宋世以爲武都王。武興之國，自於此矣。難當族弟廣香又攻殺文度，自立爲陰平王、茄盧鎮主。卒，子炅立。炅死，子崇祖立。崇祖死，子孟孫立。齊永明中，魏氏南梁州刺史仇池公楊靈珍據泥功山歸款，齊世以靈珍爲北梁州刺史、仇池公。文洪死，以族人集始爲北秦州刺史、武都王。天監初，以集始爲使持節、都督秦雍二州諸軍事、輔國將軍、平羌校尉、北秦州刺史、武都王；靈珍爲冠軍將軍；孟孫爲假節、督沙州刺史、陰平王。集始死，子紹先襲爵位。二年，以靈珍爲持節、督隴右諸軍事、左將軍、北梁州刺史、仇池王。十年，孟孫死，詔贈安沙將軍、北雍州刺史。子定襲封爵。紹先死，子智慧立[一二五]。大同元年，剋復漢中，智慧遣使上表，求率四千户歸國，詔許焉，即以爲東益州。

其國東連秦嶺，西接宕昌，去宕昌八百里，南去漢中四百里，北去岐州三百里，東去長安九百里。本有十萬户，世世分減。其大姓有苻氏、姜氏[一二六]。言語與中國同。著烏皁突騎帽，長身小袖袍，小口袴，皮鞾。地植九穀。婚姻備六禮。知書疏。種桑麻。出紬、絹、精布、漆、蠟、椒等。山出銅、鐵。

芮芮國，蓋匈奴别種。魏、晉世，匈奴分爲數百千部，各有名號，芮芮其一部也。自元魏南遷，因擅其故地。無城郭，隨水草畜牧，以穹廬爲居。辮髮，衣錦，小袖袍，小口袴，深雍鞾。其地苦寒，七月流澌亘河。宋昇明中，遣王洪軌使焉[一二七]，引之共伐魏。齊建元元年，洪軌始至其國，國王率三十萬騎，出燕然山東南三千餘里，魏人閉關不敢戰。後稍侵弱。永明中，爲丁零所破，更爲小國，而南移其居。天監中，始破丁零，復其舊土。始築城郭，名曰木末城。十四年，遣使獻烏貂裘。普通元年，又遣使獻方物。是後數歲一至焉。大同七年，又獻馬一匹，金一斤。

其國能以術祭天而致風雪，前對皎日，後則泥潦横流，故其戰敗莫能追及。或於中夏爲之，則曀而不雨，問其故，以暵云。

史臣曰：海南、東夷、西北戎諸國，地窮邊裔，各有疆域。若山奇海異，怪類殊種，前古未聞，往諜不記，故知九州之外，八荒之表，辯方物土，莫究其極。高祖以德懷之，故朝貢歲至，美矣。

校勘記

[一]遣伏波將軍路博德開百越　「博德」二字原爲墨丁，據三朝本、南監本、北監本、汲本、殿本補。

[二]自武帝以來皆獻見　「皆」字原爲墨丁，據三朝本、南監本、北監本、汲本、殿本補。「獻見」，北監本、殿本及南史卷七八夷貊上海南諸國傳作「朝貢」。

[三]大秦天竺皆由此道遣使貢獻　「貢獻」二字原爲墨丁，據三朝本、南監本、北監本、汲本、殿本補。

[四]及吴孫權時　「及」字原爲墨丁，據三朝本、南監本、北監本、汲本、殿本補。

[五]中郎康泰通焉　「通焉」二字原爲墨丁，據三朝本、南監本、北監本、汲本、殿本補。

[六]因立記傳　「傳」字原爲墨丁，據三朝本、南監本、北監本、汲本、殿本補。

[七]晉代通中國者蓋尠　「晉代」二字原爲墨丁，據三朝本、南監本、北監本、汲本、殿本補。

[八]有西國夷亦稱王　「西國夷」，南史卷七八夷貊上林邑國傳作「西圖夷」，通典卷一八八作「西屠夷」，舊唐書卷四一地理志四作「西屠夷國」，水經注卷三六引林邑記、御覽卷七九〇引異物志作「西屠國」。

[九]置水中則沉　「置」字上原衍「歲」字，據北監本、殿本删。

[一〇]功曹區達　「達」，晉書卷九七四夷林邑國傳、隋書卷八二南蠻林邑傳、南史卷七八夷貊上林邑國傳、御覽卷五二引水經注、宋本册府卷九五六作「連」，後漢書卷八六南蠻傳、通鑑卷五二漢紀永和二年及三年、宋本册府卷九八九作「憐」，通典卷一八八「連」、「憐」並見。「達」字疑誤。

[一一]立外甥范熊　「外甥」，水經注卷三六、晉書卷九七四夷林邑國傳、通典卷一八八、宋本册府卷九五六作「外孫」。

[一二]晉成帝咸康三年　「三年」，晉書卷九七四夷林邑國傳、通典卷一八八、通鑑卷九五晉紀咸康二年作「二年」。

[一三]交州刺史朱藩　「朱藩」，晉書卷九七林邑國傳、通典卷一八八、通鑑卷九七晉紀永和三年、宋本册府卷一〇〇〇作「朱蕃」。

[一四]又遣督護陶緩李衢討之　「陶緩」，按晉書卷五七陶璜傳記璜孫綏位至交州刺史，疑即此人。

[一五]征西將軍桓温　「征西將軍」，晉書卷八穆帝紀、卷六八桓温傳作「征西大將軍」。

[一六]穆帝升平初復爲寇暴刺史温放之討破之　「穆帝」原作「哀帝」，「升平」原作「昇平」。按晉哀帝無昇平年號，升平是晉穆帝年號，晉書卷八穆帝紀云：升平三年，「交州刺史温放之帥兵討林邑」，據改。

[一七]安帝隆安三年佛孫須達復寇日南　「須達」，水經注卷三六作「范胡達」，晉書卷九七四夷林邑國傳作「胡達」，晉書並謂胡達爲佛子。

[一八]殺蕩甚多　「殺蕩」，南監本、晉書卷九七四夷林邑國傳、南史卷七八夷貊上林邑國傳、通典卷一八八作「殺傷」。

[一九]纂其父　「纂」，原作「篡」，據南齊書卷五八東南夷林邑國傳、御覽卷七八六引南史改。按通志卷一九八作「纂」，殿本考證云『篡』疑作『纂』」，亦通。

[二〇]交州刺史杜弘文建牙欲討之　「建」字原爲墨丁，據三朝本、南監本、北監本、汲本、殿本補。

[二一]又寇九德郡　「又」、「九德」三字原爲墨丁，據三朝本、南監本、北監本、汲本、殿本補。

[二二]交州刺史阮彌之遣隊主相道生帥兵赴討　「隊主」、「道生帥」五字原爲墨丁，據三朝本、南監本、北監本、汲本、殿本補。

[二三]攻區栗城不剋　「區栗」，宋書卷九七夷蠻林邑國傳及卷七六宗慤傳、水經注卷三六作「區粟」，下同。

[二四]爾後頻年遣使貢獻　「頻年」二字原爲墨丁，據三朝本、南監本、北監本、汲本、殿本補。

[二五]得黄金數十萬斤　「黄金數十萬斤」，南齊書卷五八東南夷林邑國傳作「黄金數萬斤」，實録卷一二作「金五萬斤」，卷一四作「金銀各六萬兩」。

[二六]孝武孝建大明中　「孝建」，原作「建元」。按宋孝武帝無建元年號，而孝建與大明相接，據宋書卷九七夷蠻林邑國傳改。

[二七]十年　本書卷二武帝紀中作十一年。

[二八]頸長三尺　「頸」，原作「頭」，按下云「南方號曰長頸王」，作「頸」是。據本書卷五〇文學下劉

沓傳、御覽卷三六九引扶南傳、宋本册府卷九九七改。

［二九］文身被髮　「文」字原脱，據北監本、殿本及南史卷七八夷貊上扶南國傳、通典卷一八八補。

［三〇］以國事委其大將范蔓　「范蔓」，南齊書五八東南夷扶南國傳、通典卷一八八作「范師蔓」。

［三一］咸服屬之　「服」，原作「復」，據三朝本、南監本、北監本、汲本、殿本及南史卷七八夷貊上扶南國傳改。

［三二］遇得麞鹿及人亦噉之　「之」字原脱，據北監本、殿本及御覽卷九三八引梁書、南史卷七八夷貊上扶南國傳補。

［三三］十年　本書卷二武帝紀中作十一年。

［三四］使沙門安法師程造小塔　「安法師程」，南史卷七八夷貊上扶南國傳作「安法程」，實録卷一七注引梁書作「程安」。

［三五］經十日更蘇　「十日」，御覽卷六五八引梁書、南史卷七八夷貊上扶南國傳、宋本册府卷一九四作「七日」。

［三六］果是阿育王塔所　「阿」字原脱，據御覽卷六五八引梁書、南史卷七八夷貊上扶南國傳補。

［三七］十六年又使沙門僧尚加爲三層　「加」，原作「伽」，據南史卷七八夷貊上扶南國傳改。按高僧傳卷一三竺慧達傳：「晉太元十六年，孝武更加爲三層。」下文云「寺主僧尚慮虧損金色」，即此人。

［三八］得龍窟及昔人所捨金銀鐶釧釵鑷等諸雜寶物　「龍窟」，宋本册府卷一九四作「龍骨」，實録卷一七注引梁書作「龍甲」。

［三九］高祖問大僧正慧念　「慧念」，宋本册府卷一九四、廣弘明集卷一九蕭綱重謝上降爲開講啓、陸雲御講波若經序作「慧令」。

［四〇］歷三十餘年　「三十」，高僧傳卷一三竺慧達傳、歷代三寶記卷三、法苑珠林卷一三作「四十」。

［四一］後有三藏求那跋摩識之　「求那跋摩」，原作「那求跋摩」，據法苑珠林卷一三改。

［四二］云是阿育王第四女所造也　「第四女」上，原衍一「爲」字，據高僧傳卷一三竺慧達傳、歷代三寶記卷三、法苑珠林卷一三及一四删。

［四三］並吴人張繇運手　「張繇」，宋本册府卷一九四、實録卷一七作「張僧繇」。

［四四］六年八月　按本書卷三武帝紀下載大同六年八月，盤盤國遣使獻方物，知本傳「六年」上脱「大同」二字。

［四五］中大通二年其王遣使奉表曰　按本書卷三武帝紀下，丹丹國遣使在中大通三年六月，南史卷七梁本紀中、實録卷一七、宋本册府卷九六八同。

［四六］并獻火齊珠古貝雜香藥等　「古貝」，三朝本、南監本、北監本、汲本、殿本作「吉貝」。按「古貝」、「吉貝」語源不同，實指一物，即錦葵科的樹棉，佛經多作「劫貝」。

［四七］日加禮敬　「日」字原爲墨丁，據南監本、北監本、汲本、殿本補。

［四八］遣長史毗員跋摩奉表曰　「員」字原爲墨丁，據三朝本、南監本、北監本、汲本、殿本補。

［四九］爲世間尊　「尊」，宋書卷九七夷蠻訶羅單國傳載表文作「道」。

［五〇］猶處雪山　「雪山」，原作「雷山」，據三朝本、南監本、北監本、汲本、殿本改。按宋書卷九七夷蠻呵羅單國傳載表文亦作「雪山」。

［五一］大梁揚都天子　「都」，原作「郡」，據宋本册府卷九六八改。按下文婆利國王遣使奉表亦稱「大梁揚都聖王」。

［五二］爲我尊主　「主」，原作「生」，據宋本册府卷九六八改。按宋書卷九七夷蠻呵羅單國傳載表文亦作「主」。

[五三]與扶南略同　「扶」字原脱,據北監本、殿本及南史卷七八夷貊上狼牙脩國傳補。

[五四]其國累塼爲城　「塼」,原作「樓」,據北監本、殿本及南史卷七八夷貊上狼牙脩國傳、通典卷一八八改。

[五五]罩白蓋　「白」,原作「台」,據北監本、殿本及梁職貢圖、南史卷七八夷貊上狼牙脩國傳、通典卷一八八改。

[五六]遣使阿撒多　「阿撒多」,梁職貢圖、册府卷九六八作「阿撒多」。

[五七]梵行衆增　「增」,宋本册府卷九六八、宋書卷九七夷蠻呵羅單國傳載表文作「僧」,册府卷九六八作「生」。

[五八]人天一切　「天」,三朝本、汲本作「王」。

[五九]今遣使問訊大家　「家」字原脱,後文云「願大家曲垂領納」,據宋書卷九七夷蠻呵羅單國傳載表文補。

[六〇]遣使珠貝智貢白鸚鵡　「珠貝智」,南史卷七八夷貊上婆利國傳作「珠智」。

[六一]交趾太守吴邈　「吴邈」,册府卷六六二作「劉邈」。

[六二]下注大江　「大」字原闕,據北監本、殿本及南史卷七八夷貊上中天竺國傳補。

[六三]大王出遊　「大」字原闕,據北監本、殿本補。

[六四]不須時節　「時」字原脱,據北監本、殿本及南史卷七八夷貊上師子國傳補。

[六五]宋元嘉六年　「六年」,宋書卷九七夷蠻師子國傳、南史卷七八夷貊上師子國傳、通典卷一九三、通鑑卷一二一宋紀元嘉五年作「五年」。

[六六]道天下　按明梅鼎祚輯釋文紀卷二九奉武帝表作「道化天下」。

[六七]普通中　按下文扶桑國傳作齊永元元年,此處誤記。

[六八]於所居之左立大屋　「左」,三國志魏書卷三〇東夷高句麗傳作「左右」。

[六九]有消奴部　「消奴」,三國志魏書卷三〇東夷高句麗傳作「涓奴」,下同。

[七〇]絶奴部　此三字原闕,據北監本、殿本及三國志魏書卷三〇東夷高句麗傳、後漢書卷八五東夷高句驪傳、南史卷七九夷貊下高句麗傳、通典卷一八六補。

[七一]慎奴部　三國志魏書卷三〇東夷高句麗傳、後漢書卷八五東夷高句驪傳、通典卷一八六、新唐書卷二二〇高麗傳並作「順奴部」,此爲姚思廉避梁武帝父蕭順之諱改。

[七二]跪拜申一脚　「申」,後漢書卷八五東夷高句驪傳、魏書卷一〇〇高句麗傳、隋書卷八一東夷高麗傳、北史卷九四高句麗傳作「曳」。

[七三]州郡歸咎於句驪侯騶　「騶」,三國志魏書卷三〇東夷高句麗傳作「騊」。

[七四]太守蔡風討之不能禁　按三國志魏書卷三〇東夷高句麗傳、後漢書卷五安帝紀及卷八五東夷高句驪傳載建光元年春正月,幽州刺史馮焕率遼東太守蔡風、玄菟太守姚光伐高句驪,後漢書、通鑑卷五〇漢紀建光元年「蔡風」作「蔡諷」。

[七五]順和之間　「和」,三國志魏書卷三〇東夷高句麗傳、後漢書卷八五東夷高句驪傳作「桓」。按東漢諸帝,和帝在先,殤、安、順、桓帝在後,不當云「順、和之間」。上文已言「殤、安之間」,此處作「桓」爲是。

[七六]位宫寇西安平　「西安」下,原衍「嘉」字,據三國志魏書卷三〇東夷高句麗傳、隋書卷八一東夷高麗傳、通典卷一八六删。

[七七]儉軍追至峴　「峴」,北史卷九四高句麗傳作「梘峴」,通典卷一八六作「賴峴」。

[七八]又到丸都山　「到」,三國志魏書卷二八毌丘儉傳、北史卷九四高句麗傳、通典卷一八六

作「刊」。

[七九]弗利死子釗代立 「釗」,原作「劉」,據晉書卷一〇九慕容皝載記、魏書卷一〇〇高句麗傳、北史卷九四高句麗傳、通典卷一八六、三國史記卷一八高句麗本紀六改。下同。

[八〇]康帝建元元年 晉書卷一〇九慕容皝載記、翰苑卷三〇引十六國春秋前燕録作成帝咸康七年。

[八一]掠男子五萬餘口以歸 「男子」,晉書卷一〇九慕容皝載記、魏書卷一〇〇高句麗傳、北史卷九四高句麗傳、通典卷一八六、翰苑卷三〇引十六國春秋前燕録、三國史記卷一八高句麗本紀六作「男女」。

[八二]後燕慕容垂遣弟農伐句驪 「弟農」,晉書卷一一四苻堅載記下及卷一二三慕容垂載記、通鑑卷一〇六晉紀太元十一年作「子農」,是。

[八三]子雲 「子雲」,魏書卷一〇〇高句麗傳、北史卷九四高句麗傳作「孫雲」,是。按三國史記卷一九高句麗本紀七載文咨明王羅雲,爲長壽王璉之孫。

[八四]使持節散騎常侍都督營平二州征東大將軍樂浪公 按「征東大將軍」下疑脱「高麗王」三字,下文云「持節、常侍、都督、王並如故」,南齊書卷五八東南夷高麗傳亦有「高麗王」三字,並可爲證。

[八五]王須 「須」,晉書卷九孝武帝紀作「餘暉」。

[八六]義熙中王餘映 「餘映」,梁職貢圖作「餘腆」,通典卷一八五作「夫餘腆」。按三國史記卷二五百濟紀三稱腆支王,「映」字當爲「腆」之譌。

[八七]呼帽曰冠襦曰複衫 「冠襦曰」三字原脱,據北監本、殿本及御覽卷六八九引梁書、南史卷七九夷貊下百濟傳補。

[八八]其國在百濟東南五千餘里 「五千」,通典卷一八五作「五百」。

[八九]王募名秦 「募名秦」,南史卷七九夷貊下新羅傳作「姓募名泰」,通典卷一八五作「姓慕名秦」。

[九〇]其邑在内曰啄評 「啄」,御覽卷七八一引南史、通典卷一八五、新唐書卷二二〇東夷新羅傳作「喙」。下同。

[九一]其官名有子賁旱支齊旱支 「齊旱支」上,南史卷七九夷貊下新羅傳有「壹旱支」三字。

[九二]壹告支 南史卷七九夷貊下新羅傳作「壹吉支」。

[九三]名未盧國 「未盧國」,三國志魏書卷三〇東夷倭人傳、翰苑卷三〇引魏略倭人傳、北史卷九四倭國傳作「末盧國」。

[九四]至邪馬臺國 「邪」,原作「祁」,據三國志魏書卷三〇東夷倭人傳、册府卷九五七改。「臺」,三國志魏書卷三〇東夷倭人傳作「壹」。

[九五]其官有伊支馬 「伊支馬」下,三國志魏書卷三〇東夷倭人傳、翰苑卷三〇引後漢書有「次曰彌馬升」五字。

[九六]次曰奴佳鞮 「佳」,原作「往」,據三國志魏書卷三〇東夷倭人傳、翰苑卷三〇引後漢書改。

[九七]男女皆露紒 「男女」,三國志魏書卷三〇東夷倭人傳作「男子」。

[九八]復立卑彌呼宗女臺與爲王 「臺與」,三國志魏書卷三〇東夷倭人傳、通考卷三二四作「壹與」,通典卷一八五作「臺輿」,太平寰宇記卷一七四作「一粤」。

[九九]立弟彌 「彌」,宋書卷九七夷蠻倭國傳、南史卷七九夷貊下倭國傳作「珍」。

[一〇〇]進武號征東大將軍 「大」字原脱,據南史卷七九夷貊下倭國傳補。

[一〇一]文直者貴文小者賤 「直」,通典卷一八六、御覽卷七八四引南史作「大直」;「小」,通典卷一

八六、御覽卷七八四引南史作「小曲」。

[一〇二]其國有沙門慧深來至荆州　「荆州」,佛祖統紀卷三二作「建康」,同書卷三六、卷五二作「京師」。

[一〇三]不赦北獄在北獄者　「在北獄」三字原脱,據北監本、殿本及南史卷七九夷貊下扶桑國傳補。

[一〇四]其界東至疊川　「疊」,原作「壘」,據南史卷七九夷貊下河南國傳改。按隋書卷二九地理志上臨洮郡有疊川縣,即此地。

[一〇五]弟子慕延　「子」字疑衍,按宋書卷九六鮮卑吐谷渾傳、北史卷九六吐谷渾傳、通典卷一九〇並云慕延爲阿豺弟。

[一〇六]從弟拾寅立　「從弟」,疑當作「從子」,按宋書卷九六鮮卑吐谷渾傳、北史卷九六吐谷渾傳、通典卷一九〇並載拾寅爲慕延兄子。

[一〇七]子度易侯立　「度易侯」,南齊書卷五九河南傳、實録卷一六作「易度侯」。

[一〇八]子休留代立　「休留代」,南齊書卷三武帝紀作「休留成」,南齊書卷五九河南傳、實録卷一六作「休留茂」。

[一〇九]子伏連籌襲爵位　「伏連」,原作「休運」,據本書卷二武帝紀中、北史卷九六吐谷渾傳、周書卷五〇異域下吐谷渾傳、宋本册府卷九六七改。

[一一〇]子子堅　「子堅」,周書卷五〇異域下高昌傳、隋書卷八三西域高昌傳、北史卷九七西域高昌傳、元和郡縣圖志卷四〇作「堅」。

[一一一]河西郡開國公　南史卷七九夷貊下高昌國傳作「西平郡公」。

[一一二]置四十六鎮　按諸史高昌傳著録高昌城鎮之數,北史卷九七西域高昌傳謂「國有八城」,周書卷五〇異域下高昌傳謂「國内總有城一十六」,隋書卷八三西域高昌傳謂「國内有城十八」,舊唐書卷一九八西戎高昌傳謂「國有二十一城」,此處「四十六鎮」數目有誤,「四」字疑衍。

[一一三]由寧　南史卷七九夷貊下高昌國傳作「寧由」,册府卷九五八及卷九六一作「繇寧」,據吐魯番出土高昌洿林等城丁輸木薪額文書等,知此並爲「寧戎」之譌。

[一一四]白力等　「白力」,原作「白刀」,據魏書卷四三唐和傳、北史卷二七唐和傳、通鑑卷一二四宋紀元嘉十九年、大慈恩寺三藏法師傳卷一改。又北史卷九七高昌傳作「白棘」,據吐魯番出土北涼玄始十二年兵曹牒等,知此並爲「白芀」之譌。

[一一五]通事令史諮議　「諮議」下,南史卷七九夷貊下高昌國傳有「諫議」二字。按吐魯番出土高昌延壽十二年張善哲墓表有「諫議郎」之職。

[一一六]盤盤　通志卷一九六作「渴槃陁」。

[一一七]多山川樹木　「樹木」,梁職貢圖作「少林木」,南史卷七九夷貊下滑國傳作「少樹木」。

[一一八]葬訖即吉　梁職貢圖作「葬已即去」。

[一一九]王俞爲莎車王賢所破　「俞」,後漢書卷八八西域于寘國傳及莎車國傳、通典卷一九二作「俞林」。

[一二〇]以其弟君得爲于闐王　「其弟君得」,通典卷一九二作「莎車將軍居德」。按後漢書卷八八西域莎車國傳云「立其弟位侍爲于寘王」,又謂「莎車將君得在于寘暴虐」。

[一二一]在河南之東南　「河南之東南」,南史卷七九夷貊下宕昌國傳作「河南國之東」。

[一二二]其王梁瓘忽始獻方物　「梁瓘忽」,北監本、汲本作「梁瓘忽」,宋書卷六孝武帝紀作「梁瑾葱」,南史卷七九夷貊下宕昌國傳作「梁瑾忽」。按周書卷四九異域上宕昌傳、北史卷九六宕昌傳載魏太

武時有宕昌王梁彌忽，通鑑卷一二〇宋紀元嘉元年作「梁彌怱」，通典卷一九〇作「梁彌忩」。

［一二三］彌博死　「彌博」，周書卷四九異域上宕昌傳、通鑑卷一五八梁紀大同七年作「仚定」。

［一二四］子彌泰立　「子彌泰」，周書卷四九異域上宕昌傳、通鑑卷一五八梁紀大同七年作「弟彌定」。

［一二五］子智慧立　「智慧」，周書卷四九異域上氐傳、北史卷九六氐傳作「辟邪」。

［一二六］其大姓有苻氏姜氏　「姜氏」下，南史卷七九夷貊下武興國傳有「梁氏」二字。

［一二七］遣王洪軌使焉　「王洪軌」，南史卷七九夷貊下蠕蠕傳、實録卷一六、通鑑卷一三五齊紀建元元年作「王洪範」。

主要參考文獻

一、正史版本

1. 漢司馬遷撰:史記,北京:中華書局,1959年。
2. 漢班固撰:漢書,北京:中華書局,1962年。
3. 南朝宋范曄撰:後漢書,北京:中華書局,1965年。
4. 晉陳壽撰:三國志,北京:中華書局,1959年。
5. 唐房玄齡等撰:晉書,北京:中華書局,1974年。
6. 南朝梁沈約撰:宋書,北京:中華書局,1974年。
7. 南朝梁蕭子顯撰:南齊書,北京:中華書局,1972年。
8. 唐姚思廉撰:梁書,百衲本,上海:商務印書館,1933年校印本。
9. 唐姚思廉撰:梁書,中華再造善本影印宋刻元明遞修本,北京:北京圖書館出版社,2004年。
10. 唐姚思廉撰:梁書,明萬曆三年(1575)南京國子監刻本。
11. 唐姚思廉撰:梁書,明萬曆三十三年(1605)北京國子監刻本。
12. 唐姚思廉撰:梁書,明崇禎六年(1633)汲古閣刻本。
13. 唐姚思廉撰:梁書,清乾隆四年(1739)武英殿刻本。
14. 唐姚思廉撰:梁書,清同治十三年(1874)金陵书局刻本。
15. 唐姚思廉撰:梁書,北京:中華書局,1973年。
16. 唐姚思廉撰:陳書,北京:中華書局,1972年。
17. 北齊魏收撰:魏書,北京:中華書局,1974年。
18. 唐李百藥撰:北齊書,北京:中華書局,1972年。
19. 唐令狐德棻等撰:周書,北京:中華書局,1971年。
20. 唐魏徵等撰:隋書,北京:中華書局,1973年。
21. 唐李延壽撰:南史,北京:中華書局,1975年。
22. 唐李延壽撰:北史,北京:中華書局,1974年。
23. 後晉劉昫等撰:舊唐書,北京:中華書局,1975年。

24. 宋歐陽修等撰:新唐書,北京:中華書局,1975 年。

25. 清張廷玉等撰:明史,北京:中華書局,1974 年。

二、其他古籍文獻

26. 晉法顯撰:佛國記,1916 年龍谿精舍校刊本。

27. 南朝宋劉義慶撰:世説新語,南朝梁劉孝標注,余嘉錫箋疏,周祖謨等整理,上海:上海古籍出版社,1993 年。

28. 南朝梁顧野王撰、宋陳彭年等重修:大廣益會玉篇,四部叢刊初編本。

29. 北魏酈道元撰:水經注,陳橋驛校證,北京:中華書局,2007 年。

30. 北魏楊衒之撰:洛陽伽藍記,周祖謨校釋,北京:中華書局,1963 年。

31. 唐道宣撰:釋迦方誌,范祥雍點校,北京:中華書局,2000 年。

32. 唐杜佑撰:通典,王文錦等點校,北京:中華書局,1988 年。

33. 唐慧立、彦悰撰:大慈恩寺三藏法師傳,孫毓棠、謝方點校,北京:中華書局,1983 年。

34. 唐李吉甫撰:元和郡縣圖志,賀次君點校,北京:中華書局,1983 年。

35. 唐歐陽詢撰:藝文類聚,汪紹楹校,上海:上海古籍出版社,1982 年。

36. 唐釋道世撰:法苑珠林校注,周叔迦、蘇晉仁校注,北京:中華書局,2003 年。

37. 唐釋道宣撰:大唐内典録,大正新脩大藏經本。

38. 唐許嵩撰:建康實録,張忱石點校,北京:中華書局,1986 年。

39. 唐虞世南輯:北堂書鈔,續修四庫全書影印清光緒十四年(1888)孔氏三十三萬卷堂刻本。

40. 五代後唐景霄纂:四分律鈔簡正記,續藏經本。

41. 宋陳彭年等撰:廣韻,四部叢刊初編本。

42. 宋丁度等撰:集韻,影印宋刻本,北京:中華書局,1989 年。

43. 宋樂史撰:太平寰宇記,王文楚等點校,北京:中華書局,2007 年。

44. 宋李昉等編:太平廣記,汪紹楹點校,北京:中華書局,1961 年。

45. 宋李昉等撰:太平御覽,影宋本,北京:中華書局,1960 年。

46. 宋樓鑰:攻媿集,四部叢刊初編本。

47. 宋馬端臨撰:文獻通考,影印萬有文庫本,北京:中華書局,1986 年。

48. 宋司馬光等撰:資治通鑑,北京:中華書局,1956 年。

49. 宋王欽若等編:册府元龜,影印明刻本,北京:中華書局,1960 年。

50. 宋王欽若等編:册府元龜,影印宋刻本,北京:中華書局,1989 年。

51. 宋王應麟撰:玉海,影印合璧本,京都:中文出版社,1977 年。

52. 宋徐鍇撰:説文解字繫傳,四部叢刊初編本。

53. 宋郑樵撰:通志,影印萬有文庫本,上海:商务印书馆,1935 年。
54. 清阿桂等撰:滿洲源流考,孫文良等點校,瀋陽:遼寧民族出版社,1988 年。
55. 清洪頤煊撰:諸史考異,影印叢書集成初編本,北京:中華書局,1991 年。
56. 清汪灝等撰:廣群芳譜,上海:上海書店出版社,1985 年。
57. 清王懋竑撰:讀書記疑,清同治十一年(1872)刻本。
58. 清王謨輯:漢唐地理書鈔,影印本,北京:中華書局,1961 年。
59. 大藏經刊行會編輯:大正新修大藏經,臺北:新文豐出版公司,1983 年。
60. 丁謙撰:梁書夷貊傳地理考證,浙江圖書館叢書第一集,1915 年浙江圖書館校刊本。
61. 葛嗣浵纂:愛日吟廬書畫續録,1914 年上海刊本。
62. 故宮博物院編輯委員會編輯:故宮書畫圖録,臺北:故宮博物院,1995 年。
63. 國家文物局古文獻研究室等編:吐魯番出土文書,北京:文物出版社,1981 年。
64. 林梅村編:樓蘭尼雅出土文書,北京:文物出版社,1985 年。
65. 新疆維吾爾自治區博物館等編:吐魯番出土文書[壹],北京:文物出版社,1992 年。
66. 徐娟主编:中國歷代書畫藝術論著叢編,北京:中國大百科全書出版社,1997 年。
67. 楊守敬纂疏、熊會貞疏:水經注疏,南京:江蘇古籍出版社,1989 年。
68. 楊守敬纂疏、熊會貞疏:水經注疏,謝承仁主編:楊守敬集,第三、四册,武漢:湖北教育出版社,1997 年。
69. 楊守敬纂疏、熊會貞參疏:水經注疏,影印稿本,北京:科学出版社,1957 年。
70. 周紹良主編:全唐文新編,長春:吉林文史出版社,2000 年。
71. 高麗金富軾撰:三國史記,孫文範等校勘,長春:吉林文史出版社,2003 年。

三、近人著作

72. 陳國燦著:斯坦因所獲吐魯番文書研究,武漢:武漢大學出版社,1995 年。
73. 陳佳榮等著:古代南海地名匯釋,北京:中華書局,1986 年。
74. 陳顯泗著:讓湮没的歷史重現,北京:軍事誼文出版社,2006 年。
75. 池田温編:中國古代寫本識語集録,東京:東京大學東洋文化研究所,1990 年。
76. 鄧少琴著:鄧少琴西南民族史地論集,成都:巴蜀書社,2001 年。
77. 馮承鈞著:西域南海史地考證論著彙輯,北京:中華書局,1957 年。
78. 傅傑編:二十世紀中國文史考據文録,昆明:雲南人民出版社,2002 年。
79. 侯燦著:高昌樓蘭研究論集,烏魯木齊:新疆人民出版社,1990 年。
80. 黄文弼著:吐魯番考古記,北京:中國科學院,1954 年。
81. 黄烈編:黄文弼歷史考古論集,北京:文物出版社,1989 年。
82. 姜維東著:正史高句麗傳校注,長春:吉林人民出版社,2005 年。

83. 藍吉富主編:大藏經補編,臺北:華宇出版社,1985 年。
84. 李吟屏著:佛國于闐,烏魯木齊:新疆人民出版社,1991 年。
85. 李祖桓著:仇池國志,北京:書目文獻出版社,1986 年。
86. 劉伯驥著:美國華僑史,臺北:黎明文化事業公司,1982 年。
87. 吕思勉著:吕思勉讀史札記,上海:上海古籍出版社,2005 年。
88. 羅榮渠著:中國人發現美洲之謎:中國與美洲歷史聯繫論集,重慶:重慶出版社,1988 年。
89. 馬宗霍著:南史校證,戴維校點,長沙:湖南教育出版社,2008 年。
90. 湯用彤著:往日雜稿康復劄記,北京:三聯書店,2011 年。
91. 唐唯目編:張森楷史學遺著輯略,重慶:西南師範大學出版社,1998 年。
92. 汪向榮著:邪馬台國,北京:中國社會科學出版社,1992 年。
93. 王靖憲編著:中國書法藝術,第三卷,北京:文物出版社,1996 年。
94. 王素著:高昌史稿統治编,北京:文物出版社,1998 年。
95. 王素著:高昌史稿交通编,北京:文物出版社,2000 年。
96. 王仲犖著:峼華山館叢稿續編,濟南:山東大學出版社,1995 年。
97. 吴妍著:梁書整理研究,南京師範大學碩士論文,2003 年。
98. 希勒格著:中國史乘中未詳諸國考證,馮承鈞譯述,上海:商務印書館,1928 年。
99. 薛永年等主編:中國美術史論文集,北京:紫禁城出版社,2006 年。
100. 楊建新主編、魏長洪分册主編:中國西北少數民族通史南北朝卷,北京:民族出版社,2009 年。
101. 姚大中著:古代北西中國,臺北:三民書局,1992 年。
102. 杜潔祥主編:中國佛寺史志彙刊,第二輯,臺北:明文書局,1980 年。
103. 張金龍主編:黎虎教授古稀紀念中國古代史論叢,北京:世界知識出版社,2006 年。
104. 張聲振著:中日關係史,卷一,長春:吉林文史出版社,1986 年。
105. 中國魏晉南北朝史學會編:魏晉南北朝史論文集,濟南:齊魯書社,1991 年。
106. 中國中日關係史研究會編:日本的中國移民(中日關係史論文集第二輯),北京:三聯書店,1987 年。
107. 周偉洲編:吐谷渾資料輯録,西寧:青海人民出版社,1992 年。
108. 周偉洲著:敕勒與柔然,上海:上海人民出版社,1983 年。
109. 朱謙之著:扶桑國考證,上海:商務印書館,1941 年。
110. 榎一雄著作集編集委員會編:榎一雄著作集,第七卷,東京:汲古書院,1994 年。
111. 日本唐津湾周辺遺跡調查委員会編:末盧国:佐賀県唐津市・東松浦郡の考古学的調查研究,東京:六興出版,1982 年。

四、期刊論文

112. 陳連慶:大德南海志所見西域南海諸國考實,文史,第二十七輯,北京:中華書局,1986 年。

113. 陳連慶:輯本梁元帝職貢圖序,古籍整理研究學刊,1987 年第 3 期。

114. 哈磊:雜阿含經中的波斯匿王,宗教學研究,2001 年第 1 期。

115. 劉仲文:宕昌國考辨,蘭州大學學報(社會科學版),1988 年第 1 期。

116. 錢伯泉:職貢圖與南北朝時期的西域,新疆社會科學,1988 年第 3 期。

117. 史樹青:談新疆民豐尼雅遺址,文物,1962 年第 7～8 期。

118. 王素:梁元帝職貢圖新探,文物,1992 年第 2 期。

119. 王仲殊:三國志魏書東夷(倭人)傳中的「景初二年」應爲「景初三年」之誤,考古,2006 年第 4 期。

120. 熊清元:中華書局本梁書補校 35 例,黄岡師範學院學報,2005 年第 5 期。

121. 許英恒:百濟武寧王陵發掘經過簡報,大陸雜誌史學叢書,第四輯第六册。

122. 余太山:梁書西北諸戎傳(節録)要注,西北民族研究,2004 年第 2 期。

123. 趙燦鵬:南朝梁元帝職貢圖題記佚文的新發現,文史,2011 年第 1 期。

124. 趙燦鵬:南朝梁元帝職貢圖題記佚文續拾,文史,2011 年第 4 期。

後　記

這本小書的寫成，说起來是一個很偶然的結果。

二〇〇八年夏天，在業師中山大學歷史系景蜀慧教授的召集下，我參加了中華書局點校本齊、梁、陳三書的修訂項目，具體負責梁書。回想自己的學習經歷，在四川大學歷史系本科階段，我的學年論文和畢業論文都是魏晉隋唐史的題目（前者的一部分發表於四川大學學報一九九三年第三期，題作八關齋釋義及年代溯考，署名西陵，是一篇很粗淺的作品）。之後到上海、香港，先後修讀古籍版本目録、先秦兩漢學術思想、宋明儒學的碩士和博士學位，於魏晉隋唐史的研讀告别已久。經過十五年之後，我居然還有機會回到魏晉南北朝史的研究領域中來，真是不可思議。

因爲景師的嚴厲督促，我嘗試著從文獻學與歷史學的雙重角度，進行梁書點校本的修訂工作，首先撰寫了兩卷修訂樣稿及校勘長編。其中卷五四諸夷傳校勘長編篇幅最大，涉及問題最多，相對可以獨立成編。於是我在修訂樣稿和校勘長編的基礎上，經過進一步修改補充，成爲獨立的一本小書，希望能夠獲得讀者的批評指正。

在梁書諸夷傳修訂樣稿和校勘長編的編撰過程中，除業師景蜀慧教授之外，並經旅美學者鄭小容博士，故宫博物院王素研究員，中華書局徐俊先生、許逸民先生、張忱石先生、張文强先生、樊玉蘭女史，山東大學張金龍教授，江蘇鹽城師範學院丁福民教授審讀教正。因爲有諸位師長的指教和幫助，使我避免了許多錯誤，謹此致以衷心的感謝！

我想把這本小書，獻給我的父親和母親。因爲雙親的養育和關愛，著意創造一個良好的成長環境，使我能夠從雲南邊陲一個小縣城開始，一步步走上学術研究的道路，這是我永遠感念的。封面題簽爲家父手書，這也是他對子女愛心的表現。

在我的人生歷程中，還有衆多師長、親人和朋友，數十年來在學習、工作、生活各個方面，給予我無數的支持、鼓勵、幫助與關愛，我把這一長串的名字記在心間，並獻上我千萬分的謝忱！

趙燦鵬

二〇一三年九月十一日

於暨南大學中国文化史籍研究所

圖書在版編目（CIP）數據

梁書諸夷傳異文比勘/趙燦鵬著．—濟南：齊魯書社，2014.6
ISBN 978-7-5333-3168-9

Ⅰ.①梁… Ⅱ.①趙… Ⅲ.①中國歷史—南朝時代—紀傳體②《諸夷傳》—研究 Ⅳ.①K239.104.2

中國版本圖書館 CIP 數據核字（2014）第 151456 號

梁書諸夷傳異文比勘

趙燦鵬　著

主管單位	山東出版傳媒股份有限公司
出版發行	齊魯書社
社　　址	濟南市英雄山路 189 號
郵　　編	250002
網　　址	www.qlss.com.cn
電子郵箱	qilupress@126.com
營銷中心	（0531）82098521　82098519
印　　刷	山東人民印刷廠
開　　本	787mm×1092mm　1/16
印　　張	13.25
插　　頁	2
字　　數	275 千字
版　　次	2014 年 6 月第 1 版
印　　次	2014 年 6 月第 1 次印刷
標準書號	ISBN 978-7-5333-3168-9
定　　價	**46.00 圓**